创新驱动发展战略下的
知识产权保护与运用研究

朱江岭　著

海洋出版社

2016年·北京

内 容 简 介

　　当前，在转型升级、实施创新驱动发展战略的新形势下，如何发挥知识产权作用，更好地支撑创新驱动发展，是业界热点关注的问题，本书首先探讨了知识产权与创新驱动发展战略的关系，对国内外的知识产权保护现状及在国际竞争中的战略地位进行了研究分析，介绍了美、日、韩等国家的知识产权战略及 WTO 框架下国际知识产权保护的法律制度，从知识产权运用角度论述了企业在竞争中应采取的专利、商标、版权等的综合保护策略，探讨了知识产权信息在实施创新驱动战略中的运用，本书适用于知识产权研究人员、管理人员，对企业知识产权工作者、大专院校师生、法律从业人员等有关人员具有实际的参考借鉴意义。

　　适读人群：知识产权研究人员、知识产权管理人员、大专院校师生、企业知识产权工作者、图书情报人员、法律工作者。

图书在版编目（CIP）数据

创新驱动发展战略下的知识产权保护与运用研究/朱江岭著 ． —北京：海洋出版社，2016.1

ISBN 978 – 7 – 5027 – 9222 – 0

Ⅰ．①创…　Ⅱ．①朱…　Ⅲ．①知识产权保护 – 研究　Ⅳ．①D913．04

中国版本图书馆 CIP 数据核字（2015）第 189398 号

责任编辑：杨海萍　张　欣
责任印制：赵麟苏

海洋出版社　出版发行

http：//www.oceanpress.com.cn

北京市海淀区大慧寺路 8 号　邮编：100081

北京朝阳印刷厂有限责任公司印刷　　新华书店发行所经销

2016 年 3 月第 1 版　2016 年 3 月北京第 1 次印刷

开本：787mm×1092mm　1/16　印张：11.5

字数：266 千字　定价：39.00 元

发行部：62132549　邮购部：68038093　总编室：62114335

海洋版图书印、装错误可随时退换

前　言

　　实施创新驱动发展战略是提高国家综合实力的重要国策，而知识产权战略始终是以科技创新为核心的，实施知识产权战略是国家创新驱动发展战略的重要支撑部分，随着经济的知识化与全球化，知识产权竞争成为各国及地区企业竞争优势的核心所在，因此，世界各国都十分重视知识产权工作，尤其是发达国家，率先制定了适合本国发展的知识产权战略，依仗自身在科学技术和知识产权方面的优势，不断提高知识产权保护水平，并且与贸易挂钩，极力推动知识产权的国际化，借此构筑和维护本国的国际竞争优势，由此也抬高了发展中国家经济发展的门槛，构成国际贸易中的知识产权壁垒。我国的知识产权能力和科技发展水平，以及企业的技术创新能力与发达国家相比都有一定的差距，近年来由于缺乏自主知识产权，在企业发展和国际贸易中受制于人或造成重大损失的事例屡见不鲜，而且有愈演愈烈的趋势。为此，我国政府也加强了知识产权保护，制定了知识产权战略纲要，以引导我国企业及各界应对新形势下知识产权国际化带来的挑战，同时，也顺应国际知识产权制度的发展趋势。

　　本书首先探讨了知识产权与创新驱动发展战略的关系，对国内外的知识产权保护现状及在国际竞争中的战略地位进行了研究分析，介绍了美、日、韩等国家的知识产权战略及WTO框架下国际知识产权保护的法律制度，从知识产权运用角度论述了企业在竞争中应采取的专利、商标、版权等的综合保护策略，探讨了知识产权信息在实施创新驱动战略中的运用，本书适用于知识产权研究人员、管理人员，对企业知识产权工作者、大专院校师生、法律从业人员等有关人员具有实际的参考借鉴价值。

　　本书由朱江岭同志撰写，由刘海峰、刘彦格帮助审稿和校对。此外，曹春旭、苗润泽、王鹏、马晓、李阳、秦欣、侯佳琪、刘化雨、付晓灵等学生提供了大量检索资料，在此表示感谢。

　　由于我国建立知识产权制度历史不长，知识产权保护与运用研究在我国属研究热点，很多问题仍在探讨之中，书中若有不妥之处敬请指正。

　　本书的撰写得到了河北省知识产权局有关领导的大力支持和帮助，在此表示衷心地感谢。

2015 年 11 月

目　　录

第一章　知识产权引论

国家创新驱动发展战略是提高国家综合实力的重要国策，而知识产权战略始终是以科技创新为核心的，实施知识产权战略是国家创新驱动发展战略的重要组成部分。

随着经济的知识化与全球化，知识产权成为一个国家及地区或企业竞争优势的核心所在，因此，世界各国都十分重视知识产权工作，尤其是发达国家，更是依仗自身在科学技术和知识产权方面的优势，不断提高知识产权保护水平，并且与贸易挂钩，极力推动知识产权的国际化，借此构筑和维护本国的国际竞争优势，由此也抬高了发展中国家经济发展的门槛，构成国际贸易中的知识产权壁垒。我国的知识产权能力和科技发展水平，以及企业的技术创新能力与发达国家相比都有一定的差距，近年来由于缺乏自主知识产权，在企业发展和国际贸易中受制于人或造成重大损失的事例屡见不鲜，而且有愈演愈烈的趋势。为此，我国政府也加强了知识产权保护，制定了知识产权战略纲要，以引导我国企业及各界应对新形势下知识产权国际化带来的挑战，同时，也顺应国际知识产权制度的发展趋势。

第一节　知识产权与创新驱动发展战略

一、创新驱动发展战略的概念

2012 年底召开的"十八大"明确提出："科技创新是提高社会生产力和综合国力的战略支撑，必须摆在国家发展全局的核心位置。"强调要坚持走中国特色自主创新道路、实施创新驱动发展战略。这是我们党放眼世界、立足全局、面向未来作出的重大决策。

"创新驱动发展"战略有两层含义：

一是中国未来的发展要靠科技创新驱动，而不是传统的劳动力以及资源能源驱动；

二是创新的目的是为了驱动发展，而不是为了发表高水平论文。

2006 年全国科技大会以及十七大都明确提出科技发展要紧紧围绕经济社会发展这个中心任务，要解决制约经济社会发展的关键问题，尤其是明确提出要建立以企业为主体、以市场为导向、产学研结合的创新体系，让企业成为创新主体。高技术不再是独立发展的产业，而要与传统产业全面结合。十八大的"创新驱动发展"是对上述认识的精辟总结，也为科研人员提供了广阔的舞台。

实施创新驱动发展战略，将科技创新摆在国家发展全局的核心位置，实现到 2020 年进入创新型国家行列的目标，必须充分认识实施创新驱动发展战略的重大意义，抓住重点，形成合力。

创新驱动是我国转变经济增长方式，进行经济结构升级，实现可持续发展的必由之路。创新需要知识产权制度的激励和保护，创新驱动与知识产权之间存在必然的逻辑关联。因此，中国经济转型的关键在于创新驱动，而创新驱动的战略支撑在于知识产权保护制度的适时跟进。

改革开放30多年来，凭借制度、人口和资源要素等组合红利，中国创造了全球经济高速发展的奇迹。随着我国经济发展步入中速发展阶段的新特征出现，原来高度依赖资源和投资驱动的传统经济发展模式难以为继。因而，中央一再强调，实现经济可持续发展的历史重任必须尽快推动我国经济发展向创新驱动转换。

我国是世界上最大的发展中国家，而我国国情决定了我国不能走资源消耗型的发展道路。我国资源有限，人均淡水、耕地、石油、天然气以及主要矿产资源分别只有世界水平的25%、33%、18%、13%和40%～50%。因此，我们不能靠牺牲环境、耗费资源、提供廉价劳动力来参与国际分工协作。

引领世界经济潮头的发达国家，都是制定和实施知识产权保护制度最好的国家。相反，凡是未能及时建立和有效实施知识产权保护制度的国家，鲜有真正实现可持续发展的先例。从全球经验来看，一国经济若想实现创新驱动发展，就必须加大实施知识产权保护的力度。

我国也不能走技术依赖型的发展道路。目前，我国对外技术依存度达到50%以上，不管是考虑西方国家维护其技术优势、限制高技术转让的基本立场，还是考虑自身经济安全、文化主权等需要，我国都只能走自主创新、建设创新型国家的发展道路。而知识产权保护制度是我国建设创新型国家的基础性制度。

经过20多年的发展，我国创新体系建设稳步推进。一是企业在研究开发投入中的主体地位已经确立，产、学、研合作的技术开发明显增加，以企业为主体，产、学、研结合的技术创新体系正在逐步形成。二是知识创新体系在调整中得到加强。科学基础设施建设得到进一步加强，科学研究支出增长。高校的科学研究能力逐步提高，成为基础研究的主力军。科研机构在科学研究中发挥了骨干作用，成为基础研究与应用研究之间的桥梁。三是区域创新体系建设取得重要进展。各级地方政府制定配套政策，积极推动区域创新体系建设，各具特色的区域创新体系加快形成。四是科技服务中介体系框架基本建立。在中央政府的引导下，地方政府积极推动，各类创新服务机构蓬勃发展。高新技术园区成为科技服务的集聚地，面向中小企业的创新服务平台建设得到加强，促进了科技型中小企业的发展。

虽然我国知识产权制度建设取得了显著成绩，但是体制上还存在一些亟待解决的深层次问题，比如企业的研究开发活动还不普遍，平均研究开发支出强度较低，大部分企业创新能力薄弱；创新技术和产品的出口不畅，对创新技术和产品的市场培育不足；企业运用知识产权制度的能力薄弱，知识产权保护力度仍显不足，维权成本高、侵权成本低，企业创新的积极性受到打击；等等。

因此，我国创新驱动发展战略的实施，离不开知识产权保护战略的运用。

二、知识产权是创新驱动发展战略的支撑

当前，在转型升级、创新驱动的新形势下，如何发挥知识产权作用，更好地支撑创新驱动发展，是业界关注的问题。因此，可以认为，围绕知识产权的创造、运用、保护、管理等环节，充分发挥知识产权保护创新成果、协调创新主体利益分配机制和促进创新成果转化的作用，全面优化和集成生产要素和创新要素配置，发挥知识产权激励创新、连接创新和市场、打通成果转化的重要作用，将创新成果深度融合于经济社会发展各领域之中，是发挥知识产权作用的重要体现。

知识产权之所以能在创新驱动中发挥支撑作用，主要是知识产权的自身特性所决定的。一是知识产权的权利属性。知识产权是指权利人对其所创造的智力劳动成果所享有的财产权利，是关于人类在社会实践中创造的智力劳动成果的专有权利。知识产权制度实质是一种激励、调节和规制创新活动的制度。创新价值的实现，则是通过主张和行使这种财产权用于科技、产业和贸易过程中，这恰恰与创新驱动的活动形成有机结合。二是知识产权的自身特性。知识产权是一门交叉学科，涉及技术、法律、经济和管理等多个领域，权利的获取和维护都是一个系统工程，因此其本身就具有高度的集成性特点。三是知识产权的内涵丰富。按照其基本定义，知识产权包括专利权、商标权、著作权、商业秘密、植物新品种、地理标志、集成电路布图设计等。如今，除了这些传统的领域，还有许多在探讨与发展中的新兴领域，如商业模式、商业方法以及除了上述领域之外的传统知识等，如此丰富的内涵，形成了知识产权一系列的显著特性。

知识产权本身不能产生价值，只有通过运用，作用于市场才能释放其蕴涵的巨大潜力。因此，当知识产权转化为现实生产力，体现经济效益，才相当于"为天才之火浇上利益之油"，形成创新的正向良性循环，从而推动科技创新、经济发展、社会进步。在产业转型过程中，知识产权的有效运用，可以为将劳动密集型和资源消耗型产业转化为知识密集型和环境友好型产业提供有力的支撑，提高转型升级的效率效益。

在实施创新驱动发展战略中，要加强知识产权运用，还需结合现实中存在的问题，以深化改革的精神突破瓶颈，突出重点，全面推进。

一是要寻找知识产权与产业、经济的结合点。当前，由于我国市场环境还在逐步完善，制度建设也在逐步健全，一系列相关体制机制都有待进一步深化改革。只有更好地与经济社会融合，知识产权运用才会收到良好的效果，知识产权支撑创新驱动发展的作用才会日益凸显。

二是要进一步突出知识产权对国民经济的贡献率。仅仅实现知识产权转化是不够的，必须要突出知识产权的效益。因此，必须首先建立一套知识产权综合实力评价指标体系，体现知识产权密集型产业发展的评价标准，以及对国民经济发展的贡献率和对出口贸易的贡献率。

三是要进一步加强知识产权保护，完善知识产权管理体系。同时，要发挥市场配置资源的作用，让所有创新资源围绕知识产权的创造、运用、保护、管理、服务等过程优化配置，激活创新要素，提升创新绩效，全面释放创新活力。

总之，努力发挥知识产权作用，支撑创新驱动发展，还需要进一步完善政策，健全制

度，理顺思路，加大相关工作力度，才能取得显著的成绩，收获良好的效益，增加新的经济发展动力，促进我国经济体制改革和创新发展

第二节　知识产权的国际保护现状与发展趋势

一、国际知识产权保护状况

1. 专利制度的形成与发展

在国外，尤其是经济发达的资本主义国家建立知识产权保护制度较早，例如，早在1474年，在商业盛极一时的威尼斯共和国颁布了世界上第一部专利法，（这部专利法备认为具有现代专利法的特点。它以明文规定给某些机器和技术的发明人授予十年的特权，为现代专利制度奠定了基础）。之后英国也是实行专利制度较早的国家，它在1623年通过了〈垄断法规〉，至今已有300多年的历史了，由于专利制度的实施，极大地刺激了英国工业的发展，使英国成为欧洲工业革命的发源地，并使之成为当时世界上工业最发达的国家。

继英国之后，美国也是世界上建立专利制度较早的国家之一，它于1790年颁布的专利法是世界上自有专利制度以来最系统、最全面的专利法，正像美国总统林肯预言的那样："专利制度就是给天才之火添加利益之油"。（Abraham Lincoln）（The patent system has added the fuel of interest to the fire of genius）正是由于这部专利法的实施，给发明创造之火添加了精神和物质的利益之油，使美国涌现了像爱迪生、爱因斯坦这样的天才发明家，为人类作出了杰出的贡献，也使美国成为当今世界上拥有最先进技术和最多财富的国家。

日本于1885年建立专利制度，虽然实行专利制度仅有100多年的历史，但它却是实行专利制度最成功的国家，为了振兴工业、鼓励发明创造，日本大量从国外引进先进技术，并在此基础上积极开发国内技术，成功的专利发展战略，使日本成为当今世界上专利拥有量最多的国家，每年专利申请量超过50万件。由于日本成功地实行了专利制度，因此极大地推动了技术革命和产业革命的发展，仅仅在一个世纪之内，日本便后来居上，在世界市场上具有了强大的竞争力。成为当今世界上最具实力的经济大国和技术大国。其国民总收入仅次于美国。

此外由于法国、德国等也成功地实施了专利制度，使得它们相继步入了世界强国的行列。

之后，俄罗斯（1812年）以及荷兰（1817）、西班牙（1820）、印度（1859），巴西等也相继建立了专利制度。

目前世界上已经有170多个国家建立了专利制度，说明实行专利制度已成为一种世界潮流。

2. 商标制度的建立与发展

商标从其产生、演化到当代发展，有近千年的历史，最早是宋代时山东济南刘家针铺的"白兔商标"。以制作刺绣用功夫细针在当时远近闻名。该商标制作精美、构思巧妙，既有白兔图形，又有文字，是一件文字与图形的组合商标。国外最早的商品标记起源于西

班牙的游牧部落，这些部落为了在进行商品交换时与别人的牲畜相区别，就在自己所有的牲畜上打上烙印。英文"brand"（品牌），原始含义中就有烙印的意思。至 13 世纪，欧洲的商品经济有了进一步发展，不同的作坊开始用特定的印章作为商品标记，现代意义上的商标，是 18 世纪末、19 世纪初欧洲工业革命后出现的，世界上的第一部商标法在法国 1804 年颁布的《拿破仑法典》，它第一次肯定了商标权将与其他财产权同样受到保护。（1857 年法国又颁布了一部更为系统的〈商标法〉，首次确立了商标注册制度。）

英国也是较早实行商标法律制度的国家，早在 17 世纪，英国就开始用普通法保护商标专用权，直到 1862 年颁布了第一部成文的《商标法》。随后，美国 1870，德国 1874，日本 1884 年及其他国家相继颁布了商标法，建立了商标制度。

3. 版权制度

世界上第一部版权法是 1709 年在英国颁布的，即《安娜法》。这部版权法第一次确认了"作者"是法律保护的主体。

之后，美国、丹麦、意大利、德国、日本等国相继实行了版权制度。由此各发达国家的知识产权法律保护体系在 19 世纪末已先后全面建立起来。现在全世界 170 多个国家和地区建立了不同程度的知识产权保护制度。

由此各发达国家的知识产权法律保护体系在 19 世纪末已先后全面建立起来。现在全世界 170 多个国家和地区建立了不同程度的知识产权保护制度。

正是由于发达国家建立知识产权制度较早，才使其生产力得到空前的发展，出现了像通用电气公司、西门子公司、杜邦公司、IBM 公司、微软公司、日立东芝等闻名世界的大企业。也出现了许多像爱迪生、瓦特、贝尔、西门子、中松义郎等一些世界著名的发明家。

目前，发达国家都十分重视知识产权的保护，并把知识产权作为立国之策，例如美国、日本等国家。

二、我国知识产权保护状况

1. 我国知识产权制度的建立

我国是实行知识产权制度较晚的国家，虽然中国有着五千年的文明史，曾经创造了辉煌的古代文明，四大发明曾领先世界五、六百年，还有成千上万的发明都在世界历史上处于领先地位，曾使中国出现过持续千年的繁荣，然而，在明朝后的 300 年中，中国采取了闭关锁国的政策，与西方的科技差距越拉越大，尤其在鸦片战争后的 100 多年，中国沦为半封建半殖民地的社会，中国人民深受三座大山的压迫，生活在水深火热之中，经济发展停滞不前，科学技术日趋落后。新中国的建立使中国人民从此站起来了，尤其在 1978 年我国实施改革开放政策以来，经济发展取得了举世瞩目的进步，以法律手段保护科学技术和文化艺术领域的创造性智力成果的知识产权制度也在我国开始建立。

为了保护科学技术和文化艺术领域的智力成果，同时也为了与世界惯例接轨，我国于 1982 年制定了商标法，1984 年通过了专利法，1991 年实施著作权法和计算机软件保护条例，1994 年制定反不正当竞争法，1995 年制定海关保护知识产权条例，1997 年制定保护植物新品种条例，2001年颁布了保护集成电路布图设计条例。逐步形成了较完整的保护知识产权法律保护体系。在此期间，我国陆续参加了世界知识产权公约、保护工业产权巴黎公约，保护文学艺术作品伯尔尼公约，世界版权公约、保护录音制品日内瓦公约、商标注册马德里条约和马德里协定，专利合作条约，专利国际分类斯特拉斯堡协定，国际商标分类尼斯协定，外观设计国际分类洛迦诺协定，保护植物新品种公约等。

我国的知识产权制度虽然建立较晚，但它用二十多年的时间走完了发达国家上百年的历程，取得了世界瞩目的成就。目前我国已建立了比较完善的知识产权法律保护体系，其保护水准已达到了国际水准。

中国是发展中国家，建立有关知识产权的法律比发达国家晚，因此，中国在保护知识产权执法方面，与民众意识上仍存在着若干距离。这主要是由于我国幅员广阔，各地群众法律知识有高有低，执法部门有时鞭长莫及，以致给非法侵权活动有机可乘。为此，我国各地加强了执法建设工作，先后在北京、上海、天津、重庆、广东、福建、海南、深圳、南京、武汉、沈阳等省市的高等法院，相继成立了知识产权审判庭，在各经济特区的中级法院，也均成立了知识产权审判庭。

我国在发展专利、保护专利市场方面，多年来也作出了许多富有成效的工作。自1985年实施专利法以来，我国的专利事业获得了蓬勃发展，有关专利申请和专利授权量，每年的增长率平均达22%，是发展中国家的最高水平。现在中国已成为世界专利大国。尤其是加入WTO后，专利申请量呈大幅度增长。

中国加入国际专利合作条约以来，已吸纳了大批的国外先进技术专利，加速了国内经济和科技的发展。如世界著名的跨国公司松下、索尼、摩托罗拉、菲利浦、三星等公司在中国获得了专利保护，同时也为中国带来了高新技术和投资。知识产权在技术进出口贸易中的重要性也日益显现出来。

同时，我国为了进一步保护知识产权，使中外专利权益不受侵犯，近年来在各省市采取有力措施，加强打击各种假冒和盗版活动，取得明显的成果。一些盗版侵权公司和厂商，受到被判停业或销毁产品兼罚款等处理。我国加入WTO后，前八年对我国的知识产权保护情况进行审议，因此我国也加强了对非法活动的打击，目前，我国的知识产权保护状况正日趋接近工业化发达国家的水平。但我国知识产权保护中仍存在一定问题。

2. 存在的问题

（1）知识产权保护意识淡薄

虽然知识产权制度已经建立，然而，令人担忧的是我国国民的知识产权保护意识还比较淡薄，由于缺乏知识产权意识造成的知识产权流失现象十分严重，尤其是在70年代末，我国刚刚实施改革开放政策时，工业产权、专利权、商标权等知识产权的概念在人们道德头脑中几乎是空白的，我国的科技人员、企业管理人员、政府决策人员及有关人员，由于缺乏知识产权保护意识，在对外交流中，把自己国家的技术成果、智慧结晶供手送于与外国人的事例举不胜举。例如宣纸造纸技术，世界上本来只有中国一家制造，其他国家都没有我国的宣纸质量好，日本人多年研究也没有达到我国的宣纸质量，但是中日一建交，日本人来我国的厂家参观访问时，我方人员为保持中日友好关系，毫无保留地向日本人详细介绍了宣纸的制造技术、方法、工艺流程等并在现场进行解释，这对对我国宣纸制造技术垂涎已久的日本人来说，无疑是天上掉下了馅饼。结果可想而知，由原来的中国独一家生产宣纸，很快被善于经营的日本人挤掉了国际市场，给我国的造纸业造成了不可弥补的损失。

还有，我国的景泰蓝技术也供手送与外国人，我国广西发明的水稻插秧机被菲律宾人申请了专利，我国发明的折叠自行车被日本人申请了专利，而我国自己研制的世界上最好的稀土永磁材料（钕铁硼）刚在国际市场露面就受到当头棒喝，不但不准出售，还告我方侵犯了美日的专利权，原来美日中三方同时研制出钕铁硼，我国研制出的钕铁硼技术从哪一个方面也不逊于美、日，但由于没有及时申请专利而被美、日捷足先登，致使产品出口受阻，最后不得不以400多万美元的代价购买了美日的专利许可，以换取我国的钕铁硼产品在国际市场的销售权。

此外在技术贸易活动中，有的外商把过期专利与非专利技术卖与我方，甚至还把他人的专利转让我方造成巨大经济损失和不必要的纠纷隐患。

对于知识产权的另一家族"商标"来说，我国企业的损失也是惨重的，据不完全统计，我国的驰名商标被外商抢注的多达200多起，如"同仁堂""五星"啤酒"杏花村"汾酒被日本抢注；"凤凰"牌自行车"蝴蝶"牌缝纫机在印度尼西亚被抢注；"阿诗玛"香烟在菲律宾被抢注；"竹叶青"在韩国被抢注。"回力"牌球鞋、"白象"电池、"杜康"酒、"芭蕾"化妆品、"红塔山"烟、"全聚德"烤鸭、"狗不理"包子、"英雄"牌金笔等许多有一定知名度的商标均在国际市场上被抢注，被外商抢注的我国商品无法再向该国或该地区出口，否则被指控侵权。这些商品要么退出国际市场，拱手让与对方，要么改换已有几十年、甚至几百年历史的老牌子，换上名不见传的新商标；要么花重金"赎回"本来属于自己而被他人抢注的商标，而赎金高达几十万元甚至几百万元。如"芭蕾"化妆品一直畅销东南亚，被外商以300美元注册，被迫以20万美元买回本应属于自己的商标使用权。损失是惨重的，而一个商标注册申请或专利申请费用也就千元左右。

相比之下，美国人的知识产权意识比较强。

（2）企事业单位知识产权、专利申请量低

我国企事业单位的职务专利申请量较低，仅有美国或日本的1/30，这对于我们这样一个拥有近2万多家大中型企业和上千万个小型企业以及数千家科研机构的大国来说，实在是太少了。国外一些大企业，像IBM公司、杜邦公司、日立公司等，一家公司一年的专利申请就超过了我国所有企业一年的专利申请量。据统计，近几年来我国每年取得的省部级以上的科技成果就达3万多项，而申请专利的不到10%。在商标方面，我国平均40家企业才拥有一个注册商标。我国生产出口产品的企业数以万计，有外贸出口权的企业也近万家，但这些外贸企业在国外120多个国家和地区注册的商标数量总共不到1万件。不少知名品牌屡屡被外商在境外抢注，使我们在国际市场上痛失大片领地。还有一些省区的外贸企业，其国际商标注册数仍是零，这种状况与我国出口贸易额达2 000多亿美元、在世界排名第十一位的贸易大国地位是不相称的。

不过，随着我国知识产权制度的建立和不断完善以及对外科技、经济、贸易交流的频繁，我国各界人士的知识产权保护意识逐渐加强，国内已有些科研院所和企事业单位开始重视专利的申请或商标的注册，利用自己的知识产权不断向国际市场推销其高科技产品，如中科院福建物质结构研究所，前几年未注意使用专利的"护航"作用，使产品被美国人仿制而失去1/4的美国市场。现在研究出的系列晶体材料（如三硼酸钾 硼铍酸锶等），先后申请了40多项发明专利，其中10项国外专利。该产品的市场前景十分看好，想仿制者望而生畏，外商主动上门购买专利技术，他们坚持不卖，自己开发，产品出口创汇每年200多万元。利用专利"保驾护航"可以说是企业的"常规武器"（北大方正集团的电子激光照排技术）。

此外，中国的海尔集团、乐凯公司、熊猫电子集团、娃哈哈集团等企业也对自己的知识产权进行了有效保护，为捍卫和振兴我国民族工业立下了汗马功劳。

三、知识产权制度在经济发展中的作用

随着经济的发展，社会需要公平有序的市场，而知识产权制度是维护市场经济公平、有序竞争，推动和保护技术创新的强有力的基本法律制度和有效机制。知识产权制度是保护科学技术和文化艺术成果的重要法律制度，也是当代科技与经济合作、保持公平竞争的基本环境条件之一，知识产权制度的建立与发展是科技与经济密切结合及科技成果商品化、产业化、国家化的必然结果。近代科学技术的进步与商品经济的发展，使科学技术在商品价值构成中比例越来越大，技术附加值成为商品价值的重要体现。相应的知识产权制度在社会经济生活中发挥着越来越大的作用。主要体现在以下几点：

1. 有利于激励创造新的知识产品

知识产权制度通过确认最新科学技术、文化等成果的完成者，保护其精神权利和经济权利。由于知识产权的独占性（排他性），知识产权所有人可以通过实施转让许可等获得经济利益，使得创造人的劳动得到回报，从而鼓励人们进行发明创造活动，促进更多的发明创造和优秀作品问世，这对科技进步和文化艺术的繁荣发展是一个巨大的推进作用。正是由于知识产权制度，才出现了爱迪生、瓦特、贝尔、西门子、中松义郎等一些世界著名的发明家。使微软公司总裁比尔·盖茨依靠自己的知识产权成为世界首富。

如果一种新药投入市场后，别人随意仿制，那谁还肯花大量人力、财力、物力去开发新药呢？据美国著名经济学家曼斯菲尔德研究分析得出，如果没有专利保护，60%的药品发明不能研究出来，65%不被利用；化学发明有38%不会研究出来，有30%不会被利用。

2. 有利于调节国家、个人和公众利益

知识产权并不等于垄断，知识产权制度不仅保护财富拥有者的权益，而且调整知识产权权利人的利益和国家、社会公共利益的相互关系。知识产权制度有两大功能，一是保护功能，知识产权拥有人获得经济报酬的权益能够得到保护，从而调动了智力创作者的积极性。

二是公开功能，知识产权拥有人要向社会公开自己的智力成果，以便使他人应用、或在此基础上进行新的创造，使它有促进和加速科技成果推广、应用或扩散的作用，从而推动科技的进步与发展。所以有人说"知识产权是经济发展的助推器"

3. 有利于技术创新，有效配置创新资源

要进行技术创新，自然离不开技术创新资源的支持。目前我国经济实力不是很强，用

于科技投入资源比较贫乏，每年的研究和开发费用，只有美国的1/40，这就要求我们合理、有效地配置资源。通过专利信息检索，可以揭示现有高新技术的发展水平、动态和趋势，寻找技术创新的突破口，确立研究目标，作出正确决策，从而避免低水平重复研究开发，促进高新技术实现跨越式发展。根据世界知识产权组织WIPO的统计表明，全世界最新的发明创造信息，90%以上首先都是通过专利文献反映出来的。在研究开发工作的各个环节中注意运用专利文献，发挥专利制度的作用，不仅能提高研究开发的起点，而且可缩短研制周期60%，节约科研费用40%。世界上许多大公司、大企业在新技术、新产品的开发全过程中，毫无例外地都注意充分利用专利文献信息。如果充分运用专利信息，能有效配置有限的技术创新资源，大力推进技术创新工作。

4. 有利于技术引进和开发促进对外交流

在技术引进工作中，对拟引进的技术或设备，进行专利信息检索，可了解有关技术的先进程度，是哪个年代的水平，是否申请了专利，专利权是否有效等，以便切实掌握情况，避免上当吃亏。此外，根据所检专利文献内容，还可进一步进行推断引进的技术有无替代技术，引进的技术能否进行二次开发；引进技术的市场覆盖面；以决断是引进还是自行研制开发更为有利等。也就是在对外贸易中防止侵权行为和避免给国家、企业造成经济损失。

5. 有利于保护技术创新成果保护投资

科技的发展需要新的投入，才能有新的突破。知识产权制度通过确认成果属性，保障作出主要物质技术投入的单位或个人充分享有由此所产生的效益，通过保护专利、商标、服务标记、厂商名称、货源名称或原产地名称等专属权利和制止不正当竞争，维护投资企业的竞争优势，促进企业的发展，使其有更多的财力、物力和智力资源投向研究与开发。

例哈尔滨中药二厂曾研制出一种畅销全国的好产品—消咳喘，由于对该产品没有取得专利保护，在不到两年的时间里，全国就冒出了20多家与该厂产品完全相同的产品，曾经供不应求的消咳喘，大量积压，销售量、利润大幅度下降。沉痛的教训，使该厂认识到了专利保护的重要性，后来该厂与省中医研究院联合开发了"双黄连粉针剂"，并申请了专利。产品投放市场后，没有一家企业仿冒，经济效益连年增长。

我们的企业、科研单位，在重视技术创新的同时，应该充分重视运用专利制度，保护我们的技术创新成果。技术发明取得专利保护后，在很大程度上可以使竞争在一个公平有序的法律环境下进行。众所周知，近几年，我国VCD机生产异军突起，这项由中国人首次运用数字压缩和解码高新技术研制的VCD整机技术发明，自1993年问世后，很快形成年产规模1 000多万台VCD机的新兴电子产业，产品具有巨大的市场潜力。但遗憾的是，我们安徽的发明人，没有申请专利，结果国内一下子冒出几百家VCD机生产厂家，市场一片混乱。如果这位发明人拥有自己的专利权，他就可以按照市场需求和专利法的规定，通过专利许可证贸易，就不会出现被他人仿制、生产厂家一哄而上的混乱局面。类似的情况，在企业中是很多的。与其相反，海尔发明的小神童洗衣机很适合市场需要，海尔不仅为它申请了十几件国内专利，而且还申请了韩国、泰国等外国专利，保护了国内外市场，它几乎没有出现被仿制的麻烦。北大方正的激光照排机行销世界也基本无人仿制，同样是因为有了专利保护。

6. 有利于技术评估和市场预测

通过检索专利文献，把同一技术领域不同时间的专利情报联系起来进行分析研究，可了解该技术领域的现状与发展动向，有助于找到新技术的突破口，决定相应对策。专利就是一部应用技术发展的史料，如果想了解某个技术领域的全部技术资料，顺着年代追溯检索、查问有关的专利说明书，就可系统地了解它的由来和发展，从而预测出技术发展方向。如石家庄某药厂，前些年想投资 200 多万元从德国引进一套生产线，经检索专利文献，发现国外的技术还不如自己的先进，就放弃了引进的念头，然后制定了自己的研发策略，很快就研制成功了。

四、知识产权制度的国际化发展趋势

随着世界经济的发展，知识形态的商品所起的作用越拉越大，加强知识产权保护已成为世界普遍发展趋势。一方面由于经济的增长越来越依赖于技术创新、知识创新，而创新优势的保护要靠知识产权制度；另一方面，关税和非关税壁垒在关贸总协定和世界贸易组织的努力下，其作用日益削弱，只有靠知识产权保护制度才能维持贸易优势。在实施改革开放前，我国关税平均水平高达 40%，有的方面高达 200－300%，1996 年平均水平下降到 23%，我国政府还承诺在加入世界贸易组织后，关税水平进一步降到发展中国家的水平。1995 年，在日本召开的亚太经济合作会议制定的行动计划，提出降低，甚至取消关税的时间表，到 2010 年发达国家、到 2020 年所有发展中国家要取消关税。据有关规定，在这一段时间内，我国仍可用较高的关税来保护我们的民族幼稚工业，比如汽车 200% 关税，进口轿车是国际市场的 3 倍左右，其他家电行业也是如此。但是从时间表上可看出，高关税、关税保护不会长久，只有 20 年左右的时间，时间紧迫，关税壁垒取消，国际国内市场融为一体后，无论是发达国家的企业，还是发展中国家的企业，都将站在同一起跑线上进行竞争。成败将取决于产品的质量和成本，取决于在产品的技术含量和品牌效应，靠增加产品的技术附加值，也就是靠科学技术，因此有人说："21 世纪是高科技的竞争，高科技的竞争体现在技术专利权的竞争，继而演变为知识产权的竞争"。在当今世界，仅仅研制出了高新技术成果还不足以拥有市场竞争优势，只有取得知识产权法律保护才能最终形成自己的竞争优势。在市场经济体制下的科技领域没有人管你发明了什么，看中的是你有没有取得法律保护。因为一件专利或一个驰名商标往往就意味着一片广阔的市场，谁掌握了某一领域关键的知识产权，谁就能在这一领域取得控制权。这就是世界上一些经济大国、科技大国，同时也是专利大国、知识产权大国的原因。（目前发达国家持有世界上 90% 以上的专利和大多数的驰名商标）。

因此，目前各国都在加强自己的知识产权保护战略的研究，美国等一些发达国家为了取得到世纪的竞争制高点，在高新技术领域大举向我国进攻，来我国申请专利的数量迅速增长，在中国申请专利的前 10 名中，囊括了世界所有经济发达国家，如：美国、日本、德国、韩国、法国、瑞士、英国、荷兰、和意大利。外国专利申请几乎占中国专利的 20%。这个数字不可小视，它意味着全球经济一体化的前夜，在我们的一部分企业还不懂得自我保护的时候，外国专利申请已经大兵压境、虎视眈眈，意在瓜分全世界最大的也是最后一个潜在市场 – 中国市场了。中国要振兴民族工业，屹立于世界强国之林，就必须发展自己的具有自主的知识产权的产业。现在我国某些企业的有识之士也开始制定自己的知识产权保护战略，向国外申请专利，形成国内、国外的专利技术网以开发和控制国内、国际市场，例如，中国石化总公司已向 20 多个国家申请了几百项专利，并进行了全面的知识产权战略保护；我国的冶金系统有几十项技术分别在 30 多个国家申请了专利，逐步形成了国内外的专利技术网，为占有国际市场做好了准备。

第三节　知识产权保护的范围和特征

一、知识产权的保护范围

知识产权（Intellectual Property）是指智力创造性劳动取得的成果，并且是由智力劳动者对其成果依法享有的权利。也称智力成果权，或智慧财产权。

知识产权保护的范围：

1967 年 7 月 14 日在斯德哥尔摩签订了《成立世界知识产权组织公约》，该公约提出知识产权的保护范围包括：

1）文学、艺术和科学作品；2）表演艺术的演出、语音、广播；3）人类在各个领域的发明；4）反不正当竞争；5）工业设计；6）商标、服务标记及商号名称；7）在工业、科学、文学或艺术领域内其他一切来自于知识活动的权利。

＜与贸易有关的知识产权协议＞TRIPS 协议（Agreement on Trade Related Aspects of Intellectual property Rights），规定知识产权包括：版权与邻接权、商标权、地理标志权、工业品外观设计权、专利权、集成电路布图设计权、未披露过的信息专用权（商业秘密）等7 大类。

二、知识产权的特征

1. 知识产权的特征

（1）专有性。专有性也称独占性或垄断性，是指知识产权专属权利人所有。知识产权所有人对其权利的客体享有占有、使用、收益、和处分的权利。权利所有人有权许可或者不许可他人使用其获得的知识产权。而他人未经知识产权所有人的许可，不得制造、使用、或销售已获得的专利权、商标权、版权等的知识产品，否则就构成法律上的侵权行为，将受到法律制裁。例如宝丽来与柯达专利诉讼案。

（2）地域性。知识产权的地域性，就是对权利的一种空间限制，任何一个国家或地区所授予的知识产权，仅在该国或该地区的范围内受到保护，而对其他国家或地区不发生效力。如果知识产权所有人希望在其他国家或地区也享有独占权，则应依照其他国家的法律另行提出申请。以化工业为例，现在生产的 146 个农药品种中，95% 是仿制的；染料 300 个品种中，80% 是仿制；精细化工 3600 个品种中属于仿制品的竟达 97% – 98%；1990 年生产的西药中有 700 多种是仿制的。在其他行业，同样的情况也多少存在。由于我国技术相对发达国家落后，底子薄，拿不出很多钱搞研究开发，在不侵权的情况下，不妨实行拿来主义。

（3）时间性。知识产权的法律保护除受空间（地域）的限制外，还要受时间的限制。知识产权都有法定的保护期，一旦保护期界满，权利自动种终止。这一点与有形资产不同，有形资产没有时间限制。有些知识产权的保护期可以续展，但需履行手续，如商标等。

目前，全世界共有公开和批准的专利 4 000 多万件，其中有效的仅占 12%，大部分专利权已终止无效，可以拿来无偿使用。对于有效的外国专利申请，如果没有在我国进行申请专利，我们也可以无偿使用。因为它不受我国专利法保护。对于过期专利，虽然它们的专利权已终止，但它们的利用价值并未终止，尤其对于我国这样一个科技还比较落后的发展中国家来说，发达国家的某些过期专利仍然对我们有着很重要的借鉴作用。例如前几年，空调器、汽车用风扇制动器的用途迅速扩大之后，不少新企业看准了它的基本专利在 1972 年就已中断的情况下，进行大量技术开发，从而获得极大成功，而我国现在生产的西药大多数是国外失效专利，并且很多企业已做好生产国外即将失效的专利药品的准备。

2. 法律性质

知识产权是一种产权，产权是财产权利的简称。权利是个法律概念，它表示依据法律规定授予某人以好处或收益。财产权这个术语是指财产所有权。所有权包括占有、使用、收益和处分四种基本权能。财产所有权既可以存在于有形财产之中，也可以存在于无形财产之中。世界上的财产有哪些？动产和不动产；另一角度分为：有形财产和无形财产。无形财产可以蕴藏在有形财产之中，有时它的价值远远超过有形财产的价值。

知识产权是一种无形财产权，是一种特殊的民事权利。这就是知识产权的法律性质。体现在：

（1）知识产权的客体是智力成果，智力成果是一种没有形体的知识形态的产品。也称为无形资产。人们的脑力劳动与体力劳动相比较，区别主要在于脑力劳动往往具有创造性。具有创造性的脑力劳动可以称为智力劳动或知识劳动。智力劳动完成的创造性劳动成果即是智力成果。在这里我们可以认识到智力劳动与智力成果的相互关系：智力劳动是智力成果产生的源泉，智力成果是智力劳动的结晶。

智力成果的表现形式是多种多样的，诸如人们发明创造的新产品、新材料、新技术、新工艺、新方法等科学技术成果；人们创作的诗歌、小说、戏剧等文学作品，以及音乐、美术、舞蹈、雕塑等艺术作品。还有计算机软件、集成电路布图设计等等。各种各样的智力成果一般都需要用物质性的载体表示或显示出来，即将智力成果的内容通过物质载体固定或显现出来，才能使人们了解、掌握、应用、使用；例如，技术方面的智力成果，新产品的制造方法、工艺流程等必须用图纸固定下来，表示出来。文学、艺术、科学作品等必须刊登在书籍报刊上，或者制作成录音录像制品。但是我们应当明白，载体本身不是智力成果，而只是固定或表现智力成果的物体。作为知识产权客体的智力成果的内容是没有形体的，智力成果本身不是有形物。智力成果内容的无形性和它的载体的有形性，这是智力成果与其他动产、不动产等有形物的最大区别。有形物是具有实物形态的产品，而智力成

12

果是不具有实物形态的知识产品。

（2）智力成果成为知识财富和知识商品的理论依据是智力成果具有使用价值和价值。智力成果是人类创造性劳动的产物，是人类智慧的结晶，它凝结着许多自然人甚至整个人类的复杂劳动，往往是高质量的脑力劳动产品，具有使用价值。人们可以了解它、掌握它、使用它，所以它是一种财富，而且可以运用它创造新的更多的财富。智力成果可以传播应用，在商品经济条件下被作为商品进行生产和交换。它具有的价值使之成了知识商品，成了贸易的对象。

（3）智力成果经过法律的确认或授予才成了知识产权，成为一种特殊的民事权利。知识产权的产生与科学技术、文学艺术的发展有着密切的联系，与商品经济的发展有着密切的关系，与知识产权法制制度的产生有着密切的联系。人类历史发展的各个时期都有智力劳动创造的智力成果。但智力成果的完成者享有知识产权，却是在资本主义萌芽时期特别是资本主义制度建立以后，随着商品经济的发展，智力成果成为商品，成为财富，成为开拓市场，获取高额利润的来源。在这种历史背景下，制定保护知识产权的法律、法规成了客观需要。人们创造的知识财产由于得到法律的确认或者依法授予才受到保护，知识财富的拥有者才享有知识产权。

第二章 国内外的知识产权战略

第一节 美国的知识产权战略

一、美国的知识产权战略

知识产权战略是美国最为重要的长期发展战略之一。20 世纪 70 年代，欧亚发达国家和新兴工业国家（地区）在经济上崛起，使美国产业界感到了巨大的竞争压力，朝野上下对此进行了深刻反思，结论之一就是美国在经济竞争中最大的资源和优势在于科技和人才，而由于知识产权保护不利，使得外国能够轻易模仿，并凭借劳动力和制造业的廉价成本优势实现了经济快速发展。为此，美国总统卡特在 1979 年提出"要采取独自的政策提高国家的竞争力，振奋企业精神"，并第一次将知识产权战略提升到国家战略的层面。从此，利用长期积累的科技成果，巩固和加强知识产权优势，以保持美国在全球经济中的霸主地位，成为美国企业与政府的统一战略。

20 年来，美国实施知识产权战略主要沿着三种轨迹不断伸延。一是根据国家利益和美国企业的竞争需要，对专利法、版权法、商标法等传统知识产权立法不断地修改与完善，扩大保护范围，加强保护力度。近年来，随着生物、信息及网络技术的发展，一些新兴技术形式不断纳入知识产权的保护范围，例如，将网络营销模式等理念列入专利保护范围，在功能基因方面，美国专利申请已达 4 000 多项。知识产权优势明显；二是国家加强调整知识产权利益关系、在鼓励转化创新方面强化立法，自 1980 年《拜杜法案》到 1986年《联邦技术转移法》以及 1998 年的《技术转让商业化法》，1999 年美国国会又通过了《美国发明家保护法令》，使美国大学、国家实验室在申请专利，加速产、学、研结合及创办高新技术企业方面发挥更大的主动性，2000 年 10 月众参两院又通过了《技术转移商业化法案》，进一步简化归属联邦政府的科技成果运用程序；三是在国际贸易中，一方面通过其综合贸易法案的 "特殊 301 条款" 对竞争对手予以打压，另一方面又积极推动 WTO的知识产权协议（TRLr'S）的达成，从而形成了一套有利于美国的新的国际贸易规则。

美国的知识产权战略最初虽然是在其经济发展由强转弱、面临危机的情况下提出的战略性应对措施，然而作为一项国家战略，无论经济状况如何，美国政府和企业都始终贯彻实施。20 世纪 9o 年代，美国经济保持了持续增长的势头，据美国专利商标局的统计，10年来，除个别年份外，美国的专利申请一直保持快速上升势头，特别是 1995 年以后呈加速趋势，每年的专利申请增加率接近或超过 10%。美国是世界第一大专利国，在巨大基数之上每年还有如此巨大的专利增量，只能解释为一种战略导向的力量。

作为支持国家知识产权战略实施的基础，美国的科技活动近十余年也处于十分活跃的时期。美国 1993 年的 R&D 投入为 1 174 亿美元，2000 年达到 19 985.5 亿美元，同期，美国企业也大幅增加了 R&D 投入，企业 R&D 投入占美国全部 R&D 的比重从 58.3% 上升为 68.2%；美国企业在 R&D 执行结构中的比例也从 70.8% 上升为 75.3%。与此同时，作为国家战略实施的重要组成部分，美国十分重视知识产权战略的研究工作。例如，美国 CHI 研究公司的"专利记分牌"就是颇具特色的一项研究。CHI 成立于 1968 年.其特点是运用文献计量分析方法，对科学论文和专利指标进行研究，享有很高的国际声誉。目前，CHI 首创的一套专利引用指标已被发达国家广泛采用。例如：美国国家科学基金会两年一度编写出版的《美国科学与工程指标》报告均采用这一研究成果作为专利分析的重要内容。OECD 科技指标系列手册即弗拉斯卡蒂系列手册中的《专利手册》全面介绍了这套指标的概念和计算方法。自 2000 年起，《企业技术评论》杂志根据 CHI 的数据库和研究成果，每年发表一次《专利记分牌》的统计结果，用技术实力（综合指标）及专利数量、当前影响指数、科学联系、技术生命周期等 5 项指标分别为在美国专利申请量最大的 150 家公司按 8 个高新技术领域排定名次。以此清晰地分析世界各大公司在美国知识产权市场的竞争态势。

《专利记分牌》不仅注重专利数量，而且其指标设计还可满足对企业质量的分析。例如，一件专利被后来的专利引用越多，说明该专利对后来技术发展的影响越大，处于核 fl 技术专利的位置。《专利记分牌》采用当前影响指数（企业专利被引用数，行此专利平均被引用数）可以反映专利质量和实际的技术影响力。如果实际被引用数与平均值相等，当前影响指数即为 1。这个指数大于 1，说明该企业专利在技术上有较大影响，小于 1，则说明影响较小。再如：综合技术实力二企业专利数量 X 当前影响指数。该项指标通过对专利数量规模进行质量加权描述企业的技术实力。因为专利数量指标只能衡量技术发明活动的规模，无法反映其质量。将企业专利数量与当前影响指数相乘后，有关专利的数量指标就被会它的影响指标放大或缩小。2002 年《专利记分牌》中生物技术，制药领域的美国 Ametrix 公司 2001 年的专利授权量只有 54 件（该领域专利数量最多的公司为 432 件），但当前影响指数高达 4.31，其综合技术实力在该领域排名第厂。此外，由《专利记牌》统计指标生成的其他评价指标如"幸利活动指数"、"相对技术实力"、"技术生命周期"、"科学联系"等指标均可从不同方面反映专利的质量与技术水平。

另外，《企业技术评论》杂志每年还评选出 5 项最具影响力的专利，预言这些专利可能导致某些行业发生演变，甚至导致新的产业诞生。2002 年评出的将对未来产业发展产生重要影响的 5 项专利为：每平方厘米存储量达 5.4GB 的硬盘驱动器（IBM 公司）、炭纳米管融合技术（NEC 公司）、使无线数据传输速度提高 3 倍的天线构造（朗讯公司）、干细胞（威斯康星校友研究会）、文字文件分类器（微软公司）。

美国的专利战略研究具有长远的战略考虑和长期的基础性布局。早在 2o 世纪 7O 年代前期，CHI 就与美国国家科学基金会合作，首次建立了全美的科学文献计量指标；在 20 世纪 80 年代，CHI 把科学论文引用分析技术扩展到专利引用分析，用于分析企业竞争动力向、技术跟踪和其他产业技术分析。CHI 多年来投入巨资建立了一套专利数据库，还收录和建立了100万条以上的非专利参考文献数据和几十万个企业的标准名录。在如此雄厚的数量资源基础上，CHI不仅为国家的宏观政策分析和研究提供服务，如与美国国家科学基金会的合作，更重要的是首次为面向企业的经济分析提供了一种独特的数据资源。

CHI在1998年与美国商务部技术政策办公室和美国竞争力委员会的一项合作研究，利用美国专利商标局的发明专利批准量数据建立专利技术指标，对美国、欧洲、日本和包括中国在内的其他一些国家和地区在5个重要技术领域的技术研究开发的竞争力、技术实力和技术发展方面进行了比较。为支持美国政府和企业实施知识产权战略发挥了重要作用。

二、对美国实施知识产权战略的思考

美国加快实施知识产权战略及其对于这个战略进行了大量深入研究的情况确实使我们感觉到巨大的压力，结合我国为应对WTO的挑战所提出的专利战略的研究与实施情况，引发起一些思考。

1) 争夺知识产权是维护国家发展的战略

主权和市场竞争主导权的激烈斗争。《企业技术评论》文章中所反映的美国企业在所谓后COM时代的生存战略问题是重要的，"或有专利，或被淘汰"，如此鲜明的语言表明美国企业和政府对于知识产权的高度重视。当今世界，在科技、经济和综合国力竞争日益激烈的国际环境下，知识产权制度作为激励创新、保护科技投入、优化科技资源配置、调节公共利益与技术垄断关系、维护市场竞争秩序和重要法律机制，在国家经济、社会发展和科技进步中的战略地位进一步增强，已成为世界各国发展高科技，增强国家综合竞争能力的战略性措施。

必须强调指出，在美国的知识发展战略中美国的国家利益、企业利益是第一位的，发展中国家只是处于扩大其知识消费市场的从属地位，是维持美国扩大其知识生产利润的加速器。由于信息不守恒定律地位的作用，知识的生产、传播和利用遵从与物质和能量完全不同的特殊规律和市场规则，知识产权的法律保护已成为现代经济的主要基石之一，也是维护国家利益的战略性武器。以电子信息技术、生物技术和航空航天技术为代表的新技术革命浪潮席卷全球，使一些主要发达国家再次充分认识到知识产权战略对于维护国家经济、科技优势及增强国家竞争实力的至关重要性，它已不再是传统法律意义上的民事私权。而成为获得国家及产业竞争优势的主要手段，成为国家产业发展战略的重要组成部分。

我国的知识产权制度经过20年的建设，尽管取得了很大成绩，但对于在计划经济体制下成长起来的我国大多数基层政府机关、企事业单位的领导来说，能够从维护国家发展主权和市场竞争主导权的角度认识知识产权的战略意义，从经济和市场的角度真正领会知识产权的深刻内涵，并善于在实践中加以灵活运用者为数甚少。许多企业家，甚至经济管理部门的干部对于物质商品市场竞争的严酷性、复杂性常有深刻体会，而对保护知识产权的重要性不仅缺乏足够认识，也不掌握必要的保护政策和法律知识，与发达国家企业和科研机构在思想观念和运用知识产权保护企业利益的技能方面形成强烈的反差。因此，充分认识知识产权的战略意义、广泛普及知识产权知识仍然是一项十分艰巨的任务。

2）实施专利战略必须以企业为主体，政府为主导。

专利战略上升到国家层面，政府就必须担负起指导实施的主导作用，甚至直接出面行使法律赋予政府的权利，运用知识产权和贸易规则保护本国企业的利益，这是市场经济条件下政府职能的主要务之一。美国政府在实施国家知识产权战略中的主导作用有目共睹，并且不断建构保护本国利益的法律基础，长期积累运用知识产权取得战略优势的经验和能力，以势压人。以强凌弱，极为霸道。我国刚刚加入WTO。政府在运用知识产权的战略武器指导国际化市场竞争的经验和能力方面均十分欠缺，甚至有些人对于政府在实施国家战略中发挥主导作用畏首畏尾，犹豫不定。发达国家政府在实施知识产权战略方面的强硬作为，应当是一种极好的借鉴和警示。

制定中期科学和技术发展规划，应当注重全面加强我国的知识产权保护和管理工作，从战略上对我国的各类知识产权发展进行部署。以增加我国知识产权总量、提高原创性知识产权质量为目标，充分发挥知识产权制度在规范科技管理、调节利益关系、激励和保障技术创新方面的重要功能和作用，创造有利于科技成果转化和产业化的机制和环境，扶持和保护具有自主知识产权的高新技术产业的形成和发展，提升国家创新能力和综合竞争力。国家立法、司法机构应当加快适应经济全球化的环境变化，不断提高保护知识产权的立法与司法水平，各级政府应在充分了解WTO规则的基础上，加强为社会公众和企业提供知识产权保护服务的能力，支持并充分发挥各种行业协会和中介机构的作用，全力保护企业及创新者的合法权益。企业是技术创新的主体，也是实施专利战略的主体。《企业技术评论》所公布的"专利记分牌"所显示的8个高新技术领域中获得专利数量排名前150位的公司，绝大多数是世界知名的大公司，正是它们以及未列入的类似企业掌握着当今世界的工业知识产权，美国2000年企业获得的发明专利授权占总量的75%以上，显示出企业在实施知识产权战略的主体地位。而从我国的实际情况看，1998年国内专利申请总数为96 233件，而其中企业仅占28.2%，1999年国内专利申请中企业占29.7%。2000年这一指标缓慢上升到30%。科研机构、高等院校的知识产权意识和保护水平较企业要好，但也表现得参差不齐。

目前，我国的专利产品结构与世界大多数国家很不相同，不仅大企业的专利控制率较低，而且机构专利申请率也很低，非职务发明的比例特别高。2001年中国专利中本国人职务发明占本国人发明专利申请量比重仍然仅为49%；而2001年美国专利中本国人职务发明专利授权量占本国人授权总量的比重为82%。产生这种现象的原因或许有中国国情下的合理原因，但是法人产权不明晰造成企业、事业单位普遍忽视知识产权，对本企业的知识产权疏于管理显然是一个重要原因。

此外，我国对职务成果与非职务成果缺乏一套科学的、可操作的界定办法也是一个重要原因。近期应加快研究制定调整科技成果及知识产权的归属政策，要在总结科技体制改革和科技创新的成功经验的基础上，科学地界定职务成果与非职务成果，依法规范科技人员在从事知识、技术创新活动中应当享有的权利，激励和保护科研机构、高新技术企业组织研究开发和技术创新的积极性，合理调整单位与个人在技术发明和创新转化中所产生的权利与义务关系，以调动两方面的积极性和创造性。

知识产权战略首先应当是一种企业战略，是企业市场竞争的战略性武器。在国家知识产权战略的实施过程中，仅仅各级政府十分重视知识产权工作是不够的，知识产权战略必须落实到企业。从国际专利发展的客观进程看，自然人持有专利所有权的比例过高可能不利于专利技术的实施和产业化，因为大多数个人不具备完成专利技术产业化过程所需要的技术、资金和产业化管理能力。亚伯拉罕·林肯称专利制度是"给天才之火加上利益之油"。我国目前的情况下，如何合理利用"利益之油"将大量的个人技术专利通过多种交易方式实现知识产权或使用权的转化，进而完成商品化、产业化必然要经过一个十分艰难的过程。

3）切实加强知识产权宏观战略和对策研究。

发达国家的经验表明，成功地实施专利战略必须以强有力的专业化研究作为技术支撑。以科技创新体系为基础实施专利战略，必须突出强调的是个"新"字，而"新"在技术上表现为进步，在市场上表现为独有，在法律上就应当再现为一种权利。由于竞争的需要，各个层次的创新主体都必须研究竞争对手的知识产权状况，确定自己的知识产权战略，选择自身发展的技术路线，而不能闭门"创新"。因此，必须在宏观技术政策、科技规划的制定和微观的企业技术创新活动中研究各个专业技术领域的国内外知识产权状况，了解并掌握他人在知识产权方面的动向，做到知己知彼，扬长避短，确定跨越发展的技术路线，形成自己的技术优势领域。美国 CHI 公司和其他专利研究为我们树立了很好的榜样。为了进行专利战略研究必须先期进行大量的基础研究的准备，CHI 公司在政府的支持下，长期坚持专利指标的研究，并投入巨资，建立了专门的大型专利科技统计指标数据库，才取得了目前的成果。美国知识产权战略研究的战略眼光的确值得我们深思。当前应抓紧部署围绕科技发展的政策方向和重大课题，进行知识产权态势和知识产权管理、保护对策研究，提出综合性、全局性的知识产权战略研究报告，为相关技术领域的发展提供知识产权方面的宏观政策指南。要结合科技规划、重大专题、课题的立项和进展，进行知识产权方面的评估和分析，以信息技术、生物技术和新材料等相关高新技术领域的重大课题为重点，掌握和了解国外及其他地区在相关专业技术领域的知识产权状况，确定自己的知识产权发展战略，突破国外的专利封锁，准确确定"有所为"的技术发展方向，指导高新技术产业及产品结构调整，形成具有原创性的自主知识产权群，提高新技术产业竞争的控制能力，并通过有原创性的自主知识产权群，提高新技术产业竞争的控制能力，并通过有效的知识产权管理和保护，提升技术创新在科技、经济竞争中的实际效益，促进我国自主知识产权高技术产业的发展，提高国际竞争能力。

4）应当关注我国专利的质量问题。美国 CHI 公司颇具特色的专利指标研究给我们的一个启示就是加强原始创新，提高专利技术水平和质量应当成为实施专利战略的主要导向。目前，有关部门已经注意到我国国内专利申请在质量上的严重不足，到 2000 年底，我国受理本国人的三种专利（发明、实用新型和外观设计）申请累计达到 116 万多件，但国内专利申请大部分为技术含量相对较低的实用新型和不属于技术上的创新的外观设计专利，而国外的专利申请大部分为发明专利申请。因此，国内专利申请数量上的优势，并非是真正的技术优势。不加区分地谈论专利，这种认识的主要关注点仍然主要集中在发明专利的数量增长方面。而当前国外专利指标研究的热点更集中在发明专利的质量评价上，他们关注专利质量是在一个更高的层面上研究专利发展问题。有报道说，日本特许厅甚至呼吁要采取措施减少专利申请数量。世界专利研究的这种趋势提醒我们，实施专利战略应当具有更为长远的战略眼光。

目前，各级政府倡导的专利发展战略中均把大幅度提高专利申请和授权数量作为重要目标，甚至作为科技计划实施的主要考核目标，并纷纷出台对于各种专利申请的政府补贴政策。作为技术开发研究的直接产出形式之一，鼓励增加专利申请，更多地获取知识产权无疑是正确的，甚至是实施专利战略必须经历的一个发展阶段。但是必须指出，专利文献从本质上并不是标准的统计单元，不同专利的价值差异极大，专利数量增长可以从一个侧面反映技术实力和以知识产权为基础的竞争力的提高，同时也存在难以反映关键技术开发能力与核心技术竞争力的问题。特别是今后几年，在政府的直接干预下，我国的专利总量肯定会迅速增长，在数量问题初步解决以后，专利质量的问题将会变得相当突出。如不及早注意这一问题，现在单纯以科技论文数量评价研究工作的诸多争论也将在专利方面重演，专利战略将可能因为缺少适当的质量评价工具而产生严重的导向问题。

第二节　日本的知识产权战略

日本以专利技术立国到知识产权立国，自 2002 年日本国公布 <知识产权战略大纲> 以来，有关日本知识产权战略立国的思路和措施常常引发学者的关注与思考。在上世纪 50—60 年代，日本通过大量引进美欧各国的先进技术，在消化吸收的基础上实行技术创新，不仅成功地实现了重化学工业化，而且还大大加快了技术革新和技术进步。由此，日本不仅迅速缩小了与欧美各国的差距，而且以加工组装型产业为中心，在"物品制造"方面形成了世界领先的技术优势。70 年代中期前后，日本的汽车和家用电器已开始席卷世界市场。80 年代以后，日本以科学技术立国战略为中心，在继续引进技术的基础上加强自主开发研究，又很快确立了半导体技术的优势，垄断了世界半导体生产。90 年代以后，日本"物品制造"技术虽然又上了一个新台阶，但由于结构调整的滞后，在以 IT 技术为中心的信息化方面落在了美国的后面。由此，在泡沫经济崩溃不良债权增加的情况下，再加上国内外经济社会环境的变化，日本经济就陷入了长期停滞之中，不仅失去了宝贵的 10 年，而且进入新世纪后也未看到希望的曙光。

经过反思滞后，日本政府认为在重视知识产权方面，它比美国落后了 20 年，特别是知识经济的落后造成经济长期低迷，致使日本政府不得不认真考虑加强知识产权保护以求经济复苏的国家战略。2002 年 6 月，日本知识产权战略会议制定了日本的"知识产权战略大纲"。大纲立足于实现知识产权立国，在知识产权的创造、保护、应用及人才培养四个领域，推进相应的战略。

一、日本的知识产权创造战略

1. 大学和公立研究机构中的知识产权创造。曾经被称作"象牙塔"的大学必须转变成自身创造知识产权的体制。在大学里，即使创造了优秀的发明成果，也没有使成果专利化并应用于社会的体制。而且，教师对研究的积极性不高，对成果的社会转化漠不关心。由于资金的制约，企业自费的基础研究难以开展。大学和公立研究机构越来越希望实现与获得基本专利相关的革新性突破，并创造新技术和新产业。因此，它们必须开展世界水平的研发，整备用于更快创造出知识产权的环境，并确立使研发成果专利化并还原于社会的体制。

2. 企业中的战略知识产权的创造、获得和管理。日本企业申请的专利在世界上最多，但与欧美相比，日本倾向于在国内申请，向国外申请的比例较低。特别是生命科学等尖端技术领域的专利申请，被看做是国际竞争力的指标，但日本在质和量上都还不够。就日本企业而言，首要任务是如何应对今后的全球竞争。企业应该鼓励发明创造并在世界上确立其专利权，同时政府要进行环境整备，以便完善日本版的技术转移制度。

3. 创造性人才的教育

和培养。首先，必须培养可创造优秀知识产权的人才。要使世界级的研究人才辈出，当务之急是立足于实现培养创造性的教育，从初中等教育到高等教育，开展综合性的工作。大学和研究生院要培养富有创造性的研究人员，同时整备环境，让年轻研究人员独立开展研究。

二、知识产权保护战略

1. 迅速准确的专利审查和审判。专利申请数量迅速增加是全世界的趋势，世界各国的专利部门都在整备审查体制，但由于审查期限长，权利的成立和行使可能受到影响。在专利审查过程中，根据使用者的需求，在进行准确且稳定的权利设定的同时，务必使审查期限符合国际水准。因此，首要的是实施最低限度的、毫不逊色于国际水平的、迅速且准确的审查，进一步提高效率，同时采取包括整备审查体制在内的综合性对策。而且为了避免重复审查，各国致力于审查合作，并通过在国际上协调专利法和专利审查标准实现相互认可，从而建立世界专利体制。关于审判制度，为了通过公示迅速且准确的判决，减轻处理纠纷的负担，政府必须推进制度方面以及实施体制的彻底改革。

2. 妥善保护著作权。关于著作权制度，应该讨论基于互联网的普及的保护方面。数字信息今后会成为极其重要的财产，但是其最大特点是可以非常容易且低成本地复制和改变。因此，即使拥有权利，由于信息的使用者过多，在现实生活中也很难行使权利，这种情况时有发生。确保权利行使的实效性成为一大课题。今后，应该开发有效的安全技术，完善诉讼制度，建立顺利解决权利问题的合同制度等，以建立妥善保护数字内容的系统。

3. 加强商业秘密保护。企业商业秘密的泄露，大大损伤了企业的竞争力。因此，对于非法获取商业秘密，应加强民事裁决措施，并引入惩罚制度，同时要兼顾抑制人才流动的后果及由此产生的问题。强化相关纠纷处理的基础。发生知识产权纠纷后，最终的处理机构是裁判所。因此，为了迅速解决知识权相关诉讼或专业技术事宜，应该尽全力完善审理手续和体制。

4. 加强海外保护。今后日本在以知识产权为基础实现发展的同时，不能忽视国际市场上的技术、设计、品牌的仿造，或音乐、电影、广播节目、游戏软件的非法复制。此时，政府必须最大限度地行使《与贸易相关的知识产权协议》等中所认可的权利，对侵权国家的中央和地方政府采取得力措施。

三、知识产权应用战略

1. 推进知识产权在大学和公立研究机构中的应用。近年来，虽然日本大学的专利申请和获得件数大幅增加，但大学技术的许可数仅为美国的1%，大学专利获得件数一直是美国的5%左右，因此必须大规模地改革大学的知识产权。为了能使大学产生优秀的发明，以其知识产权为基础建立具有活力的风险贸易，创立应用尖端技术的竞争力强的新产业，政府必须与技术许可办公室合作，从2003年起，在全国数十所公立、私立大学中设立"知识产权本部"，以加强知识产权的获得和应用体制。在大学自身改革的同时，还必须果断地改变大学周边的环境。

2. 知识产权的评价和应用。当今企业价值评价的对象，正在向财务报表上未列出的"无形资产"转移，特别是知识产权所占比例较高。但在经营者中，只要不发生诉讼等纷争，很少有人关心专利和著作等知识产权。改变这种轻视知识产权的意识是至关重要的。因此，大企业要积极公开自己未应用的专利，通过中小企业来促进应用。必须整备知识产权流通的环境。另外，金融机构也不是单纯地用土地、设备等资产负债表上记载的有形资产来评价企业价值，而是积极提供确保知识产权所需的资金。为此，必须尽快确立合理评价知识产权的方法。

四、知识产权人才战略

要实现知识产权立国，除培养创造知识产权的人才之外，首要任务是，培养提供知识产权专利化、纠纷处理、知识产权许可等高级专业服务的专家。目前政府正在制定法学研究生院的制度，从2004年起，法学大学院将正式开始招生。法学大学院要办出自己的特色，进行创造性、多样性的教学。在新司法考试中，也要以知识产权为中心，开设选修科目，培养更多的精通知识产权的司法人才。

第三节　韩国的知识产权发展战略

随着知识经济的发展，国际知识产权的竞争不断加强。目前，韩国政府将建设知识社会作为政府管理目标，并实施积极的知识产权发展战略。韩国知识产权发展战略的核心是：将知识产权制度发展成为对新技术的创造、产权化、商业化具有促进功能的系统化社会基础结构，强化韩国的知识创造力和知识产权竞争力；同时，为全面应对经济全球化和高技术的快速发展带来的知识产权新问题，积极参与全球新型知识产权制度的建立，为韩国企业参与国际知识产权竞争与合作创造良好的制度环境。为此，近年来韩国采取了一系列积极措施，以实施全面的知识产权发展战略。

一、知识产权法律制度的完善

1. 为适应以WTO的TRIPS协议为主导的国际知识产权保护标准，强化知识产权制度对技术创新和知识创造的激励作用，提高知识产权制度的行政效率，2001年韩国修改了七部知识产权法律及其相关制度。

在商标和外观设计制度的改进方面，为适应国际发展趋势、满足社会对加强商标保护的要求，对商标法做出了如下修改：（1）为加入商标法公约，简化了对各种商标申请文件的要求，并按公约的产品分类制度对商品类别进行重新分类；（2）为加入马德里协定，增加了与国际申请有关的申请和审查程序，设定相关条款，提高知识产权局的国际申请和审查能力。"新外观设计制度"也提高了对外观设计的保护水平：为扩大保护范围，采用部分外观制度，以防止盗用外观设计的一部分；放宽成套物品外观设计的登记条件，禁止成套物品分案申请；对登记外观设计权的申请，要就其在工业上应用的可能性进行审查；提高了对外观设计侵权的处罚量刑。

在复审制度方面修改了复审审查员手册和复审行政工作指南，以增强复审工作的公平性、专业化和连贯性；复审检索系统升级，以便进行全面检索；在对无效请求的复审中，允许订正说明书和附图，取代订正复审，以加快无效复审过程；取消复审请求理由公开制度和申诉请求程序，以简化复审程序，并使专利、实用新型的复审程序和复议程序相互协调；通过网络提供网上复审申请系统，实现全部复审行政程序的计算机化；建立自 1957 年以来全部复审决定的数据库，为进行知识产权复审或顾客获取复审信息提供更好的服务。

2. 为防止不公平竞争，促进正常贸易秩序，韩国加强了对知识产权的实际保护。

（一）修改有关知识产权保护的法律由于知识产权保护有利于国家的经济发展和国际贸易往来，因此韩国不断努力按国际保护标准及 TRIPS 要求修改相关法律，以强化知识产权的法律保护。2001 年，韩国在知识产权法修改中加强了知识产权保护：（1）修改后的法律将罚款最高额从 5 千万韩元增加到 1 亿韩元，最长刑期从 5 年增加到 7 年；（2）修改后的法律规定：在侵权赔偿的损失额计算中，权利人的损失额为侵权人的销售额乘以权利人的原价所得的应得利益总额，这样就使计算损失额时可以比较容易掌握证据；等等。

（二）加强对假冒产品的打击

1. 反假冒行动　韩国知识产权局、地方政府、检察院和警方的合作，定期召开有关知识产权侵权的联席会议，合作进行全国范围的打击假冒品活动，知识产权局成立了假冒品举报中心，取得了显著效果。

2. 公众教育计划　随着假冒品生产和流通逐渐转入地下，相关打击工作越来越困难，这就要求更多的有经验的执法人员。为此，韩国政府对警察、海关、地方政府、知识产权局等方面的执法人员不断加强培训；同时，通过出版和广泛散发各种形式的相关资料，提供知识产权法律和反假冒实际技能教育，不断加强反假冒工作的专业化。

二、促进知识产权商业化的举措

1. 知识产权行政管理

1999 年，韩国实施了知识产权行政管理全面创新计划，确定了行政管理改革的 12 项措施、66 个重点课题、460 个具体实施课题。经过近几年的努力，韩国知识产权局已具备世界一流的信息技术系统和审查工作效率。

（一）全面实现知识产权行政管理的自动化、网络化

2002 年，韩国知识产权局已完成知识产权服务网络的全面改进，拥有世界最先进的自动化知识产权系统。申请人可以通过因特网填写申请；全部审查程序在线进行；知识产权公告内容可以通过 Internet 进行免费查询和检索。

1 网络系统的完善　韩国知识产权局已完成有关专利、实用新型、生物技术、商业方法和复审决定的统一检索系统，该检索系统具有世界专利信息检索分析和技术评估功能，以工作流程的标准化、高效化获得广泛的国际信誉。

2 虚拟知识产权局的发展　韩国知识产权局可以为顾客提供虚拟系统服务。借助虚拟系统实现审查程序流水线服务；同时成立顾客通讯中心、提供全面的电话服务，建立顾客管理服务系统，以期逐步实现对顾客信息和历史记载的系统管理和短信方式的动态知识产权服务。

3 扩大知识产权信息化的国际使用水平

一方面将知识产权网建设的经验介绍给东南亚和南美发展中国家、举办 IT 专家论坛；另一方面加强国际社会的信息合作，积极开展有关电子申请程序和信息化发展的专家和信息双边合作，建立电子文件交换机制。

（二）提高知识产权行政管理的质量效率

1 保持国际水平的审查和复审期　韩国知识产权局在知识产权审查工作量不断增加的情况下，借助资源查询的网络化、国际化和增加审查员数量，因此达到国际一流水平的审查期和复查期。目前，商标、设计审查期分别为 12.2 个月、9.6 个月，各类知识产权复审期均为 6.8 个月；2003 年专利审查期进一步缩短为 20.0 个月，达到先进国家水平。

2 提高审查和复审质量　韩国知识产权局一方面增加审查员数量，另一方面，应用先进管理理念和方法进行管理改革，为申请人提供一站式服务，被评为韩国政府机构中最佳知识管理组织。为适应知识产权司法活动对复审的要求，韩国还建立了复审案例的内部公开交流制度，举办法律研究系列报告、建立研究专家团。这些措施都保证了复审决定的权威性和一致性。

2. 专利运用的商业化的措施

韩国认识到，只有将专利实现了商业化才能促进社会对专利技术的广泛应用，进一步开发出专利技术的经济价值、创造就业机会，同时可以增加对发明者的经济回报，从而实现知识产权制度既激励技术创新又促进技术扩散的基本目标。因此，韩国努力为促进专利技术的商业化创造有利环境。

（一）制定《促进技术转让法》

2001 年，韩国制定了《促进技术转让法》，以法律的形式保障了韩国技术交易所的设立与运营，为鼓励和实施技术转让提供了有力的法律保障。

（二）建立知识产权市场和网上专利技术市场

韩国知识产权局的互联网知识产权市场促进了专利技术的商业化和销售，有效防止了先进专利技术的闲置。同时，积极组织知识产权市场和技术展览、为技术发明、申请和商业化活动提供有效支持，成立专利技术转移促进部。

（三）对优秀技术和专利产品的扶持

2002 年，韩国知识产权局为专利技术商业化实施了 100 亿韩元的投资和 100 亿韩元的财政资助。与此同时，韩国产业资源部在 2003 年投入 1 471 亿韩元，加强专利技术的开发、转让、产业化扶持，促进专利新技术的产业化。

三、知识产权创造型人才的培养

扩大知识产权创造型人才的培养、在全社会范围内鼓励发明精神，有利于知识社会中经济持续稳定所必需的知识发展。为此，韩国致力于：

（一）培养学生及全社会的发明意识

韩国特别重视对有发明才能儿童的早期培养以形成青少年知识产权意识，积极发展并指导以"促进学生发明"为主题的各项活动：在 180 个学校建立了发明实验室；韩国知识产权局确定了许多发明教育模范学校，每所学校每年给予 1 100 万韩元的资助；每年一次的韩国学生发明展览会是大规模、高档次的学生发明展览会；韩国将每年的 5 月 20 日作为"发明日"，以强调创新和知识经济的重要性、培养全社会的发明意识。近年来的发明日，韩国总统都参加了相关活动。在 2003 年发明日仪式上，韩国新总统卢武铉特别强调了获取核心专利对韩国科技发展的重要性。

（二）知识产权领域的人力资源开发

韩国在 1987 年成立国际知识产权学院，旨在韩国政府和企业以及亚太地区发展中国家培养知识产权专家、促进国际合作：（1）为韩国知识产权局、其他政府知识产权管理人员提供有关课程；（2）为企业、专利法律事务所、研究所等提供有关的知识服务；（3）为学校教师提供促进发明和知识产权教育方面的课程；（4）承担学校培训项目；（5）举办 WIPO 亚洲论坛、国际知识产权教育研讨会和韩日知识产权执法研讨会，并为亚太地区发展中国家培训知识产权官员。2003 年，韩国在国际知识产权学院创立国家发明教育中心，为今后大规模培养发明人才做准备。

四、知识产权保护发展战略

韩国企业在国际市场竞争和国际知识产权开发方面已取得巨大成功，因而越来越关注国际知识产权制度规则的制定和国际知识产权合作。在国际知识产权合作组织中发挥重要作用。韩国已成为专利合作条约（PCT）的第 8 位申请国和第 6 位信息检索成员单位；同时，韩国在 PCT 制度改革和技术合作中发挥重要作用；韩国知识产权局积极为 PCT 新成员（如菲律宾）提供教育培训；2003 年 4 月，韩国成为马德里协定成员国；韩国还积极参与国际知识产权保护的合作和国际条约的制定与修改。

韩国在现有知识产权制度国际化基础上，进一步加强对专利审查结果的合作开发、对公有技术联合检索等领域的国际合作，积极参加中日韩三方知识产权峰会，以及与美国、澳大利亚和发展中国家的双边合作。

韩国也加强了对外国国民的知识产权保护，从而不仅使韩国在国际技术转移中更容易获得高水平的技术和资金输入、为促进韩国持续的技术发展打下了坚实的基础，而且借助高质量的技术转移大大促进了韩国经济增长。近年来韩国的技术进口数量开始下降，进口技术价值在稳步上升，且开始更多地从美国引进技术；同期，韩国通过不断加强知识产权的保护与发展来促进先进技术的引进、带动本国 R&D 投资和技术进步并最终实现技术跨越式发展，这种知识产权国际战略是成功的。

近几十年来，韩国一直把出口增长战略作为经济发展的主要政策。1988 年到 1997 年，在重工业和化学工业上，韩国国内发明专利和实用新型申请在机械工业方面的增长为原来的 2.4 倍、化学工业同比为 2.8 倍、电子和通讯设备的同比为 3.2 倍。韩国出口额的高速增加，主要得益于重工业和化学工业的发展（这些领域的出口额在 10 年中增长了 3 倍）。这样，相关产业就出现了知识产权发展水平和国际竞争力同步增长的趋势。韩国通过实施加强知识产权保护与发展战略，保护了各产业日益增加的技术创新投资活动、提高了技术竞争力和知识产权发展水平，从而带来了产业国际竞争力的提高和出口业绩增长。

随着 WTO 知识产权协议的制定与实施，当前国际知识产权竞争日趋激烈。一方面，发达国家凭借强大的技术、经济实力和知识产权优势，不断推动国际知识产权保护制度的加强，并已经获得了巨大的经济利益；另一方面发展中国家为适应经济全球化和经济知识化的发展趋势，在发达国家的压力下，不得不通过法律制度的改革和执法体系的建设来加强知识产权保护。因此，发展中国家应更加积极地根据本国发展需要，实施更有针对性的知识产权保护战略，来促进本国知识产权的开发、保护和利用。韩国的知识产权保护与发展战略的做法提供了宝贵的成功经验。

首先，发展中国家通过实施正确合理的知识产权保护与发展战略，可以促进技术进步和经济增长。韩国正是通过全面加强对国内外知识产权的保护，促进了技术创新和技术转移活动的顺利进行，提高了产业国际竞争力，最终取得了本国技术跨越式发展和经济快速增长。2002 年，韩国工业产权申请数量达到 290 086 件，在全球排名第 4。与此同时，韩国经济也已经进入发达国家行列。

其次，在国家发展的不同阶段知识产权保护发展战略的侧重点有所不同。韩国知识产权保护战略取得成功，一个重要原因在于：政府能够结合本国相关产业的实际需要及时调整知识产权发展战略的侧重点，使之与国家产业政策、经济体制以及企业的需求相匹配，从而成功实现促进本国知识产权开发、保护和利用的战略目标。

第三，我国已建立符合 WTO 的 TRIPS 协议标准的知识产权保护制度和相应的执法体系。但总的来看，我国整体技术创新能力和产业竞争力还比较低、高水平的自主知识产权还很少，因而在激烈的国际知识产权竞争中处于不利地位。为此，我国已经开始制定和实施国家知识产权保护战略，许多省市和行业也加紧知识产权保护战略的制定和实施。在这个过程中，我们应当加强对相关地区、产业、企业的实证调查，充分了解知识产权保护涉及各方利益主体的发展要求，结合我国发展的实际状况以及其他国家的成功经验，制定出更具针对性的科学合理的知识产权保护发展战略，从而充分发挥保护知识产权的积极作用。

第四节　我国实施知识产权战略基本思路

一、我国实施知识产权战略的背景与近况

随着科技的迅速发展和经济全球化进程的加快，知识产权日益成为决定一个国家核心竞争力的关键，制定和实施国家知识产权战略已十分紧迫。最直接的压力，来自日本、美国等发达国家在知识产权领域的竞争。近年来，世界贸易的主要形式和竞争手段，已由原来的货物贸易、服务贸易逐步升级为知识产权贸易。据联合国有关机构统计，国际间技术贸易总额 1965 年为 30 亿美元，1985 年为 500 亿美元，到 20 世纪 90 年代已超过 1 000 亿美元。1995 年信息技术产品出口贸易为 5 950 亿美元，超过了农产品贸易，30 年间增加了190 多倍。

中国改革开放后经济迅速崛起，日本把中国作为亚洲最大的竞争对手。与中国相比，日本在资源、市场、劳动力成本等方面处于劣势，优势在于科技和知识产权。因此，日本认识到，要和中国竞争必须借助科技和知识产权的优势。

我国著名知识产权专家、中国社会科学院知识产权研究中心主任李顺德说，虽然明确提出实施知识产权战略的是日本，但首先把知识产权提到国家战略高度的是美国。

1988 年，美国制定了"特别 301 条款"，此后通过"特别 301 条款"迫使其他国家加强对知识产权的保护，实际上是加强对美国的知识产权的保护。自 20 世纪 80 年代以来，知识产权贸易增速大大高于有形商品贸易，美国等发达国家为了自身利益，极力主张将贸易与知识产权保护挂钩，并把这种做法带到了 WTO，积极推动形成了世贸组织协定中《与贸易有关的知识产权协议》（简称"TRIPS 协议"），从而形成了一套有利于美国的新的国际贸易规则。

作为发展中国家，印度也开始高度关注知识产权。2003 年 12 月 22 日，印度政府向国会提交《2003 年专利法修正案》，该修正案依照 TRIPS 协议第 27 条的规定，拟在所有技术领域引入产品专利保护制度。为履行要求调整国内立法的义务，印度政府承诺于 2005 年 1 月 1 日前，在食品、药品等领域施行"TRIPS 协议"要求的专利体制。

在"知识产权立国"的大趋势下，中国的国家战略需要做出相应的调整。根据中国加入世贸组织的协议，在中国加入该组织后八年内，世贸组织每年将对中国履行相关承诺的情况进行审议，审议的一项重要内容就是中国知识产权保护。知识产权的范围，世界知识产权组织界定为专利、工业品外观设计、商标、地理标志、版权等。目前，中国涉及知识产权管理的职能部门有十几个，商标权归口国家工商行政管理总局，著作权由国家版权局管理，专利权由国家知识产权局负责。只有在对外交流时，涉及知识产权才由国家知识产

权局统一负责。

2002 年，国家知识产权局开始酝酿制定知识产权战略。2004 年初，便提出了一个初步框架。同年 6 月，国家知识产权局召开专家论证会，会上许多专家认为，知识产权局提出的战略，内容以专利为主，商标和版权涉及较少，局限于国家知识产权局的工作管辖范围，不是国家的知识产权战略。而且这样一个国家战略，由国家知识产权局一个部门提出，力度和影响不够。专家们建议，应该向国务院汇报，提高到一个真正能代表国家战略的层次。

2004 年 7 月，国务院副总理吴仪到国家知识产权局听取工作汇报，国家知识产权局汇报了制定国家知识产权战略的设想，吴仪给予充分的肯定。随后，国家知识产权局将报告报送国务院，温家宝总理给予明确批示。之后，国家知识产权局与 20 多个部委进行了沟通，就制定国家知识产权战略形成一致意见。

2005 年 1 月，经国务院批准，国家知识产权战略制定工作领导小组成立，吴仪任领导小组组长，有 20 多个部门参加。同时，国家知识产权战略制定工作领导小组办公室成立，负责战略制定的具体工作，办公室设在国家知识产权局。在 2005 年 6 月 30 日，国家知识产权战略制定工作领导小组召开第一次会议，研究《制定国家知识产权战略工作方案》和《国家知识产权战略纲要提纲》等文件。自此，中国知识产权战略制定工作正式启动。**按照领导小组的要求，要在一年、最长不超过一年半的时间内完成战略制定工作。**

吴仪指出，制定国家知识产权战略是当前我国改革开放和经济社会发展的客观需要，是积极应对知识产权国际规则变革的挑战、维护我国利益和经济安全的紧迫任务，有利于加快建立公平竞争的市场环境，有利于增强我国自主创新能力和核心竞争力。吴仪强调，制定国家知识产权战略要坚持政府主导，与国家相关发展战略与规划相协调，与相关法律法规和政策衔接配套，统筹处理好若干重要关系，努力体现中国特色，做到与时俱进、求实创新。她要求，各有关部门要以"三个代表"重要思想和科学发展观为指导，以提高我国自主创新能力和国家核心竞争力为目标，立足国情，着眼长远，加强协调配合，集思广益，民主决策，切实制定好我国的国家知识产权战略，为加快全面建设小康社会服好务。"不仅仅是发达国家，现在许多国家都在制定自己的知识产权战略。"我国有关国家知识产权局领导表示，进入 21 世纪前后，一些国家立足于知识经济、信息社会、可持续发展等提出了本国的知识产权战略，各国之间关于知识产权的竞争日趋激烈。中国制定自己的知识产权战略刻不容缓。

为提升我国知识产权创造、运用、保护和管理能力，建设创新型国家，实现全面建设小康社会目标，我国 2008 年制定了《国家知识产权战略纲要》。

（1）改革开放以来，我国经济社会持续快速发展，科学技术和文化创作取得长足进步，创新能力不断提升，知识在经济社会发展中的作用越来越突出。我国正站在新的历史起点上，大力开发和利用知识资源，对于转变经济发展方式，缓解资源环境约束，提升国家核心竞争力，满足人民群众日益增长的物质文化生活需要，具有重大战略意义。

（2）知识产权制度是开发和利用知识资源的基本制度。知识产权制度通过合理确定人们对于知识及其他信息的权利，调整人们在创造、运用知识和信息过程中产生的利益关系，激励创新，推动经济发展和社会进步。当今世界，随着知识经济和经济全球化深入发展，知识产权日益成为国家发展的战略性资源和国际竞争力的核心要素，成为建设创新型国家的重要支撑和掌握发展主动权的关键。国际社会更加重视知识产权，更加重视鼓励创新。发达国家以创新为主要动力推动经济发展，充分利用知识产权制度维护其竞争优势；发展中国家积极采取适应国情的知识产权政策措施，促进自身发展。

（3）经过多年发展，我国知识产权法律法规体系逐步健全，执法水平不断提高；知识产权拥有量快速增长，效益日益显现；市场主体运用知识产权能力逐步提高；知识产权领域的国际交往日益增多，国际影响力逐渐增强。知识产权制度的建立和实施，规范了市场秩序，激励了发明创造和文化创作，促进了对外开放和知识资源的引进，对经济社会发展发挥了重要作用。但是，从总体上看，我国知识产权制度仍不完善，自主知识产权水平和拥有量尚不能满足经济社会发展需要，社会公众知识产权意识仍较薄弱，市场主体运用知识产权能力不强，侵犯知识产权现象还比较突出，知识产权滥用行为时有发生，知识产权服务支撑体系和人才队伍建设滞后，知识产权制度对经济社会发展的促进作用尚未得到充分发挥。

（4）实施国家知识产权战略，大力提升知识产权创造、运用、保护和管理能力，有利于增强我国自主创新能力，建设创新型国家；有利于完善社会主义市场经济体制，规范市场秩序和建立诚信社会；有利于增强我国企业市场竞争力和提高国家核心竞争力；有利于扩大对外开放，实现互利共赢。必须把知识产权战略作为国家重要战略，切实加强知识产权工作。

二、我国知识产权战略的目标

1. 我国知识产权战略目标的原则

由于知识产权具有时间性、地域性和专有性的特点，制定我国知识产权战略目标的基本原则就是要充分考虑我国的国情、技术、经济和社会所处的发展阶段以及世界发展的大趋势，适应我国全面建设小康社会战略目标的需要。

首先，从我国知识产权基本国情看，到 2002 年底，我国专利受理总量累计达到 1 622 631 件，注册商标总量达到 166.5 万件，版权保护等也在突飞猛进的发展。如果单用这几个数据来衡量，我国已经进入了世界知识产权大国的行列。但从每百万居民知识产权拥有量来考察，我国又不是知识产权强国。据 1998 年世界银行统计，日本每百万人口居民申请国内专利数为 2 837 件，居世界 131 个国家之首。美国为 518 件，排名第 8。而我国仅有 11 件，排在第 48 位。差距何等之大。如果按照知识产权的综合指标来考察，中国并非是知识产权强国。此外，我国的经济实力、科技水平、自主知识产权竞争能力与发达国家相比仍然存在较大差距。

其次，从世界知识产权制度变化的大趋势看，发达国家不断地强化知识产权保护，大幅度提升知识产权保护水平，制定并实施知识产权战略，极力推进国际知识产权规则的变革，实行知识产权制度直接与贸易挂钩。我们要对这种发展态势进行跟踪和研究，及时制定相应的对策。

第三，要坚持走自己的发展道路，我国知识产权发展战略应在充分借鉴国外先进经验的基础上，立足于如何使这一战略更加适应我国自身经济、科技、文化发展的需要。立足于如何更有效地维护我们的国家利益，维护国家经济安全和国家主权，尽快制定出一个具有中国特色的知识产权发展战略。

2. 我国知识产权的指导思想和战略目标

1）指导思想

实施国家知识产权战略，要坚持以邓小平理论和"三个代表"重要思想为指导，深入贯彻落实科学发展观，按照激励创造、有效运用、依法保护、科学管理的方针，着力完善知识产权制度，积极营造良好的知识产权法治环境、市场环境、文化环境，大幅度提升我国知识产权创造、运用、保护和管理能力，为建设创新型国家和全面建设小康社会提供强有力支撑。

2）战略目标

到 2020 年，把我国建设成为知识产权创造、运用、保护和管理水平较高的国家。知识产权法治环境进一步完善，市场主体创造、运用、保护和管理知识产权的能力显著增强，知识产权意识深入人心，自主知识产权的水平和拥有量能够有效支撑创新型国家建设，知识产权制度对经济发展、文化繁荣和社会建设的促进作用充分显现。

近五年的目标是：——自主知识产权水平大幅度提高，拥有量进一步增加。本国申请人发明专利年度授权量进入世界前列，对外专利申请大幅度增加。培育一批国际知名品牌。核心版权产业产值占国内生产总值的比重明显提高。拥有一批优良植物新品种和高水平集成电路布图设计。商业秘密、地理标志、遗传资源、传统知识和民间文艺等得到有效保护与合理利用。

运用知识产权的效果明显增强，知识产权密集型商品比重显著提高。企业知识产权管理制度进一步健全，对知识产权领域的投入大幅度增加，运用知识产权参与市场竞争的能力明显提升。形成一批拥有知名品牌和核心知识产权，熟练运用知识产权制度的优势企业。

知识产权保护状况明显改善。盗版、假冒等侵权行为显著减少，维权成本明显下降，滥用知识产权现象得到有效遏制。

全社会特别是市场主体的知识产权意识普遍提高，知识产权文化氛围初步形成。

3. 战略重点

（1）完善知识产权制度。

进一步完善知识产权法律法规。及时修订专利法、商标法、著作权法等知识产权专门法律及有关法规。适时做好遗传资源、传统知识、民间文艺和地理标志等方面的立法工作。加强知识产权立法的衔接配套，增强法律法规可操作性。完善反不正当竞争、对外贸易、科技、国防等方面法律法规中有关知识产权的规定。

健全知识产权执法和管理体制。加强司法保护体系和行政执法体系建设，发挥司法保护知识产权的主导作用，提高执法效率和水平，强化公共服务。深化知识产权行政管理体制改革，形成权责一致、分工合理、决策科学、执行顺畅、监督有力的知识产权行政管理体制。

强化知识产权在经济、文化和社会政策中的导向作用。加强产业政策、区域政策、科技政策、贸易政策与知识产权政策的衔接。制定适合相关产业发展的知识产权政策，促进产业结构的调整与优化；针对不同地区发展特点，完善知识产权扶持政策，培育地区特色经济，促进区域经济协调发展；建立重大科技项目的知识产权工作机制，以知识产权的获取和保护为重点开展全程跟踪服务；健全与对外贸易有关的知识产权政策，建立和完善对外贸易领域知识产权管理体制、预警应急机制、海外维权机制和争端解决机制。加强文化、教育、科研、卫生等政策与知识产权政策的协调衔接，保障公众在文化、教育、科研、卫生等活动中依法合理使用创新成果和信息的权利，促进创新成果合理分享；保障国家应对公共危机的能力。

（2）促进知识产权创造和运用。

运用财政、金融、投资、政府采购政策和产业、能源、环境保护政策，引导和支持市场主体创造和运用知识产权。强化科技创新活动中的知识产权政策导向作用，坚持技术创新以能够合法产业化为基本前提，以获得知识产权为追求目标，以形成技术标准为努力方向。完善国家资助开发的科研成果权利归属和利益分享机制。将知识产权指标纳入科技计划实施评价体系和国有企业绩效考核体系。逐步提高知识产权密集型商品出口比例，促进贸易增长方式的根本转变和贸易结构的优化升级。

推动企业成为知识产权创造和运用的主体。促进自主创新成果的知识产权化、商品化、产业化，引导企业采取知识产权转让、许可、质押等方式实现知识产权的市场价值。充分发挥高等学校、科研院所在知识产权创造中的重要作用。选择若干重点技术领域，形成一批核心自主知识产权和技术标准。鼓励群众性发明创造和文化创新。促进优秀文化产品的创作。

（3）加强知识产权保护。

修订惩处侵犯知识产权行为的法律法规，加大司法惩处力度。提高权利人自我维权的意识和能力。降低维权成本，提高侵权代价，有效遏制侵权行为。

（4）防止知识产权滥用。

制定相关法律法规，合理界定知识产权的界限，防止知识产权滥用，维护公平竞争的市场秩序和公众合法权益。

（5）培育知识产权文化。

加强知识产权宣传，提高全社会知识产权意识。广泛开展知识产权普及型教育。在精神文明创建活动和国家普法教育中增加有关知识产权的内容。在全社会弘扬以创新为荣、剽窃为耻，以诚实守信为荣、假冒欺骗为耻的道德观念，形成尊重知识、崇尚创新、诚信守法的知识产权文化。

三、我国知识产权战略措施

1. 提升知识产权创造能力。

建立以企业为主体、市场为导向、产学研相结合的自主知识产权创造体系。引导企业在研究开发立项及开展经营活动前进行知识产权信息检索。支持企业通过原始创新、集成创新和引进消化吸收再创新，形成自主知识产权，提高把创新成果转变为知识产权的能力。支持企业等市场主体在境外取得知识产权。引导企业改进竞争模式，加强技术创新，提高产品质量和服务质量，支持企业打造知名品牌。

2. 鼓励知识产权转化运用。

引导支持创新要素向企业集聚，促进高等学校、科研院所的创新成果向企业转移，推动企业知识产权的应用和产业化，缩短产业化周期。深入开展各类知识产权试点、示范工作，全面提升知识产权运用能力和应对知识产权竞争的能力。

鼓励和支持市场主体健全技术资料与商业秘密管理制度，建立知识产权价值评估、统计和财务核算制度，制订知识产权信息检索和重大事项预警等制度，完善对外合作知识产权管理制度。

鼓励市场主体依法应对涉及知识产权的侵权行为和法律诉讼，提高应对知识产权纠纷的能力。

3. 加快知识产权法制建设。

建立适应知识产权特点的立法机制，提高立法质量，加快立法进程。加强知识产权立法前瞻性研究，做好立法后评估工作。增强立法透明度，拓宽企业、行业协会和社会公众参与立法的渠道。加强知识产权法律修改和立法解释，及时有效回应知识产权新问题。研究制定知识产权基础性法律的必要性和可行性。

4. 提高知识产权执法水平。

完善知识产权审判体制，优化审判资源配置，简化救济程序。研究设置统一受理知识产权民事、行政和刑事案件的专门知识产权法庭。研究适当集中专利等技术性较强案件的审理管辖权问题，探索建立知识产权上诉法院。进一步健全知识产权审判机构，充实知识产权司法队伍，提高审判和执行能力。

加强知识产权司法解释工作。针对知识产权案件专业性强等特点，建立和完善司法鉴定、专家证人、技术调查等诉讼制度，完善知识产权诉前临时措施制度。改革专利和商标确权、授权程序，研究专利无效审理和商标评审机构向准司法机构转变的问题。

提高知识产权执法队伍素质，合理配置执法资源，提高执法效率。针对反复侵权、群体性侵权以及大规模假冒、盗版等行为，有计划、有重点地开展知识产权保护专项行动。加大行政执法机关向刑事司法机关移送知识产权刑事案件和刑事司法机关受理知识产权刑事案件的力度。

加大海关执法力度，加强知识产权边境保护，维护良好的进出口秩序，提高我国出口商品的声誉。充分利用海关执法国际合作机制，打击跨境知识产权违法犯罪行为，发挥海关在国际知识产权保护事务中的影响力。

5. 加强知识产权行政管理。

制定并实施地区和行业知识产权战略。建立健全重大经济活动知识产权审议制度。扶持符合经济社会发展需要的自主知识产权创造与产业化项目。

充实知识产权管理队伍，加强业务培训，提高人员素质。根据经济社会发展需要，县级以上人民政府可设立相应的知识产权管理机构。

完善知识产权审查及登记制度，加强能力建设，优化程序，提高效率，降低行政成本，提高知识产权公共服务水平。

构建国家基础知识产权信息公共服务平台。建设高质量的专利、商标、版权、集成电路布图设计、植物新品种、地理标志等知识产权基础信息库，加快开发适合我国检索方式与习惯的通用检索系统。健全植物新品种保护测试机构和保藏机构。建立国防知识产权信息平台。指导和鼓励各地区、各有关行业建设符合自身需要的知识产权信息库。促进知识产权系统集成、资源整合和信息共享。

建立知识产权预警应急机制。发布重点领域的知识产权发展态势报告，对可能发生的涉及面广、影响大的知识产权纠纷、争端和突发事件，制订预案，妥善应对，控制和减轻损害。

6. 发展知识产权中介服务。

完善知识产权中介服务管理，加强行业自律，建立诚信信息管理、信用评价和失信惩戒等诚信管理制度。规范知识产权评估工作，提高评估公信度。

建立知识产权中介服务执业培训制度，加强中介服务职业培训，规范执业资质管理。明确知识产权代理人等中介服务人员执业范围，研究建立相关律师代理制度。完善国防知识产权中介服务体系。大力提升中介组织涉外知识产权申请和纠纷处置服务能力及国际知识产权事务参与能力。

充分发挥行业协会的作用，支持行业协会开展知识产权工作，促进知识产权信息交流，组织共同维权。加强政府对行业协会知识产权工作的监督指导。

充分发挥技术市场的作用，构建信息充分、交易活跃、秩序良好的知识产权交易体系。简化交易程序，降低交易成本，提供优质服务。

培育和发展市场化知识产权信息服务，满足不同层次知识产权信息需求。鼓励社会资金投资知识产权信息化建设，鼓励企业参与增值性知识产权信息开发利用。

7. 加强知识产权人才队伍建设。

建立部门协调机制，统筹规划知识产权人才队伍建设。加快建设国家和省级知识产权人才库和专业人才信息网络平台。

建设若干国家知识产权人才培养基地。加快建设高水平的知识产权师资队伍。设立知识产权二级学科，支持有条件的高等学校设立知识产权硕士、博士学位授予点。大规模培养各级各类知识产权专业人才，重点培养企业急需的知识产权管理和中介服务人才。

制定培训规划，广泛开展对党政领导干部、公务员、企事业单位管理人员、专业技术人员、文学艺术创作人员、教师等的知识产权培训。

完善吸引、使用和管理知识产权专业人才相关制度，优化人才结构，促进人才合理流动。结合公务员法的实施，完善知识产权管理部门公务员管理制度。按照国家职称制度改革总体要求，建立和完善知识产权人才的专业技术评价体系。

8. 推进知识产权文化建设。

建立政府主导、新闻媒体支撑、社会公众广泛参与的知识产权宣传工作体系。完善协调机制，制定相关政策和工作计划，推动知识产权的宣传普及和知识产权文化建设。

在高等学校开设知识产权相关课程，将知识产权教育纳入高校学生素质教育体系。制定并实施全国中小学知识产权普及教育计划，将知识产权内容纳入中小学教育课程体系。

9. 扩大知识产权对外交流合作。

加强知识产权领域的对外交流合作。建立和完善知识产权对外信息沟通交流机制。加强国际和区域知识产权信息资源及基础设施建设与利用的交流合作。鼓励开展知识产权人才培养的对外合作。引导公派留学生、鼓励自费留学生选修知识产权专业。支持引进或聘用海外知识产权高层次人才。积极参与国际知识产权秩序的构建，有效参与国际组织有关议程。

四、深入实施国家知识产权战略建立知识产权强国

日前，中共十八届五中全会审议通过了中共中央关于制定知识产权"十三五"规划的建议。其中，建议指出，加强技术和知识产权交易平台建设，建立从实验研究、中试到生产的全过程科技创新融资模式，促进科技成果资本化、产业化。深化知识产权领域改革，加强知识产权保护。有关专家表示，"十三五"规划建议提出的诸多内容，关注了知识产权事业发展的主要问题，站位高、定位准，对当前加强知识产权工作具有重大的现实意义和深远的历史意义，这无疑为我国现今熊熊燃烧的创新之火起到了添薪加油的重要作用。

自 2011 年"十二五"规划纲要首次将"每万人口发明专利拥有量达到 3.3 件"列入国民经济和社会发展指标体系以来，伴随着我国实施创新驱动发展战略和知识产权战略的步伐，知识产权已成为推进经济转型发展、提升核心竞争力的重要引擎。"十二五"期间，我国知识产权事业蓬勃发展，发明专利申请量每年均居世界首位；2014 年，我国每万人口发明专利拥有量达到 4.9 件，提前完成了"十二五"规划纲要目标，这也清晰准确地反映了我国知识产权发展和创新能力提升的状况。"从数量上看，我国已成为名副其实的知识产权大国，但离知识产权强国的目标仍有差距。"中国科学院大学法律与知识产权系主任李顺德指出，"我国迫切需要加快从知识产权大国向知识产权强国的转变。'十三五'规划建议关注知识产权运用与保护，从多个方面提出促进科技成果转化的措施，就是要让创新成果中承载的知识产权'落地'，让这些知识产权资源从数量上的大转化为现实生产力，推动科技经济社会发展。这不仅是中国面临的当务之急，对世界而言也是众望所归。"

而对于"十三五"规划建议提出的强化企业创新主体地位和主导作用、扩大高校和科研院所自主权、实行以增加知识价值为导向的分配政策、加快形成有利于创新发展的市场环境、产权制度、投融资体制、分配制度、人才培养引进使用机制等内容，在李顺德看来，这与今年出台的《中共中央国务院关于深化体制机制改革加快实施创新驱动发展战略的若干意见》精神及新修改的促进科技成果转化法内容高度一致，都是通过完善创新体系、激励创新主体，来为创新驱动创造更加宽松的环境。这些内容写入"十三五"规划建议，也进一步体现了党中央、国务院对创新与知识产权的重视与运筹。

"'十三五'时期，是我国实施创新驱动发展战略的重要时期，要实现'十三五'的一系列提质增效目标，把知识产权融入到经济中去，让创新成果与经济不脱钩，就需要从立法、执法和行政管理层面深化知识产权领域改革，将科技创新作为经济发展的主要动力"。各产业、行业、企业也应结合实际情况，探索学习国外的先进经验，加大创新力度，加强对知识产权运用和保护的投入，才能在科技日新月异、经济竞争激烈的世界发展大格局中占据应有的一席之地。

第三章 国际知识产权保护制度

第一节 WTO 的知识产权协定（TRIPS 协议）的概况

一、WTO 概况

WTO 的英文全称为 World Trade Organization，即世界贸易组织，它的前身是关贸总协定（GATT）。GATT 的全称是《关税与贸易总协定》（The General Agreement on Tariffs and Trade），是一个多边贸易协定，于 1947 年 10 月 30 日签约，1948 年 1 月 1 日生效。WTO 成立于 1995 年 1 月 1 日，其贸易体制已有半个多世纪的历史，现有成员 134 个。

WTO 有三大支柱：货物贸易、服务贸易以及与国际贸易结为一体的知识产权。世界贸易组织是经济全球化的产物，同时又大大推进了经济全球化的发展。

WTO 与 GATT 的主要区别在于：（1）GATT 适用于处理货物贸易，WTO 不仅适用于处理货物贸易，还适用于处理服务贸易和知识产权。（2）WTO 争端解决体制比 GATT 体制更快、更强有力。

1. WTO 的基本原则

1）无歧视原则（包括无条件最惠国待遇、国民待遇、公平贸易的规则）；
2）互惠平等的关税减让原则：
3）关税为唯一手段原则（包括贸易壁垒递减、一般禁止数量限制等原则）；
4）贸易政策透明度原则（指各成员涉及国际贸易的政策法规都应提前公布，以便其他成员有足够的时间熟悉）。

2. WTO 的例外措施

1）国际收支平衡例外。当某一缔约方国际收支困难时，可以实行进口限制。
2）幼稚工业保护的例外。对于新建的工业部门，尚不具备竞争能力的，可以实行进口限制，例如，我国的汽车工业在加入 WTO 后的一段时间内，可暂时获得保护。
3）保障条约。某一产业部门受到突增的进口产品的冲击，造成严重损害时，可以实行临时性进口限制。
4）发展中国家的特殊优惠待遇。允许发展中国家不必对发达国家给予对等的关税减让，允许发展中国家进行一定限度的进口补贴。

2001 年 11 月 10 日，我国成为世界贸易组织的成员，这为我国带来了新的机遇，同时也使我国面临前所未有的挑战，因为我国加入 WTO，市场将进一步开放，外国公司将大量进入我国市场，并且随着市场准入的扩大，国际国内市场将融为一体，关税壁垒将被打破，技术知识的竞争更加广泛化、激烈化、复杂化，对知识的创造、应用必须有可靠的、完善的法律予以确认和保障，这是入世后对我们的客观要求。

近几年，我国的知识产权法律保护制度取得了长足的进展，已经形成包括《巴黎公约》和《伯尔尼公约》所规定的主要内容，和以著作权法、商标法、专利法和反不正当竞争法等为主要法律的比较完整的法律体系，但随着我国加入世贸组织，我国将在更大范围和更大程度上参与经济全球化，意味着我国众多的企业与科研机构不可避免地要同积累了丰富知识产权保护经验并拥有大量知识产权的发达国家和企业进行面对面的激烈竞争。就目前而言，我们在知识产权国际竞争方面面临的形势是严峻的。一是当今世界范围内科学技术的飞速发展特别是生物工程信息技术的发展，对这些新兴技术领域的专利保护提出了新的要求；二是我国的知识产权法是建立在国内法律基础之上的，而 WTO 要求成员国家的国内法律、法规与国际法相适应，而且在贸易活动和解决贸易争端中实行国际法优于国内法；三是随着经济的发展引出的知识产权保护办案手段问题，随着科学进步提出的信息安全保护问题以及有关侵犯知识产权的定罪量刑和程序法上的问题等等。由此可知，必须完善我国的知识产权法律保护制度，积极参与知识产权国际规范的制订与修改，并运用合理与适当的法律对策对付西方跨国公司不适当利用知识产权而对我国进行的市场和技术垄断行为。同时，也要加大知识产权的保护和执法力度，教育广大人民群众知法守法，从而提高全社会知识产权的法律保护意识，有效地激励创新，维护知识产品生产者和国家的利益。

加入 WTO，意味着我国国内的各项法律和法规将必须与国际接轨，那么在知识产权保护方面，显然我们最重要的就是必须弄清世界知识产权协定，也就是所谓的"TRIPS 协议"，它是乌拉圭回合谈判形成的最终文件之一，也是世界贸易组织的基本法律文书之一。那么，它主要涉及哪些问题，"正如 WTO 所指出的，TRIPS 协议涉及五个大问题：（1）贸易制度和其他国际知识产权协定的基本原则应当如何适用；（2）如何对知识产权给予充分的保护；（3）成员如何在其辖区内对知识产权进行充分保护；（4）如何解决 WTO 成员之间的知识产权争端；（5）新制度引进期间的特殊过渡安排。"TRIPS 协议不仅是第一个明确与国际贸易相联系的知识产权保护协议，并在《巴黎公约》和《伯尔尼公约》等 WIPO 知识产权条约的基础上，第一次将版权、专利、商标等各种知识产权保护融为一体，而且由于它是乌拉圭回合的"一揽子"成果之一，任何 WTO 成员国迟早都必须履行《TRIPS 协议》规定的义务，从而将大大地扩展国际知识产权保护制度的适用范围。

TRIPS 协议的签订，丰富了传统的国际贸易理论，使国际贸易格局发生了新的变化，国际贸易的"知识化"与知识产权的"国际化"在 TRIPS 协议中获得了集中体现，因而，可以说，知识产权的国际保护标准得到了提升和细化，具体表现在：（1）保护范围更加广泛；（2）保护期限进一步延长；（3）执法（enforcement）程序注重可操作性，协议规定了明确而具体的执法程序，包括行政、民事、刑事及边境与临时措施；（4）争端解决趋于便捷、严厉；（5）权利范围进一步扩展。加入 WTO，尤其是在知识产权的法律保护制度问题上，我们在许多方面，尽管与国际知识产权保护制度有了一定程度上接轨，但我们还不得不面对我们的确在这方面还存在较大的差距的现实，国内已有许多学者在关注和研究这个独特的领域。

二、TRIPS 协议确立的新体制及其特点

TRIPS 协议即知识产权协议，是在 1986 – 1993 年间的"乌拉圭回合"中达成的有关保护知识产权的协议。TRIPS 协议的签署，是国际社会谋求加强知识产权保护国际多边立法的一次重要努力和成功尝试。与传统的知识产权国际保护体制相比较，这种新的体制有如下特点：

1. 将各种知识产权的保护制度融为一体。

传统的知识产权方面的国际公约都是专门针对知识产权规定相应的保护制度，如《巴黎公约》只规定了工业产权的保护制度，《伯尔尼公约》只规定了版权的保护制度。TRIPS 协议则在立法体制上改变了这种状况，从广义的角度来确定知识产权的范围，认为知识产权应当包括：（1）版权及邻接权；（2）商标权；（3）地理标志权；（4）工业品外观设计权；（5）专利；（6）集成电路的布图设计权；（7）未披露信息的保护权。除此之外，还规定了以上七种知识产权的保护制度。由此可见，TRIPS 协议是一项将各种知识产权的保护制度融为一体的国际法律文件，它克服了原来立法各自为政、互相矛盾的缺陷，使各种专门规定的立法在逐渐走向融合。

2. 对知识产权进行实体法上的保护水平普遍提高。

TRIPS 协议是迄今为止最为完善的知识产权保护公约，与旧有的知识产权保护体制相比，它处处体现了人类追求知识产权更高保护标准的精神，无论是在保护范围还是在保护标准方面都有了很大的突破。例如，首先，就保护范围而言，依据该协议第二部分的规定，著作权及其相关权利、商标、地理标记、工业产品外观设计、专利和、集成电路布图设计和未公开信息，都将科技发展中的新产品，诸如计算机程序、数据汇编、驰名商标等新技术产品、信息化作品纳入了知识产权的国际保护范围。协议保护的范围几乎涉及所有形式的知识产权，十分广泛。其次，就保护标准而言，该协议将 GATT 中的"国民待遇原则"、"最惠国待遇原则"、"权利穷竭原则"等也引入了知识产权保护领域。另外，TRIPS 协议还在第 1 条第 1 款规定了"最低保护标准"，规定成员自己的立法可以高于协议的保护水平，但又没有义务一定要高于这个水平。当然，成员的国内法不能低于协议的保护水平。第三，该协议在其第三部分详细规定了包括民事和行政程序、临时措施、边境措施、刑事程序等在内的各种救济措施。有了这些救济措施，知识产权人的合法利益无疑将得到更充分、更有效的保护。

3. 知识产权执法程序得以加强。

这是知识产权多边立法在现有知识产权公约基础上的重大进步。程序是保证实体法内容得以实施的最强有力形式，只有具有完善的立法、执法程序，才能保障实体法的真实执行，而现行的世界知识产权多边组织保护体制恰恰在这方面存在严重缺陷就发达国家而言，其之所以寻求在 GATT 框架内解决知识产权问题的一个重要因素，也在于借助 GATT 的广泛影响，来解决知识产权执法体制程序薄弱的问题。只要我们稍微留心以美国为代表

的发达国家在 TRIPS 协议谈判过程中的主张和要求，就不难发现，加强知识产权的执法体制、提高知识产权保护标准及建立统一的争端解决机制，并列为发达国家在 TRIPS 协议谈判追求的目标。就美国情况而言，其确立的谈判目标更为明确：GATT 成员方必须承认和履行知识产权保护义务和遵守知识产权保护标准，包括对已确立的权利的有效执行，执行措施包括可利用的民事、刑事等有效的争端解决手段。

与旧有的知识产权国际公约不同的是，TRIPS 协议的一个显著特点是不仅规定应保护的权利，而且要求成员方采取各种可能采取的措施来实施协议，以防止知识产权侵权及避免法律冲突。为此，协议中提出了严格的法律实施规则，要求成员方采用各种手段及措施打击知识产权侵权。无疑，这将改善一些国家的知识产权保护水平，促进世界各国在知识产权侵权法律适用方面的冲突解决。

4. 知识产权保护的国际化进程加快。

TRIPS 协议的生效以及为确保该协议在内的协议的执行而设置的程序执行规则，改变了原有的各国知识产权立法各自为政的局面，使得知识产权保护趋向于在保护范围、条件、标准、措施等方面走向统一化和国际化。目前，各国尤其是发展中国家还在以有关的知识产权国际公约的规定为基准，修改和完善本国的知识产权保护制度，不断努力加入到这一国际保护体系中去，以求为国际社会所接纳，并便于本国经济发展能够顺应世界经济全球化的发展浪潮。

5. 透明度原则的引入及 WTO 有效的争端解决机制对知识产权国际保护意义重大。

法律的终极目的是体现公平，而法律、法规立法及执法程序中透明度的程度如何，则直接关系到法律价值能否，得以充分的实现。TRIPs 协议将 GA1rr 中的透明度原则引入知识产权保护领域，是一个重大突破。依据该协议第 63 条的规定，凡是涉及该协定的问题，无论是关于知识产权的效力、范围问题，还是知识产权的取得、实施或保护问题，由任何一成员方通过的法律规章、司法裁判和行政决定，都应以该成员方的官方语言及时颁布，并应以各成员方政府和权利人可得知的方式公开。一成员方政府或政府性机构与另一方生效的涉及知识产权保护的协定也应予以公布。同时，考虑到各国或地区在这方面立法的差异和现行组织在协调其差异方面的软弱无力，鉴于各方在知识产权国内立法标准的统一要远比贸易等立法的协调更艰难，笔者认为，透明度原则的引入，对于各国知识产权立法更快地走向协调和统一具有重要的推进意义。

另外，作为一个司法性质的争端解决机制，WTO 争端解决机制的实施、严格的时间限制和程序规则、强有力的交叉报复补救制度等，也将更有力地保障 TRIPS 协议的贯彻实施．它排除了在知识产权保护方面的单边行动，保障了各方都只服从同一国际规则，并依据该规则解决分歧和矛盾但是，任何法律、法规及条约规定自身都具有滞后性和局限住、TRIPS 协议也不例外，比如，TR1Ps 协议中规定了"国民待遇原则"、"最惠国待遇原则"、"透明度原则"等，但就其内容及执行方面．仍然存在着诸多问题。首先，从协议对两类国家利益的协调方面看，虽然它考虑到了发展中国家的特殊情况，在一些条款中作出了对发展中国家适当照顾的规定，但这些条款并未有多少具体解决发展中国家严重经济困难的方案，而是更多地反映了发达国家的愿望和要求。其次，从协议的立法导向看，它明显倾向于更多保护权利所有人的利益，而对其应尽的社会责任却未作明文规定，这样，对于发达国家在经济全球化过程中滥用其技术垄断地位和知识产权，几乎无实质性约束．这种立法上的不公将会大大影响 TRIPS 协议的进程及效力。

三、与贸易有关的知识产权协议 TRIPS 协议

TRIPS 协议（Agreement on Trade Related Aspects of Intellectual property Rights），即《与贸易有关的知识产权协议》，该协议是一个高水平、高标准的知识产权保护协议。

TRIPS 协议是世贸组织在乌拉圭回合谈判结束后签订的，它也体现了 WTO 对知识产权贸易问题的关注。现在，该协议成为调整所有世贸组织成员与知识产权相关的贸易行为规范的重要法律制度。TRIPS 协议的主要作用，就是在保护知识产权的同时，还要求其成员正确行使知识产权，以保障公平合法的竞争。可以说，TRIPS 协议是规范世界贸易组织成员与贸易相关的知识经济的准则。TRIPS 协议的具体表现为：

1. 保护范围广而且水平高

协议把著作权、邻接权、商标、专利、集成电路布图设计及商业秘密等内容都纳入了保护范围。在保护期限、权利范围等方面都大大超过现行任何国际公约的规定。

2. 强化了执行措施和争端的解决机制

协议规定了详细的知识产权法律实施程序，包括行政、民事、刑事以及边界措施和临时保护程序等。在解决争端方面，协议规定了适用世界贸易组织的争端解决程序，因而交叉报复将成为迫使成员履行协议义务的强有力手段。现有的国际公约没有这种有效的解决争端的机制，因而显得软弱无力。

我国加入 WTO 后，前八年接受世界贸易组织对我国知识产权方面的审议。

TRIPS 协议就专利保护作出了一系列规定。主要是：

1. 专利保护范围适用于几乎所有技术领域。这里只有两个例外：其一是对违反公众利益或社会公德的发明创造；其二是对疾病的诊断和治疗方法，以及植物和动物的发明创造。这就是说，大多数发展中国家原先不给予专利保护的技术领域，例如化学物质、药品、食品、用原子核变换获得的物质、植物新品种等，都必须逐步给予专利保护。

2. 专利保护期至少 20 年，工业品外观设计的保护期至少 10 年。

3. 专利权人的独占权。（1）对产品专利，专利权人有权禁止第三方在未经其同意的情况下从事下列行为：制造、使用、许诺销售、销售或为上述这些目的进口该产品。（2）对方法专利，专利权人有权禁止第三方在未经其同意的情况下使用该方法，以及使用、许诺销售、销售或为这些目的而进口至少是由该方法所直接获得的产品。（3）对工业品外观设计，专利权人有权禁止为了商业目的而制造、销售与受到保护的外观设计相同或基本上相同的外观设计的物品。

第二节　TRIPS 协议的主要内容和原则

世界贸易组织（WTO）的《与贸易有关的知识产权协议》（Agreement oil Trade – Related aspects of Intellectual Property fights）（简称 TRIPS），是 1993 年 12 月 15 目通过，1994 年 4 月 15 日正式签署，1995 年 1 月 1 日起生效的，是关贸总协定（GATI）第八轮谈判乌拉圭回合谈判）所通过的一揽子协议之一，也是所有 WTO 成员必须遵守和执行的协议之一。从整体上看，TRIPS 可以说是当前世界范围内知识产权保护领域中涉及面广、保护水平高、保护力度大、制约力强的一个国际公约，因此受到各国和各个关税独立区的高度重视。

一、TRIPS 的主要特点

TRIPS 主要有以下 6 个特点

1. 内容涉及面广，几乎涉及了知识产权的各个领域。

2. 保护水平高，在多方面超过了现有的国际公约对知识产权的保护水平。

3. 将关贸总协定（GATI）和世界贸易组织（WTO）中关于有形商品贸易的原则和规定延伸到对知识产权的保护。

4. 强化了知识产权执法程序和保护措施：

5. 强化了协议的执行措施和争端解决机制，把履行协议保护知识产权与贸易制裁紧密结合在一起。

6. 设置了与贸易有关的知识产权理事会作为常设机构．监督本协议的实施。

二、TRIPS 的主要内容

TRIPS 的主要内容包括

1. 提出和重申了保护知识产权的基本原则。

重申的保护知识产权的基本原则主要有：

（1）国民待遇原则。这是在巴黎公约中首先提出，在 TRIPS 第 3 条中再次强调，各个知识产权国际公约共同遵守的基本原则_。

（2）保护公共秩序、社会公德、公众健康原则。这是立法、执法的一条基本原则，在 TRIPS 中又进一步作了明确和强调，对于违背这一原则的智力成果可以排除在知识产权保护之外。

（3）对权利合理限制原则。知识产权如同其他权利一样，是相对的，不是绝对的，应该有合理的、适当的限制。

TRIPS 提出"可采取适当措施防止根到持有人滥用知识产权的权利限制原则。对版权、商标权、工业品外观设计权和发明专利权给予一定权利限制的前提条件：一是要保证第三方的合法利益，二是不能影响合理利用，三是不能损害权利所有人的合法利益。

（4）权利的地域性独立原则。

知识产权具有地域性，各国的知识产权法是相对独立的。

（5）专利、商标申请的优先权原则。

这是在巴黎公约中首先提出的，TRIPS 中再次加以强调和肯定。

（6）版权自动保护原则。

这是在伯尔尼公约中首先提出的，TRIPS 中再次加以强调和肯定。

三、TRIPS 新提出的保护知识产权的基本原则

1. 原则

（1）最惠国待遇原则（Most Favoured Nation Treatment，简称 MFN）。这是在 TRIPS 中首次把国际贸易中对有形商品的贸易原则延伸到知识产权保护领域，对知识产权的国际保护产生深远的影响。

（2）透明度原则。

目的是防止缔约方之间出现歧视性行为．便于各方对相互保护知识产权的措施尽快了解，以便加强保护。

（3）争端解决原则。

把 GATT 中关于解决贸易争端的规范程序，直接引人解决知识产权争端，可利用贸易手段，甚至交叉报复手段确保知识产权保护得以实现。

（4）对行政终局决定的司法审查和复审原则。

（5）承认知识产权为私权的原则。

2. 确立了 TRIPS 与其他知识产权匡际公约的基本关系。TRIPS 把已有的知识产权国际公约分为 3 类：

（1）基本完全肯定、要求全体成员必须遵守并执行的国际公约。

这类国际公约有（保护工业产权巴黎公约）、《保护文学艺术作品的伯尔尼公约》、（保护表演者、录音制品制作者与广播组织公约）、（集成电路知识产权条约）。TRIPS 对这 4 个国际公约的个别条款作了修改和保留。

（2）基本完全肯定、要求全体成员按对等原则执行的国际公约。这类国际公约共有十余个．主要是巴黎公约的子公约。

（3）不要求全体成员遵守并执行的国际公约。

凡是 TRIPS 没有提到的、也不属于上述两类的国际公约，均不要求全体成员遵守并执行，主要有《世界版权公约》、《录音制品公约》等。

3. 规定了成员保护各类知识产权的最低要求。

TRIPS 从 7 个方面分别规定了成员保护各类知识产权的最低要求，包括：版权及其邻接权、商标权、地理标志、工业品外观设计、专利权、集成电路的布图设计、未经披露的信息（商业秘密）等，并涉及对限制竞争行为的控制问题。

4. 规定和强化了知识产权执法程序。

TRIPS 具体规定了有关知识产权执法的行政和民事程序及救济措施（包括禁令、损害赔偿、对被告的适当赔偿、其他救济措施等）、临时措施｛包括对"即发侵权的制止等｝、边境措施、刑事措施及惩罚等，加强知识产权的执法保护。这在有关知识产权的国际公约中尚属首次 5、有条件的将不同类型的成员加以区别对待。TRIPS 原则上将成员分为发达国家成员、发展中国家成员、正在从中央计划经济向市场经济转轨国家成员、最不发达国家成员等几类，在一些条款的执行上给予不同的限期。

四、TRIPS 与我国知识产权法律制度的修改和完善

TRIPS 如同其他的知识产权国际公约一样，其实体内容可分为 3 类：一是基本原则，这是全体成员必须遵守的．二是最低要求，这是全体成员必须达到的三是一般要求，这是可以根据各成员的具体情况选择适用的。在我国的知识产权法律制度于近期修改完善以前，与 TRIPS 存在着不少差距。这里所讲的差距是针对 TRIPS 的基本原则和最低要求而言的。

从总仁来讲，差距主要体现在以下 5 个方面

1. 对部分有关知识产权的行政终局决定，缺乏必要的司法审查和监督．这主要体现在商标法和专利法中。2. 对知识产权的侵权行为．特别是对假冒和盗版行为的打士力度不够．对受害人的救济措施还不完善。3. 对知识产权权利人的权利限制过多、过宽，不合理地损害了权利人的台法权益．这个问题主要体现在著作权法中。4. 在各类知识产权的保护内容和保护水平上存在着不同程度的差距．主要是还没有对集成电路布图设计提供专门的法律保护。5. 缺乏对知识产权滥用的必要的、完善的限制措施。通过对专利法、商标法、著作权法的修改．颁布和实施（集成电路布图设计保护条倒）．已经从总体上基本消除了上述差距。

（一）我国专利法的第二次修改

我国于 2000 年 8 月 25 日通过了对专利法的第二次修改，2001 年 7 月 1 日施行。此次修改主要是匝绕着 TRIPS 的要求进行的，重大修改基本上都与 TRIPS 有关。进一步缩小了我国专利法与 TRIPS 的差距，主要体现在以下几个方面。

1. 为实用新型、外观设计的行政终局决定提供了司法审查机会。此次修改，将专利复审委员会对申请人、专利权人关于实用新型和外观设计的复审请求所作出的决定及对宣告实用新型和外观设计专利权无效的请求所作出的决定．改为非终局决定，并规定对上述行政决定不服的，当事人"可以自收到通知之日起三个月内向人民法院起诉"，为当事^提供了司法审查机会。

2. 对专利实施强制许可的限制条件更加严格。

（1）对于依存专利的强制许可条件进一步加限制。现行专利法第五十三条规定，对于一项取得专利权的发明或者实用新型，其实施又有赖于前一发明或者实用新型的实施的（通常我们把这两者称为"依存专利"），后一专利权^可经申请获得专利行政部门批准，通过强制许可方式实施前一专利或者实用新型，其条件为：后一专利要比前一专利在技术上先进。这一条件是很容易达到的，甚至说后一专利都应具备，否则相对于前一专利来讲．不具备创造性，不符合授予专利权的实质条件。此次修改，将第五十三条改为第五十条．将这一条件改为后一专利要比前专利具有显著经济意义的重大技术进步，加大了对依存专利实施强制许可的限制。这与 TRIPS 第 31 条有关项的有关规定是一致的。

（2）对专利实施强制许可决定的范围、时间、终止增加了明确要求。在现行专利法基础上修改的第五一二条，增加了第二款：给予实施强制许可的决定应当根据强制许可的理由规定实施的范围和时间。强制许可的理由消除并不再发生时，国务院专利行政部门应当

根据专利权人的请求，经审查后作出终止实施强制许可的决定。

（3）取消了"计划许可"。现行专利法对于"国家计划许可"的规定，是我国计划经济的产物，实质上是一种特殊的强制许可，按照 TRIPS 的规定，只有在进^国家紧急状态，或在其他特别紧急情况下，或在公共的非商业场合，才允许政府直接介入专利的强制许可，包括政府使用或政府授权的第三方使用。我国现行专利法所规定的"计划许可"，显然不属于 TRIPS 所允许的强制许可范围．与 TRIPS 的规定相冲突。

此次对专利法第十四条作了彻底的修改，改为：国有企业事业单位的发明专利，对国家利益或者公共利益具有重大意义的，国务院有关主管部门和省、自治区、直辖方人民政府报经国务院批准，可以决定在批准的范围内推广应用，允许指定的单位实施，由实施单位按照国家规定向专权人支付使用费用，中国集体所有制单位和个人的发明专利．对国家利益或者公共利益具有重大意义，需要推广应用的，参用前款规定办理。将这种特殊的强制许可，仅作为一种政府直接介入的专利强制许可来处理，从实质上取消了"计划许可"在专利实施强制许可的条件上符合了 TRIPS 第 31 条（b）项的要求．此外，将这种特殊强制许可的对象由包括发明、实用新型、外观设计在内的"发明创造"专利改为仅适用于"发明专利"，取消了对实用新型、外观设计的这种特殊的强制许可。

3. 增加了对"即发侵权"的制止措施。对于那种即将会发生、但是尚未发生的侵权行为，我们通常称之为"即发侵权"。在我国现行专利法及相关的法律中，尚没有制止"即发侵权"的规定。新修改的专利法增加了一条，即第六十一条："专利权人或者利害关系人有证据证明他人正在实施或者即将实施侵犯其专利权的行为如不及对制止将会使其合法权益受到难以弥补的损害的，可以在趁诉前向人民法院申请采取责令停止有关行为和对产保全的措施"，"人民法院处理前款申请，适用《中华人民共和国民事诉讼法，第九十三条至第九十六条和第九十九条的规定"。这种通过阻止"即发侵权"，力争把侵权行为消灭在萌芽状态的做法，是值得肯定的。

4. 对"不知者不视为侵权"的规定作了修改。此次修改将第六十二条改为："为生产经营目的的使用或者销售不知道是未经专利权人许可而制造并售出的专利产品或者依照专利方法直接获得的产品，能证明其产品合法来源的，不承担赔偿责任"。

按照 TRIPS 的规定，这种"不知者"不视为侵权，只是作为一种例外，一般仅适合于集成电路的布图设计和商业秘密，前者是因为它极为复杂，又很微小，难于分辨，后者是由于持有人采取了保密措施，普通人无法知晓。对于专利而言，"不知者"这种侵权行为，仍是非法的，只是可以不负侵权损害赔偿责任或部分免除侵权损害赔偿责任。这种"不知者"变为"已知者"后，就应该立即停止这种"侵权"，并向权利持有人支付合理的费用，否则就要承担相应的侵权损害赔偿责任。

5. 强化了专利侵权"损害赔偿"的措施。现行专利法中对侵权"损害赔偿"的规定过于简单，仅在第六十条中有"赔偿损失"这四个字显得单薄、无力度。

此次修改，不仅对第六十条作了相应修改，作为第五十七条，还增加了一条，作为第六条："侵犯专利权的赔偿数额，按照权利人因被侵权所受到的损失或者侵权人因侵权所获得的利益确定，被侵权人损失或者侵权的利益难以确定的，参照该专利许可使用费的倍数合理确定。"这一修改，不仅具体规定了专利侵权"损害赔偿"的计算方法，增强了可操作性，而且允许参照该专利许可使用费的倍数合理确定"赔偿数额"应该说，这是个大的突破，加大了对专利侵权惩罚的力度。

6. 增加了发明和实用新型专利权中的许诺销售权利。"许诺销售"英文对应是"offering for sale"，也有人将其译为"提供销售"或"为销售而提供"。本人认为将其译为"促销"或"推销"更符合中文的习惯。其含义是指那种明确表示愿意出售某种产品的行为，包括各种方式、通过各种途径的表示，如进行广告宣传、将产品陈到、展览、演示、让顾客免费试用等，涉及的范围很宽。此次修改，增加了发明和实用新型专利权"许诺销售"的权利，并作了相应的补充。这一修改达到了 TRIPS 的要求。

总而言之，此次专利法的修改，大大缩小了与 TRIPS 的差距，但并不是完全不存在任何差距，例如 TRIPS 所规定的对知识产权持有人滥用权利的限制、对半导体技术专利强制许可的特殊限制条件等。这些差距，有些已通过修改专利法实施细则解决，有些已通过司法解释加以补充说明，有些可以在今后其他的相关立法中解决，例如可以在反垄断法中，把知识产权持有人滥用权利作为一种非法垄断行为加以界定、限制。

第三节　知识产权的国际保护

由于知识产权的法律保护具有"地域性"的特点，这与科学技术及文化艺术发展的国际化趋势产生了矛盾。于是人们开始寻求新的途径，即通过成立国际组织及签订国际条约等方式来解决知识产权的国际保护问题。

十九世纪末，随着商品经济的发展，技术输出在国际贸易中占有重要的地位，工业产权制度的国际化特点日益明显，许多国家要求把专利权由国内扩展到国外，使其专利、商标得到国际保护。以此为背景，从十九世纪末开始缔结有关工业产权和版权的国际公约。二次大战后，国际知识产权制度有了进一步的发展，相继缔约了一些国际公约，成立了世界性或区域性的国际组织。

一、保护知识产权的国际组织

保护知识产权的国际组织主要有世界知识产权组织和一个区域性组织——欧洲专利局。

1. 世界知识产权组织（World Intellectual Property Organization 简称 WIPO），是根据 1967 年 7 月 14 日在斯德哥尔摩签订的《建立世界知识产权组织公约》而成立的。该公约于 1970 年 4 月 26 日生效，共有 51 个国家签约。

WIPO 从 1974 年 12 月 7 日起，成为联合国系统下第 16 个专门机构，负责管理有关知识产权的国际公约和协议，促进创造性的智力活动，加速经济、社会和文化的发展。总部设在日内瓦。目前约有 130 多个成员国，我国 1980 年加入了世界知识产权组织。

世界知识产权组织的宗旨是：

（1）通过国与国之间的合作，并在适当情况下，通过与其他国际组织的协作，促进全世界对知识产权的保护。

（2）保证各知识产权联盟间的合作，管理知识产权条约，并鼓励缔结新的国际条约和

44

各国立法的现代化。

（3）WIPO 作为联合国的有关专门机构，其主要任务是按照它的基本章程，促进创造性活动的发展，从而加速经济、社会和文化的发展。

（4）对发展中国家提供必要的帮助，包括派遣专家、培训人员、提供技术援助、帮助起草知识产权法律等。

2. 欧洲专利局

欧洲专利局（European Patent Office 简称 EPO）根据欧洲专利公约（European Patent Convention 简称 EPC）于 1977 年成立，负责办理欧洲专利的申请和审查。欧洲专利可由欧洲专利局直接批准并颁布，但由欧洲专利局批准的专利，要由指定国最后确认后方能生效。

各国的申请人都可以向欧洲专利局提出专利申请，由它审查批准的专利在申请人指定的若干个成员国内生效。向欧洲专利局申请专利，经过统一申请、统一审查、统一批准，简化了手续，在指定国超过三个以上指定国时，指定国费用不再增加，这使欧洲地区的专利制度向国际化方向大大迈出了一步。欧洲专利局有成员国 11 个。

二、保护知识产权的国际公约

保护知识产权的国际公约较多，主要有：保护工业产权《巴黎公约》、保护专利权的《专利合作条约》、保护商标权的《商标注册马德里协定》、保护著作权的《保护文学艺术作品伯尔尼公约》及《世界版权公约》等

1. 保护工业产权《巴黎公约》

《巴黎公约》是保护工业产权最主要的国际公约。该公约适于广义的工业产权，不仅包括发明专利、商标、工业品外观设计，而且还包括实用新型、厂商名称、服务标记、产地标记、货源标记及制止不正当竞争等。该公约于 1883 年 3 月 20 日在巴黎签订，当时有比利时、法国、意大利、巴西、西班牙、荷兰等 11 个国家参加，至今已有 100 多个国家为其成员国。我国于 1985 年加入了《巴黎公约》。

巴黎公约的实质性内容主要是在国民待遇、优先权待遇及共同规则三个方面达成了共识。

（1）国民待遇。一是《巴黎公约》的每一成员国有义务在工业产权保护方面给予其他成员国国民与本国国民相同的待遇。二是对非成员国国民，如果他们在成员国内有住所或有从事工、商活动的营业所，则应给予他们等同于本国国民的待遇。

国民待遇原则并不意味着对等保护，因为各国的专利法并不尽相同，国民待遇原则是保证外国人的发明、商标及其他工业产权对象受到与本国国民同样的保护而不被歧视。"国民"包括法人和自然人。

（2）优先权原则。优先权的含义是当申请人向一个成员国提供专利申请或注册商标申请后，在特定时期内（发明专利、实用新型专利 12 个月，外观专利 6 个月），又向其他成员国提出同样的申请时，可以请求给予优先权，即视后一申请与第一次申请为同日提出。优先权原则为希望在几个国家同时获得保护的申请提供了便利。

（3）共同原则。要点如下：

关于专利方面：在不同的缔约国为同一发明授予的专利权是彼此独立的，一个缔约国授予了专利权，其他缔约国并没有义务也这样做。同样，任何一个缔约国对同一发明专利不得以其他任何缔约国被驳回、撤销或终止为由，而予以驳回、撤销、终止专利权。还规定了发明人享有本人姓名载入专利证书的权利以及强制许可实施等。

关于商标方面：商标申请和注册的条件，由各缔约国国内法决定，也各自独立。这是国际法中独立主权原则的体现。

2. 保护文学作品伯尔尼公约

1886 年 9 月，由英、法、德、比利时等 10 个国家发起在瑞士首都伯尔尼召开了世界上第一个多边版权会议，在这个会议上签订了《保护文学作品伯尔尼公约》，目前成员国已达 90 多个。它的基本原则是：

（1）国民待遇原则。是指对于一个成员国最初产生的作品（作者属于该国国民者、或者作品第一次在该国出版者），在每一个其他成员国中必须给予和该成员国给他本国公民的作品一样的保护。

（2）自动保护原则。各成员国在提供版权保护时，不得要求被保护的主体履行任何手续，也不得要求在被保护的客体上一定要附带任何特有的标记，或者说，取得这种保护不需办理任何手续，是"自动"生效的。

（3）独立原则。各成员国所提供的与国民待遇相当的保护，不受作品在其本国的保护状况的影响，或者说，这种保护不以作品在其原属国受到保护为条件。

伯尔尼公约的基本原则和具体规定对于促进版权的国际保护具有重要作用。

3. 专利合作条约（Patent Cooperation Treaty，简称 PCT）

PCT 是 1970 年 6 月 19 日在华盛顿签订的一个多边条约，目前成员国 60 多个。

它的目的在于使专利申请工作简便、省时，避免同一发明在不同国家申请专利的重复申请、重复检索。尤其对缺乏检索能力的国家提供了方便。

该条约对专利申请的受理和审查标准作了国际性统一规定，在成员国范围内，申请人只需使用一种语言在一个国家提交一件国际申请，在申请中指定要取得专利保护的国家就产生了分别向这些国家提交专利申请的效力。

通过 PCT 条约递交的专利申请就免去了逐一向各个国家递交专利申请的麻烦，申请手续简便、省时。

我国于 1994 年 1 月 1 日起成为该条约正式成员国，并同时成为国际受理局、检索单位和初步审查局。

4. 商标注册马德里协定

《商标注册马德里协定》，由法国、西班牙、比利时、瑞士等国家发起，于 1891 年 4 月 14 日在西班牙的马德里签订的这个协定由世界知识产权组织管理。它的主要内容有：

（1）商标的国际注册。马德里协定的宗旨是解决商标的国际注册问题。按照协定的规定，缔约国的任何申请人，在其所属国办理了某一商标注册后，对该商标就可以向世界知识产权的国际局申请国际注册。

这样做的好处：一是有利于简化手续，申请人只需办理一次注册手续，而不必分别向要求被保护的所有缔约国办理商标注册手续。二是有利于节省费用，申请人只需用一种文字（法文）提交申请，只付一次费用，就可获得商标的国际注册。

（2）国际商标的效力。申请人的商标从国际局注册生效之日起，即在未予驳回的有关缔约国发生效力，得到其承认和保护，与该商标直接在那里获得注册一样。办理国际注册的每个商标，都享有保护工业产权巴黎公约所规定的优先权。

（3）商标国际注册的有效期。经国际局注册的商标，其有效期为 20 年，期满可以请求续展，续展期也为 20 年，续展期的期限自上次期限届满时计算。

此外，国际上还相继还有保护植物新品种、集成电路、录音录像制品、地理标志等方面的知识产权保护公约。

三、加入 WTO 给中国知识产权保护带来的影响

针对中国加入世贸组织，从我国的立法机关来讲，所做的大量卓而有效的工作是通过立法与修法使我们的知识产权制度与世贸组织的知识产权协议（即 TRIPS 协议）不冲突，而加入 WTO 给中国知识产权保护带来的影响是多方位的，中国加入世贸组织后将面临的一些问题我们应予以足够的重视。

1. 对新颁布的法规以及新增设的有关法律制度应尽早熟悉并予以足够的重视例如：新颁布的"计算机软件保护条例"，将软件的保护延伸到了最终用户。这应引起社会各界的注意和重视，避免侵权。因为所谓最终用户就是软件的实际使用者。最终用户侵权，主要是指购买、使用、复制非法软件，也包括将合法购买的正版软件未经授权擅自复制提供给其他人使用的行为。再比如：过去，我国对集成电路布图设计的知识产权从法律上未予保护。2001 年 10 月 1 日施行的 <集成电路布图设计保护条例> 对集成电路布图设计提出了三个层次的保护要求：布图设计本身；含有布图设计的集成电路；含有布图设计集成电路的物品，包括：设备仪器等。这意味着不仅非法使用他人的布图设计来制造集成电路产品是侵权行为，利用侵权的集成电路组装其他产品也是侵权行为。而新修改的专利法、商标法和著作权法新增加了诉前的三种。临时措施，包括诉前禁令（国外称为。临时禁令）、财产保全和证据保全。这一修改，突破了民事诉讼法的限制，在国内应属于一种新确立的司法程序。这些程序并非是必经的司法程序，它的启动是有严格条件的，正确地把握这些条件，恰当地运用这些程序，对于制止侵权、维护自己的合法权益可以起到事半功倍的效果。而滥用这些程序也会给自己带来无可挽回的损失。正确理解、掌握这些新的程序，对于加强保护知识产权是十分重要的，应引起我们的重视。

2. 对可能出现的一些问题应有足够的心理应对准备由于我国目前的科技发展总体水平与发达国家仍有较大差距，一些对于我们来说可能是发明创造、可能是创新的东西，对于某些发达国家则可能是已过时的，并且他们已经拥有了相关的知识产权。现在，如果我们使用自己的发明创造而与这些发达国家已经拥有的知识产权相同或相近似的话，从法律意义上说，同样构成侵权，同样应承担相应的责任。因此，发展中国家、落后国家将在相当一段时间内遭受发达国家的高科技垄断，我们要有相应的应对准备。加入世贸组织之

前，我们曾经或一直使用的一些生产技术、药品的配方、产品的品牌，如果说过去无人过问的话，加入 WTO 之后，有关国家或地区的当事人很可能就要提出知识产权方面的侵权责任问题，我们不仅要相应的心理准备，而且要有应对措施予以很好地解决，否则将可能遭遇违规制裁。

3. 网络环境的知识产权保护值得关注

我国新修改的著作权法，针对加强网络环境的版权保护作出了重要的规定：一是增加了作品、表演和录音录像制品的信息网络传播权；二是增加了对"技术措施"的保护；三是增加了对"权利管理信息"的保护。这些规定是依据《世界知识产权组织版权条约》和《世界知识产权组织表演和录音制品条约》而增加的，对于促进网络环境的发展，具有十分重要的意义，值得关注。

第四节　知识产权战略与国际竞争力

随着经济全球化和知识经济的迅猛发展，特别是知识产权被纳入 WTO 框架后，世界许多国家特别是发达国家为了提高竞争力并在国际市场上获取更大的利益，正在加快实施本国的知识产权战略，其核心是在政府的有力组织和统筹协调下，支持和帮助企业实施知识产权战略，制约竞争对手，争夺市场竞争优势。这是我国技术创新和经济发展面临的新课题与新挑战。

我们党的十六大也指出，要"完善知识产权保护制度"、"鼓励科技创新，在关键领域和若干科技发展前沿掌握核心技术和拥有一批自主知识产权"。的确，一个国家或企业拥有知识产权的数量和质量决定了其在全球化经济中进行资源配置和国际分工的地位。正因如此，发达国家为了保持他们的大国地位和在全球经济中的竞争力，不断强化知识产权保护，大幅提升知识产权保护水平，制定并实施知识产权战略，极力推进国际知识产权规则的变革。虽然近年来我国的知识产权工作取得了巨大成就，已经成为一个知识产权大国，但却远非知识产权强国。我国自主知识产权竞争能力与发达国家的差距非常明显。因此，顺应国际知识产权保护的大趋势，并充分考虑国情，制定与我国技术创新水平及需求相适应的国家整体知识产权战略是十分必要的。

一、知识产权的国际竞争新模式

知识在经济发展中地位的提高是社会进步的必然趋势。"对于世界经济领先位置的国家而言，知识与资源之间的对比关系已经发生了变化，在决定生活水平的诸多因素中，知识可能已成为最重要的因素，这比土地、工具和劳动力都要重要。今天，技术最为发达的国家和地区其经济确实都是以知识为基础的。"据估计，OECD 成员国国内生产总值的50％以上是以知识为基础的131。1990 年代以来，几乎在所有 OECD 国家，知识和技术密集型活动的制造业都出现了快速增长。与此同时，高技术产品在国际贸易中所占的比例也显著增长。

1986 年，保罗·罗默在《报酬递增与长期增长》中提出了基于知识的经济增长四要素理论。他认为，知识是当代经济增长最重要的要素，因为：第一，知识能够提高投资收益；第二，知识需要投资；第三，知识与投资存在良性循环关系，投资促进知识，知识促进投资。因此，决定现代经济增长的关键因素是知识。

迈克尔·波特通过对 10 个主要发达国家及典型产业群的实证研究认为，竞争优势可以分为低层次优势和高层次优势。低层次优势主要指廉价劳动力和便宜的原料，以及用竞争者也能取得的技术、设备和方法发展规模经济等。前者很容易被模仿取代，后者则主要是一种成本优势，通常会因为新生产技术或方法的出现而遭淘汰。高层次优势是一种营销时累积起来的品牌信誉或客户关系的持续，包括高级技术的所有权、在单一产品或服务上的差异等，是比较稳固的竞争优势，波特强调，"竞争优势是由最根本的创新、改善和改变而来。""创新可以使企业的竞争优势不仅能满足国内市场需求，也能应付国际市场的需求。"当然，创新离不开对知识和技术的投资，所以有形的资产和人为的努力是不可或缺的。因此，几乎在所有的发达国家，都有鼓励研发的产业政策，都有刺激厂商研发的做法，而且重要的科技研发，通常都有官方机构直接引导。当然，在这些政策的背后，政府的目的在于"超越科学和技术本身、强调刺激商品创新、带动竞争、建立规范等钻石体系的互动功能。

显然，知识经济的产生使知识的生产、传播和运用在世界经济贸易的竞争中已经起着决定性作用。不但商品技术附加值的高低已成为商品价值的决定因素，知识产品本身也作为一种独立的商品成为国际贸易的对象。1980 年以来，与知识产权相关的贸易领域急剧扩大，初级产品的比例逐年下降，而高科技和知识、资本密集型的产品所占比例呈上升趋势，在国际贸易中涉及的专利、商标等知识产权问题越来越多。知识与知识产权已成为当代国际经济竞争的主要模式。

因此，知识产权的创造和保护已成为获得竞争优势的关键。这在发达国家尤为明显。美国曾是国际贸易中的"超级大国"，但近几十年来，由于西欧和日本的崛起使美国的这种地位发生了变化。随后，新型工业化国家的兴起，加强了这一多极化趋势。美国很快意识到，西欧和日本之所以能够迎头赶上，原因在于他们对科技的重视，使科技在贸易中的重要性迅速提高；而新兴工业化国家则通过大量吸收和模仿美国等发达国家的先进科学技术，经济结构日益高级化，经济持续高速发展，出口由初级产品向技术附加值高的产品转变，直接威胁到发达国家在世界贸易中的利益。美国专利局曾在战略规划中明确指出，知识产权是国家资源和美国在全球市场上成功的要素之一。这种实实在在的威胁促使美国强烈要求高标准的知识产权保护，欧、日等国家也认为高标准的保护会给自己带来好处。美国"特别 301"条款、TRIPS 等的产生与形成充分体现了这一点。

知识产权保护标准的提高使知识产权成为一种技术壁垒深刻地影响了世界贸易的格局。WTO 成立前夕，关贸总协定关税委员会曾对一些国家利用标准作为技术壁垒的 520 例贸易诉讼案进行分析，结果是，发达国家提出的诉讼有 402 件，占 77.3%，发展中国家提出诉讼 114 件，仅占 21.9%。另据 1999 年美国商务部报告和欧盟的研究结果，贸易技术壁垒影响的出口产品占世界出口贸易总额的 25%，全世界出口量因此减少 15%～25%。除了传统的技术壁垒外，发达国家还充分利用其技术优势，不断加强网络与信息技术方面的知识产权保护。1995 年 9 月 5 日，美国政府提出现有知识产权法应随信息高速公路的发展进行有效的调整。1995 年 2 月，日本文化厅提出题为《关于多媒体制度方面的问题》

的报告，对日本的知识产权保护提出了一系列调整建议。1995 年 7 月欧共体发表题为《信息社会的著作权及相关权利》的绿皮书；WIPO 在 1996 年 12 月亦分别通过了《世界知识产权组织表演和唱片条约》、《世界知识产权组织版权条约》两项新条约等。这些无疑将对世界信息技术的发展和贸易带来重大影响。

国际性的以知识产权保护为核心的无形资产制度，已经为发展中国家的产业发展增加了门槛更高的进入障碍。发达国家以知识产权为手段阻隔竞争对手的做法已司空见惯，他们利用技术上的优势，在一些主要产业领域实施知识产权的"跑马圈地"，固化其产业竞争优势。因此，适应国际经济竞争的新趋势，及时调整与制定适合自身特点的国家知识产权战略是发展中国家必然的选择。

二、知识产权战略的国际经验

知识产权的本质是一种经济和商业权利。因此，许多国家纷纷利用知识产权来强化自己的竞争优势，并把知识产权的创造和保护作为国家经济社会发展总体战略的重要内容。知识产权战略因此应运而生。

目前关于知识产权战略并没有一个权威公认的定义，我们认为，所谓知识产权战略就是以知识产权制度为基础，健全和完善知识管理体系，激励知识产权创造、知识产权保护和知识产权的转化与应用，提高知识创新能力和国际竞争力，推动经济社会持续发展的行动方案及相关政策措施。实施知识产权战略的主要目的，一是要加速知识产权制度建设和知识产权综合能力的提高，并通过提升本国或本地区拥有的知识产权数量和质量，进一步增强核心竞争能力；二是要适应世界知识产权制度的变革和发展，与世界知识产权制度接轨，扩大国际合作与交流，积极参与国际规则的调整与制定，维护自身利益，保障经济安全。因此，知识产权战略是经济社会科技总体发展战略的重要组成部分，也是现代知识管理的主要形式；它是国家、地区、行业或企业在经济全球化和知识化背景下，着力提高综合实力和核心竞争力的具体行动方案。

越是发达国家越是重视知识产权战略。自 1979 年美国前总统卡特第一次将知识产权战略作为国家发展战略提出后，知识产权战略就成为美国最重要的长期发展战略之一。从此，美国利用长期积累的科技成果，巩固和加强知识产权优势，保持了在全球经济中的领先地位。

美国知识产权战略的主要内容是：第一，根据国家利益和企业需要，修改完善《专利法》、《版权法》、《商标法》等传统知识产权法律，扩大知识产权保护范围，加大保护力度，并且随着生物、信息及网络技术的发展，将一些新兴技术形式纳入知识产权的保护范围。第二，调整知识产权利益关系，加强转化创新成果方面的立法，先后出台《拜杜法案》（1980 年）、《联邦技术转移法》（1986 年）、《技术转让商业化法》（1998 年）、《美国发明家保护法令》（1999 年）、《技术转移商业化法案》（2000 年），使大学、国家实验室在申请专利、加强产学研结合、技术转移及创办高新技术企业方面发挥更大作用。第三，在国际贸易中加强知识产权保护。通过综合贸易法案的"特别 301 条款"，迫使竞争对手加强对美国知识产权的保护，同时，积极推动达成世贸组织的知识产权协议，形成有利于美国的国际贸易规则。

在美国的知识产权战略中，专利战略处于重要地位。以美国专利商标局为主体采取了一系列措施，如拓展专利保护的主体、修改与完善专利法、建立知识产权政策与贸易政策二者间的相互衔接和协调机制等。2002 年，美国专利商标局更是发布了《21 世纪专利战略发展纲要》，以知识产权为手段建立对全球经济的快速反应机制。这些政策和措施不仅得到了美国专利律师界的大力支持，也得到了产业界的大力支持。2002 年 11 月 20 日，包括 IBM 和微软在内的 78 家国际知名公司和 20 家协会以"21 世纪知识产权联盟"的名义联合致信美国联邦管理与预算局局长，表示支持美国专利局《21 世纪专利战略发展纲要》的主要目标，即提高专利和商标的审批质量，缩短审批时间和实现高效、可靠及易于使用的专利商标电子受理及处理系统。这些公司和协会还表示，它们准备支持合理的专利商标规费上调，用于执行《21 世纪专利战略发展纲要》。

美国还十分重视知识产权战略特别是专利战略的研究工作。1980 年，美国 CHI 研究公司把科学论文引用分析技术应用到专利领域，用于分析企业竞争动向、技术跟踪和其他产业技术。CHI 研究公司投入巨资建立了专利数据库，收录和建立了 100 万条以上的非专利参考文献数据和几十万个企业的标准名录，为国家的宏观政策分析和研究提供服务，为面向企业的经济分析提供了独特的数据资源。从 1998 年开始，CHI 研究公司与美国商务部技术政策办公室和美国竞争力委员会合作，研究利用美国专利商标局的发明专利批准量数据建立专利技术指标，对美国、欧洲、日本和中国等国家和地区 5 个重要技术领域的技术研究开发竞争力、技术实力和技术发展方向进行比较分析，为支持和促进美国政府和企业实施知识产权战略发挥了重要作用。

继美国之后，英国自 1990 年以来也改变了知识产权政策导向，其理论根据是，"就国家经济绩效而论，起决定作用的因素与其说是创新系统中知识创造的能力，不如说是创新系统知识扩散的密集度，或者说是创新系统能够保证创新者及时接触到相关知识存量的能力"。在这一思想指导下，1993 年英国发布《科学技术白皮书：实现我们的潜力》，做出了知识产权战略的重大转变，变自主研发战略为吸收扩散战略，并提出了重点转移的任务，即"将重点从支持技术发展本身，转向支持技术扩散，扩展最有效的技术应用，帮助小公司实现新技术开发"。这个战略在 1994 年的《竞争力：帮助商业取胜》白皮书和 1995 年的《加速前进》白皮书中得到连续肯定，并通过具体的政策得到实施。这一战略的实质是，强调知识的流动性，通过加强技术扩散来降低知识价格水平，为此，英国出台了一系列相应的政策与措施，如"商业公司使用大学知识基地的密集度"、"大学与产业界共同承担的 R&D"、"产业部门对基础研究的贡献"、"通过物化的 R&D 流动和专利化知识的市场分布的技术扩散"等。

近年来，英国政府还将由政府资助的研究项目所产生的应归国家所有的知识产权无偿转让给项目研究机构所有，使研究机构成为该知识产权的管理和经营者，政府及研究理事会则从知识产权保护的第一线退出，成为服务的提供者。这一做法的依据是：①研究机构作为知识产权的生产者、相关责任的承担者和利益的获得者，对成果最了解，知道如何转化，也了解如何保护；②有利于保护研究机构的利益，维护其知识生产的积极性。在任何一个合作研究项目中，研究机构与企业（以及其他合作伙伴）相比都属于弱势群体，把国家投入的产出归于研究机构，可以增强其在合作中的份量，增加其在合作谈判中的筹码；

③企业为使用知识产权付出一定的成本，会因此更加珍惜、慎重，进而加快开发应用的速度；④企业的慎重反过来会使研究机构对研究成果进行认真、负责的市场分析，从而采取相应的保护措施，避免盲目性，降低保护成本。这一政策实质类似美国的《拜杜法案》，实践效果是明显的。

与美英相比，日本是通过引进欧美先进技术或加以改造，建立日本式的生产体制，从而实现了经济高速增长的。但亚洲新兴工业化国家和地区的兴起动摇了日本传统经济发展模式的竞争优势。这使日本政府认识到，必须把发挥个人的自由想象力和创造性而产生的知识产权作为参与国际竞争的原动力，日本要跻身于用知识经济创造财富而不是用体力生存的国家序列嘲。为此，日本政府提出了建设"强大日本"的7种战略，即：推进基础研究；推进科学技术战略上的重点化；推进产业界、大学和政府研究机构的合作；进一步搞活地区的技术开发；推进项目方式的研究与开发，从而构筑下一代的产业基础；改革研究与开发的税制；实施知识产权国家战略。

为配合这一战略的实施，自1997年以来，日本开展了一系列知识产权制度方面的改革，如缩短知识产权诉讼的持续时间、向专利侵权诉讼中的原告倾斜、授予有关法院对知识产权的司法管辖权、拓展知识产权法所提供的法律保护、激励大学和研究所技术转移、促进"休眠专利"的利用、加强知识产权教育、要求侵权比较严重的国家和地区加强知识产权保护等。2002年3月，日本成立了由首相亲自挂帅的知识产权战略会议，标志着日本"技术立国"战略向"知识产权立国"战略的转移。小泉首相在首次会议中强调，创造、保护和应用知识产权是提高日本工业国际竞争力、搞活经济的重点之一；知识产权战略会议要积极讨论"知识产权立国"所必要的政策。为此，日本制定了旨在运用知识产权恢复日本产业竞争力的"知识产权战略大纲"，主要包括创造知识产权战略、保护知识产权战略、利用知识产权战略和人才战略等四大战略，构成了知识产权战略的基本内容。

2003年1月，日本国会通过了《知识产权基本法》，通过立法形式将知识产权从部门主管的事务上升至国家性事务，为"知识产权立国"方针提供了法律保证。2月25日，日本内阁增设知识产权战略总部，由首相任部长，内阁官房长官、负责科学技术的大臣、文部科学大臣、经济产业大臣任副部长，成员包括全体内阁和10名在知识产权方面有专长的专家学者、律师及企业家等。此外，日本还在全国数十所大学内设立知识产权总部，以便加强大学知识产权的开创和管理机制；从2004年开始，还要在法律大学研究生院充实知识产权教育。

面对发达国家在实施知识产权战略方面咄咄逼人的态势，发展中国家一方面迫于压力，当然另一方面也是为了适应国际知识产权制度发展的大趋势，着眼于长远发展，在纷纷加强知识产权保护的同时，更加注重结合各自具体情况，通过加强对知识产权的创造、保护、商业化，积极创造和积累知识资产，增强国际竞争力，全面实施知识产权发展战略。其基本趋势可归纳为三个方面：一是扩大了知识产权保护范围；二是加快知识产权制度的国际化和区域化；三是发展中国家的知识产权执法有所加强。

但正如CIPR的报告所强调的，发展中国家应该根据自己发展的需要，权衡自己的利弊得失制定自己的知识产权保护政策。尤其重要的是，要让公众充分参与知识产权保护机制的建立，而不应该盲从欧美的相关法律和措施。因为即使知识产权保护水平稍微提升，也会严重影响发展中国家的知识传播和知识产品的扩散。"日趋加强的知识产权保护政策和执行力度，将大大降低发展所需要的教育与研究的知识，限制他们获得保护的产品，如软件。这将为开发人力资源、技术能力和改善贫困人口产生破坏性的后果"。这也更加说明，发展中国家制定适合自身国情的知识产权战略的重要性。

三、我国实施知识产权战略的对策思考

虽然我国的知识产权制度建设起步较晚，但发展非常迅速，至今已初步建立了比较完整的知识产权制度体系，无论是知识产权保护的法律体系，还是知识产权保护的执法体系，或者知识产权保护的支撑服务体系都日趋完善，取得了显著的成绩。此外，企业运用知识产权保护的能力和水平也不断提高，全社会的知识产权意识不断加强。但我们必须看到，我国的知识产权整体水平与发达国家还存在着较大的差距，相比于日趋激烈的国际知识产权竞争态势，特别是与我国加入WTO后面临的严峻挑战还有许多不适应之处。

DVD专利费事件可能比较典型地反映了我国在知识产权制度方面的问题。DVD核心技术一直掌握在国外七大厂商手里，他们早就可以收取专利费，然而他们直等到我国DVD产业和市场都已经培育起来后才开始联合起来收取专利费。据《日本经济新闻》报道，七大厂商已经设法从我国公司向全球出口的DVD播放机中收取30亿元人民币的专利费。然而他们却并不满足，因为"不能因为拿到DVD的专利使用费就高枕无忧，数码相机的专利问题马上就会白热化，日本制造商知识产权战略能否成功将接受考验。"显然，我们面对的是一个有着充分的理论准备、政策准备、策略协调，有多国政府背后支持，有企业打头阵，有跟进有包抄的系统的知识产权攻势，这是一个整体的知识产权战略系统。因此有人用"企业与国家的对抗"来形容我国知识产权保护面临的尴尬和国家整体知识产权战略的缺乏，使得企业在应对跨国公司挑战时难以得到国家及时有效的保护和支持，因此，尽快制定国家整体知识产权战略是应对日益增多的专利纠纷的关键。

其实，DVD专利费之争并不是一个个别的事件，而是近年来带有普遍性的现象，而且随着我国企业的不断走向国际市场，随着发达国家及其跨国公司加紧对我国实施知识产权战略，类似的事件还会不断地发生。因此，制定适合我国国情的知识产权战略刻不容缓。

实施知识产权战略是一个相当复杂的系统性工作，在市场经济和知识产权制度都建立较晚的我国更是如此。我们认为，首先要强化知识产权保护的意识，营造一个有利于实施知识产权战略的社会氛围和环境。目前在这方面还存在不少误区，如有人认为，发展中国家的产业结构仍处于较低级层次，对知识产权保护的要求不高；鉴于发展中国家在技术上的落后状态，知识产权保护宜松不宜紧等。其实，即使在发展中国家加强知识产权保护也是十分必要的，因为一方面，即使发展中国家也有很多传统的或独特的知识产权需要保护；另一方面，知识产权保护与知识产权创造之间其实存在互相促进的机制，加强对知识产权的保护可以产生一种激励作用，有利于新的知识产权的产生。还有一种模糊意识认为，发展中国家加强知识产权保护是在发达国家压力下的被动行为，因而在行动措施上往往表现为应急性和随机性。其实，这一认识也是不全面的，发展中国家加强知识产权保护固然有发达国家施压的因素，但加强知识产权保护更应该成为一种自觉的行动，因为保护

知识产权其实是一种意识、一种机制，这种机制和意识对于知识产权的创造和运用都是极其重要的。

加强知识产权基本知识的普及教育是强化意识、营造氛围的重要途径。因此，要尽快在大学推广普及知识产权教育，建立系统规范的知识产权学科体系，培养大批知识产权方面的专业人才。

其次，要大力加强知识产权战略的研究。一方面，对我国知识产权的现实基础、基本能力和发展态势要有透彻的分析和清晰的认识；另一方面，要加强对美、欧、日等国知识产权发展的动向、实施知识产权战略的情况等进行跟踪研究，及时了解国际知识产权发展和竞争的动向。这对于我国知识产权战略的准确定位是很关键的，是制定知识产权战略的基础性工作。

第三，要确立适当的实施知识产权战略的基本原则。我们认为，我国的知识产权战略应该保护、创造和运用三者并重。即要重视知识产权的保护，包括对我国自身知识产权的保护和对国外知识产权的保护，更要重视知识产权的创造，即一方面通过引进、改造、模仿和创新国外的知识产权，逐步实现"本土化"，成为自主的知识产权；另一方面也要通过不断提高自身技术创新的能力，创造属于自己的知识产权。保护和创造知识产权的最终目的在于知识产权的应用，因此，要强化多种方式、多种途径运用多种知识产权的意识，不断提高知识产权的利用率。当然，在强调保护、创造和运用并重的同时，也要根据我国国情，坚持有所为，有所不为的原则，有重点有选择地培育我国的知识产权优势。

第四，要构造完整的知识产权战略体系。从层次上看，知识产权战略有国家层次的、区域层次的、行业层次的和企业层次的等四个不同层次的战略；从内容上看，有知识产权的保护战略、知识产权的创造战略和知识产权的运用战略等方面；从实施知识产权战略的主体看，有立法机关和执法机关、有司法系统和行政系统、有政府部门、企业、个人、高等院校和科研机构等。因此要协调整合各方面的力量，形成一个有机的柔性的知识产权战略系统，即既要有全局性，又要照顾到区域性；既要有稳定性，又要有动态性和应变力；既要有长远性，又要着眼于现实的需要等。

最后，为了确保知识产权战略的有效性，一方面，要适应国际知识产权发展的大趋势，积极参与世界知识产权规则的制定，保障我国国家利益；另一方面，要以我国现有产业为基础制定知识产权战略。任何方式的知识产权竞争最终都要落实到产业竞争的层面上来。因此，制定符合我国产业比较优势以及发展的态势与潜力的知识产权战略，是知识产权战略成功的基础。

第四章　专利的保护

第一节　专利法律制度

一、专利法概述

1. 专利制度的形成与发展

专利制度的雏形最早出现在中世纪的欧洲，如 1331 年，英国国王爱德华三世曾颁布命令授予佛兰得斯人约翰肯普的纺织、漂洗和染色技术的特权，威尼斯共和国曾于 1416 年授予当时著名的物理学家伽利略的发明的一种扬水灌溉机以 20 年的特权，英国女皇伊丽莎白曾于 1598 年授予一位宫廷大臣生产和销售纸牌 21 年的垄断权，以上时期的专利实际上是国王授予的特许权，都没有形成法律公布于众，不是现代意义上的专利独占权，只能说是专利的萌芽。

以法律形式出现的近代专利制度，是在资本主义迅速发展后逐步形成的，资本主义发祥地威尼斯在 1474 年颁布了世界上第一部专利法，这部专利法至今被认为是具有现代专利法特点的第一部专利法。它以明文规定给某些机器与技术的发明人授予十年的特权。该法还规定：在十年期限内，未经发明人的同意与许可，禁止其他任何人再制造与该发明相同极其相似的装置。若他人贸然仿制，将赔偿专利权人金币百枚，仿制品也将立即销毁。该法规定的专利基本原则，为现代专利制度奠定的基础。

在 1624 年英国颁布了垄断法，英国是实行专利制度较早的国家。继英国之后，美国、欧洲各国、日本、俄国等也先后建立了专利制度。

我国专利法是 1984 年 3 月 12 日颁布的，于 1985 年 1 月又颁布了专利法实施细则，1985 年 4 月 1 日我国专利法正式实施。这是我国知识产权法律保护方面的重大成果（国策），一个新的里程碑。我国专利法立法历经 5 年之久，它是在广泛学习、研究并借鉴了世界各国专利制度的成功经验和失败教训，既要符合我国的国情，又要遵循国际共同规则，听取了各方面的意见之后而制定的。虽然我国实行专利制度较晚，但起点较高，在短短十几年时间走完了发达国家几百年的历程，取得了举世瞩目的成就，适应了国际上有关专利保护的总趋势。

2. 专利的概念

专利是知识产权的重要组成部分。专利一词是从英文 patent 翻译而来的。（英美法系和德国法称专利证书为 patent，法国法则称之为执照（Brevet）。Patent 一字来自 Letters Patent，指打开的文件、向公众发出的文件）。

专利是指在专利法规定的有效期限内，专利权人依法对其发明创造享有独占的权利。它可以有三层不同的含义。

（1）从法律意义来说，专利就是专利权的简称，指的是一种法律认定的权利。例如，专利法第12条规定："任何单位或个人实施他人专利的，除本法第14规定的以外，都必须与专利权人订立书面实施许可合同，向专利权人支付专利使用费。被许可人无权允许合同规定以外的任何单位或者个人实施该专利"。这里的专利一词的含义是指专利权人依法对其发明创造取得的专有权，也就是专利权。

显然，专利权是受专利法保护的，专利发明人将其发明创造申请专利应按一定的法律程序提交给国家专利局受理和审查，对于复合专利法规定的发明创造，专利局授予专有权，即专利权。它具有排他性，在专利法规定的有效期内，专利权人对其发明创造享有独占的权利。

（2）从技术角度上说，专利就是取得专利权的发明创造，即指的是具有独占权的专利技术。取得专利权的发明创造有：发明专利、实用新型专利、外观设计专利三种形式。

（3）专利文献。包括说明书、摘要、权利要求书、图或照片，及一些诉讼文件等，也就是指在申请审批专利过程中产生的一切官方出版物。它主要指专利说明书。

由此可知，专利这个词包含三方面的含义。拥有专利权的发明创造既包含着公开技术，又包含着独占权利。有人认为专利是"秘密"的技术，这是错误的理解，专利是公之于众的技术。

二、专利权的特征

专利权是受法律保护的一种权利。这种权利既有精神权利，又有财产权利。精神权利包括署名权、发表权等，财产权利是指可以从中获得一定的物质利益，也称经济权利。专利权并非是在完成发明创造之后自然产生的，而是按照专利法规定的程序进行申请、审查和批准之后方能获得专利权。专利权只能由国家专利局批准、授予。凡是获得专利权的发明创造，国家专利局要向申请人颁发专利证书、并受专利法的保护。（任何鉴别专利权的真伪）专利法也有知识产权的三大特征：

（1）专有性。也称垄断性或独占性。专利权专属权利人所有，专利权人对其权利的客体享有占有、使用、收益和处分的权利。任何人未经专利权人的许可，不得制造、使用、或销售已获得专利权的发明创造，否则就构成法律上的侵权行为，受到法律制裁。

实践证明，正是由于专利权的独占性、排他性使得发明人的辛勤劳动得到补偿，为进一步从事发明创造提供了物质条件，激发了更多的人去从事发明创造，因此专利制度是科技进步的发动机。

（2）地域性。是指有关国家或地区授予和保护的专利权，仅在该国和地区的范围内有效，对其他国家和地区不发生法律效力。如果专利权人希望在其他国家享有专有权，则应依照其他国家的法律另行提出专利申请。

（3）时间性。专利的时间性就是对权利的时间限制，它是指专利权有一定的有效期。各国的专利法对专利权的保护期限不同，我国发明专利为20年、实用新型专利和外观专利为 10 年。美国发明专利 17 年，英国 20 年等。

当专利权一旦法定期限届满或因故提前失效，那么专利权即告终止。该发明创造便成为全世界的公共财产，任何人都可以自由无偿使用了。

在引进专利技术或与外商合资时，一定要注意专利技术的时效性。

三、专利权的主体与客体

1. 专利权的主体

（一）专利权的主体

专利权的主体是指有权获得专利权，并承担相关义务的个人和单位。我国专利法规定，发明人、设计人及其合法受让人有权获得非职务发明的专利权，单位有权获得职务发明的专利权，外国人也可在我国申请和获得专利权。

发明人和设计人，他们最本质的属性是由他们对于发明创造的实质性特征作出了创造性的贡献。而没有作出这种创造性贡献的人，如组织管理者、情报提供者、后勤保证者、实验操作者等均不能视为发明人或设计人。正确地判断谁是发明人或设计人，对于正确地确定专利权的归属具有重要的意义。（案例分析）

我国专利法明确规定，对于非职务发明创造，申请专利的权利属于发明人或设计人。

职务发明是指发明人或设计人为执行本单位的任务或者主要是利用本单位的物质条件所完成的发明创造。对于职务发明，申请专利的权利属于该单位。

申请专利的可以是单位、个人，还可以是外国人、共同发明人、共同设计人等。外国人申请专利的，其专利授权后，专利权归申请的企业或个人所有。

（二）专利权人的权利和义务：

1. 专利权人的权利

（1）独占权。这是专利权人最重要的权利，专利权人在专利有效期内有独占使用自己所有的专利技术的权利和制造、销售其专利产品的权利，同时还包括禁止他人使用、实施自己专利的权利。

我国专利法 11 条还规定：发明和实用新型专利权被授予后，除法律另有规定的以外，任何单位和个人未经专利权人许可，不得为生产经营目的制造、使用专利产品，或者使用其专利方法以及使用、销售依照该专利方法直接获得的产品。

外观设计专利权被授予后，任何单位或者个人未经专利权人许可，不得为生产经营目的的制造、销售其外观设计专利产品。（专为科学研究和实验而使用有关专利的...）

专利法 62 条规定了 5 种情况不视为侵权。如在申请日前已经制造相同产品、使用相同方法或者已经做好制造、使用的必要准备，并且在原有范围内继续制造、使用的，不视为侵权，此为在先使用权。

（2）许可权。即订立实施许可合同、获得使用费的权利。任何单位或者个人实施他人专利的，除专利法 14 条规定的以外，都必须与专利权人订立书面合同，并向专利权人支付使用费。

（3）转让权。专利转让权包括专利申请权和专利权的转让。全民所有制单位转让专利申请权或专利权的，必须经上级主管机关批准。中国单位或者个人向外国人转让专利申请权或专利权的，必须报经国务院有关主管部门批准，专利申请权或专利权的转让，当事人必须订立书面合同，并经专利局登记公告后方能生效。

（4）标记权。我国专利法规定，专利权人有权在其专利产品或者该产品的包装上标明专利标记和专利号。是否标记，是专利权人的权利，标记的形式由专利权人自行设计。

（5）诉讼权。未经专利权人许可，实施其专利的侵权行为，专利权人或者利害关系人有权请求专利管理机关进行处理，也可直接向人民法院起诉。诉讼时效为 2 年，从得知侵权之日算起。

（6）放弃权。指专利权人有权在专利期限届满前，放弃已获得的专利权。专利权人放弃专利权可以向专利局提交书面放弃声明，由专利局登记公告。也可不缴专利维持费，等于自动放弃专利权。

2. 专利权人的义务

（1）公开专利技术的内容。专利技术是公开技术，只是在法律保护下，在一定时间、地域内享有独占权，如果申请专利的技术尚未完全在说明书中公开，不能达到普通技术领域内人员能实施的程度，则该专利申请可以，以不具备实用性或公开不充分为理由被驳回，就不能得到专利权。

（2）实施专利。实施专利是专利权人的一项重要义务。专利法 51 条规定，具备实施条件的单位以合理的条件请求发明或实用新型专利权人许可实施其专利，而未能在合理长的时间内获得这种许可时，专利局据该单位的申请，可以给予该专利的强制许可。

（3）交纳费用。专利申请人或专利权人应按专利法或实施细则的规定，按时向专利局缴纳各种费用。缴纳的种类有：申请费、申请维持费、审查费、复审费、年费及办理其他专利事务的手续费等，不按规定缴费的其申请被视为撤回，或专利权终止。例如不缴年费，专利权自动终止。

2. 专利权的客体

专利权的客体是指专利法保护的对象，也就是指依法授予专利权的发明创造，我国专利法明确规定："本法所称的发明创造是指发明、实用新型和外观设计"。由此，我国把专利权的客体明文规定为：发明、实用新型和外观设计三种。

（一）发明专利

我国专利法中是指："对产品、方法或其改进所提出的新的技术方案"。可理解为发明就是人们通过创造性劳动所构思或设计出来的某种前所未有的东西。如我国的古代的四大发明，现在的飞机、电灯、电话、计算机等也是发明，都是前所未有的创造性成果。联合国世界知识产权组织曾给发明下过这样的定义："发明是发明人的一种思想，这种思想可以在实践中解决技术领域中所特有的问题"。

由此可见，发明首先是一种思想，一种新的、前所未有的思想，其次这种思想可以通过实践解决技术领域里的特定问题，并达到实际使用的目的。

世界上的发明是多种多样的，有产品发明、方法发明、物质发明、动植物发明、应用发明、改进发明等。我国的发明有：

1. 产品发明。是人们通过智力劳动创造出来的各种成品或产品。例如：各种新的机器、电器、设备、工具等。对于产品发明，我国专利法依法进行保护，并授予专利权。但对于完全处于自然状态下，没有经过人们的加工、创造就存在的物品，是不属于我国专利法保护的产品发明。

2. 方法发明。是指人们利用自然规律使某一物质发生新的质变，或成为另一种新的物品或物质，这种发明称之为方法发明。它可以有：制造方法的发明，如彩色胶卷的制造；化学方法的发明，如合成树脂的工艺方法；生物方法的发明，如水稻杂交栽培方法及其他方法，如光纤通讯方法等。

上述方法发明，只要符合我国专利法的条件，均可获发明专利。但是纯理论抽象思维的方法，如数学方法、编制密码的方法及智力活动的方法等，均不属于专利法保护的范围。

3. 改进发明。是指人们对已有的产品和方法又提出了实质性革新的技术方案。它与产品发明或方法发明的区别在于多已有的成品或方法带来了新的特性、新的部分质变，但未从实质上突破原有的格局。这种改进发明，对技术进步具有重大意义。

（二）实用新型

实用新型是指对产品的形状、构造或其结合所提出的适于实用的新的技术方案。这种新的技术方案能够在产业上制造出具有使用价值和实际用途的产品。

它应具备以下特征：1 实用新型必须是一种产品。2 适于实用。如仪器、设备、用具、日用品等。3 它必须具有一定的形状和结构。如果没有固定形状的物质，如气体、液体、及呈粉末状的固体等不能申请实用新型，如，添加剂类、糖类等。这些只能申请发明专利。发明专利和实用新型专利它们都是科学技术上的发明创造，这一点两者是相同的，但它们又有不同之处，一般来讲，实用新型的创造性低于发明，我国常把实用新型称为"小发明"，实用新型保护的范围比发明专利小，仅限于产品发明，另外实用新型保护期短，为 10 年，申请审批程序简单。发明专利保护期为 20 年，申请审批程序复杂。

（三）外观设计

专利法细则规定，外观设计是指对产品的形状、图案、色彩或其结合所作出的富有美感并适于工业上应用的新设计。

发明、实用新型是从技术角度出发，其目的是为了解决某个特定的技术问题，而外观设计是从美学的角度对产品的外表所作出的设计，它必须具备下列要素

1. 必须与产品有关。外观设计是对产品外表所作的美学设计，因此这种设计必须应用于某一具体的产品之下。纯美术作品不能申请外观设计专利。

2. 必须是产品形状、图案、色彩的设计。它可以是三维空间的产品造型。如电视、汽车外形；也可是二维的平面设计图案。如床单、地毯的花样等。色彩是构成图案的

成分。

故外观设计既可以是立体的造型，也可以是平面的图案，还可以辅以适当的色彩。有时是三者的有机组合。

3. 富有美感。富有美感的外观设计必须是肉眼可以直接看到的，能引起人的视觉，从外部看不到的产品内部结构设计，不属于外观设计。

4. 适于工业上应用。是对外观设计的工业实用性的要求，即使用一项外观设计的产品能够大量复制生产。

3. 授予专利权的实质性条件

专利法鼓励并保护发明创造，但发明创造必须符合专利法规定的条件，才能被授予专利权。那么专利权是怎样获得的呢，它需要具备哪些实质性条件呢？

（1）获得发明和实用新型专利的实质性条件

专利法第 22 条规定："授予专利权的发明和实用新型，应当具备新颖性、创造性和实用性"，即在我国一项发明或一项实用新型要取得专利权，它必须具备新颖性、创造性、实用性这三个实质性条件。如果缺少这三个基本条件中的任何一个条件，就不能获得专利权。那么怎样判断发明或实用新型的新颖性、创造性和实用性呢？

1. 新颖性。是发明或实用新型获得专利权的首要条件。所为新颖性是指申请专利的发明创造是新的、前所未有的、未被公知公用。我国专利法规定"新颖性，是指在申请日以前没有同样的发明或实用新型在国内外出版物上公开发表过，在国内公开使用过，或者以其他方式为公众所知，也没有同样的发明或实用新型由他人向专利局提交过申请并且记载在申请日以前公布的专利申请文件"由此可见，确定发明或实用新型的新颖性主要有三条标准。

（1）公开标准。公开与否是区别新旧发明是否具有新颖性的重要依据，公开方式有出版物公开、使用公开或其他方式的公开，在实际的操作中，审查一项发明或实用新型是否具有新颖性，往往是靠文献检索，查阅专利文献是否已包括申请专利的发明或实用新型。查阅专利文献中是否包括申请专利的发明创造。

（2）时间标准。对于同一发明创造，有两个以上的人分别独立地创造出来时，判别谁的发明具有新颖性，这里就有一个时间标准。目前，世界上有两种时间标准：一种是发明日标准，根据这个标准，只要发明的实质内容在发明日之前未被公开（公知公用），就具有新颖性；另一种是申请日标准，凡是发明或实用新型的实质内容在申请日之前未被公知公用就具有新颖性。我国采取的是申请日标准，我国专利权第九条明确规定："两个以上的申请人分别就同样的发明创造申请专利的，专利权授予最先申请的人"。

（3）地区标准。主要指在这一法定地区内未被人们所公知公用的，均可被确认为具有新颖性。目前世界各国判断新颖性所采用的地区标准有绝对世界性地区标准、相对世界性地区标准和本国地区标准三种，我国采用了相对世界性地区标准。也就是在世界范围内未被公知，在本国未被公用的，就具有新颖性。

2. 创造性。创造性是发明或者实用新型取得专利权的第二个实质性条件。所谓创造性是指申请专利的发明或者实用新型要比现有技术有明显的进步，这是对授予专利权的发明或者实用新型的质量要求。我国专利法规定："创造性，是指同申请日以前已有的技术

60

相比，该发明有突出的实质性特点和显著的进步，该实用新型有实质性特点和进步"。由此可见，判断发明创造性的客观标准是突出的实质性特点和显著的进步；判断实用新型创造性的客观标准是实质性特点和进步。在具体判断是否具有创造性时需注意以下几点：

（1）要将申请专利的发明或者实用新型同申请日前已有的技术水平相比，而不能同审查判断发明或者实用新型创造性之日的技术水平比较，因为审查判断日期要比申请日晚相当一个时期。

（2）申请专利的发明或者实用新型同申请日之前的已有技术水平之间的差异必须分别具有突出的实质性特点和显著的进步，或者说具有实质性特点和进步，也就是说，必须有一个较大的进步，而不能相差无几。

（3）我国专利法规定的发明和实用新型对现有技术水平相比较，所具备的实质性特点和进步，是针对该技术领域内具有中等技术水平的人员而言的。如果一项发明由中等技术水平的人来看，具有突出的实质性特点和显著的进步，该发明就具备了创造性。（实际审查实践中是灵活的，可举例）

①发明解决了人们一直渴望、但始终未能获得成功的技术难题。

②发明克服了技术偏见。（电动机的换向器与电刷间界面，通常认为越光滑接触越好，电流损耗也越小。一项发明将换向器表面制出一定粗糙度的细纹，其结果电流损耗更小，优于光滑表面。该发明克服了技术偏见。

③发明取得了意想不到的技术效果。

④发明在商业上获得成功。

开拓性发明、组合发明、选择发明、转用发明和用途发明等。

3. 实用性。是发明或者实用新型取得专利权的第三个实质性条件。所谓实用性是指一项发明或者实用新型能够在工业上或者产业上获得应用的本质特征。这里所说的工业，是泛指工业、农业、交通运输、商业、科学技术等部门。我国专利法规定"实用性是指发明或者实用新型能够制造或者使用，并且能够产生积极效果"。由此可见，实用性具备两个显著的特征：

一是强调实践性，一项发明或者实用新型只要在任何一种工业部门能够制造或使用，才有可能具备实用性。

二是强调积极效果，对具有实用性的发明或实用新型应是良好的技术，并具有较大的经济效益和社会效益。

（2）获得外观设计专利的实质性条件

外观设计获得专利权的条件与发明、实用新型不同，它取得专利权的实质性条件是必须具有新颖性。我国专利法第23条规定："授予专利权的外观设计，应当同申请日以前在国内外出版物上公开发表过，或者国内公开使用过外观设计不相同或者不相近似"。这就是说，一项外观设计要获得专利权，必须具有以下这些特征：

①在书面公开上采用世界性标准，即没有在国内外出版物上公开发表过；

②在使用公开上采用本国标准，即没有在国内公开使用过；

③坚持不相同和不相似原则，即不仅要求同申请日前在国内外出版物上公开发表过或者在国内公开使用过的外观设计不相同，而且要同申请日前在国内外出版物上公开发表过

或者国内公开使用过的外观设计不相近似。只有具备上述的新颖性特征，才能获得外观设计专利权。

总之，具备了新颖性、创造性和实用性的发明或者实用新型，具备了新颖性的外观设计，即为具有了专利性的发明创造。经过一定的审批程序就可获得专利权。

四、专利法不予保护的领域

制定专利法的目的是为了保护发明创造专利权，鼓励发明创造，有利于发明创造的推广应用，促进科技进步。但并非所有的发明创造都能受到专利法的保护。

为了保护我国社会和公众的利益，促进国民经济的发展，我国专利法对于一些发明创造不能取得专利权作了限制性的规定：一种是根本不能授予专利权的发明创造，这主要是指违反国家法律，违反社会公德及公共利益的发明创造。我国专利法第 5 条明确规定，对违反国家法律、社会公德、和妨害公共利益的发明创造，不授予专利权。例如，吸毒工具、造假币的机器、恐吓他人的器械、万能钥匙等；另一种是依照专利法第 25 条所规定的五个方面，暂不授予专利权。

1. 科学发现

科学发现不是发明创造，它是认识世界的过程，是客观存在的事物，不是技术创新，而发明创造则是通过观察与思考、建立在发现基础上的改造自然的技术创新。科学发现是发明的基础，发明创造又促进了科学发现。

2. 智力活动的规则和方法

它是指导人们思维、推理、分析和判断的规则和方法，具有启发智力活动的抽象特点，不具备技术特征。在规则、授课方法、会计制度、分类法等不能授予专利权。

3. 疾病的诊断和治疗方法

如各种检查方法、手术方法、针灸方法等，是直接以有生命的人或动物作为实施对象的，如果给予保护，势必限制了疾病诊断方法的推广和交流，直接影响人们的生活和生产。此外，疾病的诊断和治疗方法也不能在生产上制造和使用，所以不能授予专利权。

4. 动植物品种

对于生产动植物品种的方法可以授权，但不保护品种本身。

5. 用原子核变换方法获得的物质

用原子核变换方法获得的物质可以用于制造原子武器，多用于军事目的、原子能工业等，从国家利益出发，专利法规定不授予专利权。

五、优先权的运用

优先权对于大多数未接触过专利的人来说是一个陌生的概念，因此往往忽略对优先权的利用。

1. 优先权的概念

优先权是《保护工业产权巴黎公约》规定的一种优惠权利，为巴黎公约缔约国之间相互承认，共同遵守。优先权指的是，任何缔约国的申请人，向一个缔约国提出申请后，在一定的期限内，若在向其他缔约国就同一发明提出专利申请，可享受优惠的权利，即将第一次提出申请的日期视为后来在其他缔约国提出申请的日期。（发明专利和实用新型专利期限为 12 个月，外观设计专利为 6 个月。）

因此，一项发明在一个缔约国提出专利申请之后，即使内容已经公开了，只要在法定的期限内向其他缔约国提出专利申请，完全不影响后一申请案的新颖性。一般来说，一项发明的第一次申请的日期称为申请日，如果要求优先权，则称其为优先权日。

根据要求优先权的地域范围，可以将优先权区范围外国优先权和国内优先权。

1. 外国优先权

我们都知道，专利的特点之一是它具有地域性，因此，申请人要想在本国以外的其他国家取得专利权，就必须依照该国的法律程序，向其专利主管机关提出专利申请。

在《巴黎公约》中，为保障申请人的权益，规定了优先权制度。只要申请人于一国提出专利申请后，在一定期限内再向其他国家申请专利，就可以主张以其第一次提出专利申请的日期，作为在其他国家提出专利申请的日期。在判断专利的新颖性时，申请人即优先于无优先权日的人。

我国专利法第二十九条第一款明确规定："申请人自发明或者实用新型在外国第一次提出专利申请之日起十二个月内，或者自外观设计在外国第一次提出专利申请之日起六个月内，又在中国就相同主题提出专利申请的，依照该外国同中国签定的协议或共同参加的国际条约，或依照相互承认优先权的原则，可以享有优先权"。

所谓"相同主题"，指的是申请人前后提出的申请，其发明或实用新型的技术内容相同。

申请人要求优先权的，应当在申请的时候提出书面声明，并且在三个月内提交第一次提出的专利申请文件的副本；未提出书面声明的或者逾期未提交专利申请文件副本的，视为未要求优先权。

要求外国优先权的，申请人提交的在先申请文件副本应当经原受理机关证明；提交的证明材料中，在先申请人的姓名或者名称与在后申请的申请人姓名或者名称不一致的，应当提交优先权转让证明材料。

2. 本国优先权

我国专利法第二十九条第二款明确规定："申请人自发明或者实用新型在中国第一次提出专利申请之日起十二个月内，又向国务院专利行政部门就相同主题提出申请的，可以享有优先权。"

第二节 专利的申请审批制度

一、专利的申请程序

获得专利权的申请程序

专利权不是自动取得的，就是对于符合专利三性的发明或者实用新型，也必须履行专利法所规定的申请手续，应向国家专利局提交必要的申请文件，经过法定的审批程序，最后审定是否授予专利权。

专利申请人是指有资格申请专利的人，也是有资格取得专利权的人。一般来讲，无论是自然人还是法人，都可以作为申请日申请专利。自然人泛指享有我国宪法所规定的权利，同时又履行义务的公民，这里还包括居住在我国的依法享受我国公民待遇的外国人或者无国籍人；法人是指依法定程序成立的，有一定的组织结构和财产，能够依法独立行使权利和承担义务，并能在法院起诉的社会组织。

为了获得专利权，申请人应依照规定向国家专利局提交专利申请文件。专利法第26条规定，"申请发明或者实用新型专利的，应当提交请求书、说明书及其摘要和权利要求书等文件。申请文件一式两份提交国家专利局，并缴纳申请费"。

1. 请求书。是申请人向国家专利局表示请求授予专利权的愿望，也是申请人声明他希望取得专利权的一份呈请文件。请求书主要说明两种情况：一是关于发明创造的，请求书中要求写明它的名称，名称要短又要表明发明创造是产品还是方法。二是关于与发明创造有关系的人，即发明人、申请人和申请人的代表，应当写明其姓名和地址。如果申请人是法人，应当姓名法人的全部正式名称、法人代表姓名。请求书应当写明申请人的国籍和住所地国家或营业所地国家。请求书最后由申请人和专利代理人签字和盖章。

2. 说明书。是一个技术文件，是申请文件中最重要的、最长的一部分，也是申请专利的核心文件。我国专利法第26条规定，"说明书应当对发明或者实用新型作出清楚、完整的说明，以所属技术领域的技术人员能够实现为准"。说明书撰写的好坏，往往会影响到专利权的获得。这里强调的有三点：一是说明书必须完整；二是说明书必须充分；三是说明书的质量应由本专业普通技术人员来评价，也就是说，本专业任何一个普通的技术人员阅读说明书后就能实施该项发明创造。说明书应包括下列内容：发明或者实用新型的名称、所属技术领域、最为接近的现有技术、发明目的、发明内容、发明的优点及积极效果、有关附图及说明、发明的实施例等。

3. 权利要求书。是申请人请求专利保护的范围，也是他请求保护他的发明或者实用新型技术特征的范围。在专利授权后，权利要求书是确定发明或者实用新型专利权范围的根据，也是判断他人是否侵权的依据，有直接的法律效力。权利要求书与说明书之间有着密切的关系，正像专利法第26所规定的"权利要求书应当以说明书为依据，说明要求专利保护的范围"权利要求书分为独立权利要求和从属权利要求。独立权利要求应当是从整体上反映发明或者是实用新型的主要技术内容，它记载构成发明或者实用新型的必要技术特征的权利要求。从属权利要求是指引用一项或多项权利要求的权利要求，它是一种包括另一项（或几项）权利要求的全部技术特征，又含有许多附加的进一步加以限制的技术特征的权利要求。对于权利要求的撰写必须十分严格、谨慎，具有高度的法律和技术方面的技巧。

4. 摘要。是说明书内容的简称说明。专利法规定："摘要应当简要说明发明或者实用新型的技术特点。"摘要的目的是为了使任何有关人员迅速获得发明或者实用新型的主要内容的情报，便于读者进行文献检索或对发明及实用新型进行初步分类。摘要应当写明发明或者实用新型所属的技术领域，说明所要解决的技术问题、主要技术特征和用途。摘要应是短小精悍、便于阅读，字数严格要求不超过200字，并附上一幅主要的图。

以上是向国家专利局申请专利所提交的主要文件。此外，根据情况，还需提交代理人委托书、要求优先权的声明或优先权的证明、提出实质审查请求书等其他文件。专利局在收到专利申请文件之日即为申请日，并给定申请号。如果申请文件是邮寄的，以寄出的邮戳日为申请日。

二、专利的审批程序

一项发明创造向国家专利局提出专利申请后，按照专利法的规定，国家专利局将启动对申请审查和批准的程序，大体经过以下几个法定程序：

1. 专利申请的初步审查

专利申请的初步审查也称形式审查。在初步审查阶段，除了审查申请的发明是否属于专利法规定的范围外，还要对提交的申请文件是否齐全和完备，是否符合要求等进行审查。国家专利局经过初步审查，对于不属于专利保护的技术领域的申请，将要在规定的期限内用书面形式通知驳回。对于申请文件不符合规定的格式要求的专利局也将书面通知申请人在一定时期内予以补正，无正当理由的逾期未补正的，视为撤回申请。

实用新型和外观设计专利申请经初步审查没有发现驳回理由的专利局应当作出授予其专利权的决定，发给相应的专利证书，并予以登记和公告。

2. 申请的早期公开

我国专利法规定："专利局收到发明专利申请后，经初步审查认为符合本法要求的，自申请日起18个月内予以公布。"公布的内容包括发明说明书及其摘要和权利要求书等对于实用新型和外观设计专利申请，经初步审查合格后，专利局可以根据申请人的请求，早日公布其申请通过公告这一程序公布申请内容。

3. 实质审查

实质审查是从技术角度确定发明的专利性，即审查其是否符合专利法所规定的新颖性、创造性和实用性的要求。实质审查的请求，应当自申请日起三年内提出，以便启动实审的程序。申请人无正当理由的逾期不请求实质审查的，该申请即被视为撤回。当专利局认为有必要时可自行对发明专利申请进行实质审查。专利局在实审时，其中一项重要的工作就是要进行文献检索，以此作为判断该发明有无专利性的依据。

专利局对发明专利申请进行实质审查后，认为不符合专利法规定的，应当通知申请人，要求其在指定的期限内陈述意见，或者对其申请进行修改，无正当理由的逾期不答复的该申请即被视为撤回。发明专利申请人陈述意见或者进行修改后，专利局仍认为不符合专利法规定的，应当予以驳回。发明专利申请经实质审查没有发现驳回理由的，专利局应当作出授予发明专利权的决定，发给专利证明，并予以登记和公告。

三、专利的期限、终止和无效

1. 专利权的期限、终止

各国保护专利权都有一定的期限，我国发明专利保护期20年，实用新型和外观设计专利保护期为10年。均自申请日算起。

专利权的终止是指专利权在保护期届满或因其他原因而自行失去法律效力。一旦专利权终止，该发明创造即成为社会的公共财产，任何人都可无偿使用。

专利权终止的原因大致有以下几种：

①因保护期届满而终止。

②因没按期缴纳年费而终止

③由于专利权人的自动放弃而终止

④由于专利权人死亡又无继承人而终止

应指出的是根据我国专利法的规定，专利权终止行为都需经过专利局登记和公告。

2. 专利权的撤销和无效

（1）撤销

专利法在1993年修改后，将授权前的异议程序改为授权后的撤销程序。即自专利局公告授权之日起六个月内，任何单位或者个人认为专利权的授予不符合专利法规定的，都可以请求专利局撤销该专利权。专利局应及时对撤销专利权的请求进行审查，作出撤销或者维持专利权的决定，并分别通知请求人和专利权人。撤销专利权的决定，由专利局登记和公告。

2001年专利法又作了修改，没有了撤销程序。

（2）专利权的无效

我国专利法第四十五条规定"即自国务院专利行政部门公告授予专利权之日起，任何单位或者个人认为该专利权的授予不符合专利法有关规定的，都可以请求专利复审委员会宣告该专利权无效。"这样做是为了能及时纠正专利局因某种原因的失误所造成的错误决定。宣告专利权无效，一般有以下几种理由：

①不符合授予专利权条件的发明创造

②违反合法条件的发明创造（如赌博工具）

③不属于授予专利权的法定项目（如科学发现）

④权利的归属不当

⑤专利申请文件撰写有明显不当

四、专利申请策略

一项好的发明创造完成后，一般人都要申请专利，取得专利权的保护。不过专利权不是自动取得的。一项发明创造要得到专利法的保护，必须按照专利法的规定向专利局提出申请，经过一定的申请审批程序，对符合条件的专利局才能授予专利权。对专利的申请通常请专利代理人来完成。那么，对一项新的发明创造提出专利申请前，需要考虑些什么问题呢？一般有以下几个方面：

1. 判断发明创造是否具有专利性

一项发明创造在申请专利以前，应首先判断其是否具有专利性。

①发明创造是否具有新颖性、创造性和实用性；

②发明创造是否属于专利法禁止授予专利权的范畴。

2. 专利申请的必要性

发明创造能否获得经济利益往往是申请专利的一个重要目的，因此应对与经济利益相关的因素加以分析。大致有以下几个方面：

①进行市场前景预测

根据发明的使用范围、使用条件、技术要求和可靠性、材料、设备等，预测需求量及销售量的大小，进行市场前景预测。

②考虑发明的内容是否易于被仿造。（例如"红孩儿"书包。）

如果一项发明，构思巧妙，但结构简单，十分易于仿造，而且估计需求量大，应及时申请专利。

③考虑发明的内容是否适合专利保护。易于以"技术秘密"的方法获得保护的可以不申请专利。有的发明，只要保密得当，他人难以获得该发明的内容，这类发明可以不申请专利。（如可口可乐），不过中药产品一般也要申请专利，例"双黄连"。

④确定对发明的保护形式

发明创造是一种知识产权，它有多种保护形式。例如，发明专利、实用新型专利、外观设计专利和商标等。发明人或其所在的单位必须根据发明的特点，作出决策。例如，美国可口可乐公司申请了"可口可乐"商标权，商标权可以无限期续展，使得可口可乐一直保持其生产技术的垄断地位。这是正确的决策。

3. 选择专利申请的类型

①有形产品

凡是具有形状、结构特征的产品，可申请发明专利或实用新型专利。

②方法

凡是方法，例如制造方法、测试方法和加工方法等，只能申请发明专利。

③无形产品

凡是无形状、结构特征的产品，例如：液体、粉末和材料等，只能申请发明专利。

④产品的外观

凡是涉及以产品外部、图案和色彩为特征的产品，可申请外观设计专利。

4. 专利申请前的检索

在专利申请前一项非常重要的工作是专利检索。但是也是很多申请人所忽略的，为什么现在我国专利无效案件增多，其重要原因之一是没有进行专利检索，把不符合专利性的发明创造进行了申请。（而且有的专利代理人素质有限，利益驱使不进行申请前的检索）

专利性检索的范围是：世界各主要国家的专利文献；有关技术领域的专利期刊和国内发明成果。

其中重点工作是查阅专利文献。据统计，各国专利审查部门的审查工作中，审查员判断新颖性引证的出版物中，专利文献约占90%，科技书刊约占5%，其余出版物在5%以下。检索专利最好由发明人本人进行，因为发明人对发明主题最为了解，能进行最有效的检索。未进行认真的专利性检索的，就有可能导致申请案被驳回。例如，有一件发动机传动机构的申请案，它是发明人20年苦心研究的成果。发明人认为："该发明是世界各国科学家、发明家、工程师梦寐以求的理想结构"。不料经检索发现，早在1974年外国的一份专利说明书就已公开了该发明的技术内容。类似的例子不胜枚举。需要注意的是：申请前的新颖性检索，并非是强制性的，也就是说，申请人可以根据自己了解的情况，不经过专门的新颖性检索而直接提出专利申请。

第三节 专利权的保护

专利权是专利法的核心，对专利权予以法律保护是专利法的重要内容。随着我国授予专利权的发明创造的数量不断增多，专利纠纷问题也不断发生。对于专利纠纷的处理，2001年新专利法对这一问题作了更加具体和详细的规范。

一、专利纠纷案件

专利是法律与技术的结合物。专利问题所引起的争议和纠纷往往比较复杂。一件发明创造申请案，从申请、审查、批准，一直到专利权有效期限内，随时都有产生争议和纠纷的可能性。解决纠纷的办法可以是协商、由有关部门进行调处或者诉之于法院。我们首先看一下专利纠纷案件的类型。

1. 专利行政案件

专利行政案件，是指当事人不服国务院专利行政部门或地方管理专利工作的部门所作出的决定，而起诉到人民法院的案件，包括：

①专利申请人对专利复审委员会的复审决定不服的；

②专利权人或者宣告专利权无效的请求人对专利复审委员会宣告专利权无效或者维持专利权的决定不服的；

③专利权人，对国务院专利行政部门关于实施强制许可的决定，或者关于实施强制许可的使用费的裁决不服的；

④侵权人对管理专利工作的部门有关专利侵权的裁定不服的。

上述专利行政案件中，除第 4 项以外，均由北京市中级人民法院作为第一审法院，北京市高级人民法院为第二审法院。

2. 专利民事案件

专利民事案件主要包括：

①发明专利公布后，专利权授予前使用费纠纷的案件；

②专利侵权纠纷案件；

③转让专利申请权或者专利权的合同纠纷案件；

④专利申请权属的纠纷案件；

⑤专利权属纠纷案件；

⑥职务发明的发明人、设计人的奖励和报酬纠纷案件；

⑦当事人对管理专利工作的部门作出的关于侵犯专利权的赔偿数额的调解不服的案件。

上述 7 种专利民事纠纷案件的管辖由各省、自治区、直辖市人民政府所在地的中级人民法院作为第一审法院，各省、自治区、直辖市的高级人民法院作为第二审法院。

3. 专利刑事案件

专利刑事案件主要包括：

①假冒他人专利，情节严重的案件，（这种刑事案件一般附带民事损害赔偿，专利权人或者利害关系人可同时请求人民法院裁决被告赔偿经济损失）；

②违反《专利法》第二十条规定向外国申请专利，泄漏国家秘密，构成犯罪的；（参见《专利法》第六十四条）

③国务院专利行政部门工作人员及有关国家工作人员玩忽职守、滥用职权、徇私舞弊，构成犯罪的。（参见《专利法》第六十七条）

上述各类刑事案件由人民检察院起诉，由有管辖权的人民法院的刑事审判庭审判。通常判处直接责任人 3 年以下有期徒刑、拘役或者罚金。

4. 专利侵权诉讼时效

①专利侵权纠纷的诉讼时效为两年，自专利权人或者利害关系人得知或者应当得知侵权行为之日起计算。

②发明专利申请公布后至专利权授予前使用该发明未支付适当使用费的，专利权人要求支付使用费的诉讼时效为两年，自专利权人得知或者应当得知他人使用其发明之日起计算。但是，专利权人于专利权授权之日前即已得知或者应当得知的，自专利权授予之日起计算。（参见《专利法》第六十二条。）

5. 专利民事诉讼程序

①原告向人民法院起诉

原告递交起诉状和与被告人数相同份数的副本，并提供必要的证据，缴纳诉讼费。

②人民法院立案

法院接到起诉状，进行审查。凡符合民事诉讼法规定的受理条件的，在 7 日内立案；

凡不符合民事诉讼法规定的受理条件的，也在 7 日内通知原告不予受理，并说明理由。法院受理案件后，5 日内将起诉状副本送达被告，并告知在 15 日内提出答辩状。被告不提出答辩状的，不影响法院审理。原告与被告均可委托专利代理人或其他代理人进行诉讼。

③调解

根据人民法院审理民事案件可以调解的原则，对有可能进行调解的案件，在查明事实、分清是非的基础上，由法院进行调解，促使当事人互相谅解，达成协议。调解不成或不能进行调解的案件，由人民法院开庭审判。

④开庭审判

除涉及国家机密的外，人民法院审理专利纠纷案件一律公开进行。第一审由审判员组成合议庭或者由审判员、陪审员共同组成合议庭。鉴于专利纠纷案件的专业性、技术性强，法院还可聘请有关的专家、学者担任技术顾问、鉴定人或陪审员。法院开庭审理，在对案情进行直接和全面的调查，审查各种证据，询问鉴定人，并充分听取诉讼当事人的辩论后作出判决。

⑤二审

第二审又称上诉审。当事人不服人民法院第一审判决，可在接到判决书的第二天起 15 日内向上一级人民法院提出上诉。

第二审法院经过对上诉案件的审理，视不同情况作出不同处理。大致有 3 种处理法：

a. 原判认定事实清楚，适用法律正确，判决驳回上诉，维持原判；

b. 原判认定事实清楚，但适用法律错误，依法改判；

c. 原判认定事实不清，证据不足，或者由于违反法定程序，可能影响案件正确判决，裁定撤销原判，发回原审法院重审；也可查清事实后改判。

对于调解成立的案件，由法院制作调解书结案。调解书与判调解书一经送达，原审法院的裁判即视为撤销。

根据二审即终审的原则，二审法院的裁决是终审判决，具有法律效力。当事人必须按照高级法院（二审法院）的裁决执行，不得再提起新的诉讼。

二、专利侵权的判定

1. 构成专利侵权的形式条件

根据专利法的规定，专利权人对其发明创造享有独占权，未经专利权人许可，他人实施其专利的，即构成侵权（参见我国《专利法》第十一条和第五十七条）。这是专利法对专利权以及专利权人的保护。

在处理专利侵权纠纷时，必须依据专利法对实施行为进行全面的分析和调查，才有可能正确判定该实施行为是否构成侵权。

他人的实施行为必须具备一定的条件，侵权才能成立。构成专利侵权的条件包括形式条件和实质条件，形式条件是：

（1）实施行为必须属于一项有效的专利

有的专利申请人，拿到了专利申请号之后，就以为有了专利权。这是缺乏专利常识所致。显而易见，他人的实施行为必须属于一项已授予专利权的发明创造，并且必须在专利权有效的期限内，才有构成侵权的可能。否则，尽管有他人的实施行为，侵权并不成立。

（2）实施行为必须属于一项中国专利

专利权是有地域性限制的。在中国境内只保护在中国提出申请，并获得专利权的发明创造。也就是说，我国只保护中国专利，外国专利在中国境内是不受法律保护的。当然也不会出现在中国境内侵犯外国专利权的问题。

由于我国很多单位或个人不了解这方面的专利常识，因此曾经发生过在引进国外技术时，在合同中对方要求付给专利使用费，而我方欣然应允的情况。因而带来了不应有的经济损失。我国现行的专利法规定，对方（指外国人）提出专利权的问题时，我方应严格进行专利法律状态调查，了解外方是否在中国申请专利并获得专利权，以免产生疏漏或上当吃亏。

（3）实施行为必须是未经专利权人许可

在这方面需要注意以下 3 种特殊情况：

①若两个或两个以上的单位或个人共同拥有专利权时，各单位或个人都有单独实施其发明创造的权利，但未经全体共同专利权人同意，其中任一专利权人独自签发的专利实施许可合同不具备法律效力。因此，当持有这种许可合同的人实施该专利时，若共同专利权人提出控告，仍视为侵权。

②如果专利实施许可合同是由专利权人或者持有独占许可合同的人签发的，该实施行为不视为侵权。但是，如果专利实施许可合同是由普通许可合同的持有人签发的，则该实施行为视为侵权（许可合同中有特殊规定者除外）。因为普通许可合同的持有人只被许可在规定区域和权利范围内实施该发明创造，而没有权利允许他人实施该发明创造。

③根据强制许可或指定许可而实施某项专利的行为，虽未经专利权人同意，但不视为侵权。

（4）实施行为必须是为了生产经营的目的

凡不是为了生产经营的目的，即不是为了赢利目的而实施他人专利的，均不视为侵权。例如，为满足个人需要而实施他人专利、专为科学研究或实验而实施有关专利的行为，都不视为侵权。

上述 4 个条件是构成专利侵权必不可少的形式条件。凡缺少其中任何一个条件，该实施行为均不视为侵权。

2. 构成专利侵权的实质条件

在判断实施行为是否侵犯专利权时，除了要了解形式条件之外，还要分析其实质条件。

构成专利侵权的实质条件，即技术条件，是指实施行为是否属于专利权的保护范围。在实际案例中要准确判断往往是很困难的。国外绝大多数侵权纠纷的争议焦点也都是集中在专利技术保护范围的确定上。

我国《专利法》第五十六条规定了确定专利权保护范围的总原则：“发明或者实用新型专利权的保护范围以其权利要求的内容为准，说明书及附图可以用于解释权利要求。“外观设计专利权的保护范围以表示在图片或者照片中的该外观设计专利产品为准。”根据专利法的规定，在确定专利权的保护范围时，应当以权利要求书中记载的技术内容为准。说明书及其附图可用于解释权利要求。在具体判断时，为了便于进行定量和定性分析，可以把实施行为和专利技术的各自分解成若干技术特征，然后对比分析。这里所述的技术特征是指主要的技术特征，即一项发明创造得以实现的必不可少的技术特征（在实际操作中，也就是大家看到的权利要求书中的第 1 项，即独立权利要求项中的内容）。

通过对技术特征的对比，判定实施行为的技术内容、是否侵权的具体方法，可概述如下：

（1）实施行为的技术特征与专利的技术特征全部相同，则侵权成立。也就是说，实施行为的技术特征全部落在专利技术的权利保护范围之内。例如，实施行为的技术特征是 A + B + C + D，专利的技术特征也是 A + B + C + D。这种显而易见的侵权行为是很容易判定的。不过，随着大众对我国专利法的认识不断加深，这类侵权行为也在逐渐减少。仿制者为了逃避侵权，今后会千方百计通过改头换面的方式来实施他人的专利。

（2）实施行为的特征多于专利的技术特征，则侵权成立

也就是说，在原专利的基础上，增加新技术特征的行为，视为侵权。其中有的技术甚至申请并获得了专利权，同样也视为侵权。这是因为，该实施行为使用了原专利的全部技术特征，即侵占了该专利权的保护范围。例如，实施行为的技术特征是 A + B + C + D + E（ + …），而原专利的技术特征是 A + B + C + D。

（3）实施行为的技术特征少于专利的技术特征，则侵权不成立

也就是说，实施行为未包括原专利的全部技术特征，因而不视为侵权。例如，实施行为的技术特征是 A + B + C 或 A + B + D 等，而原专利的技术特征是 A + B + C + D。这表明，实施者能够利用较少的技术特征达到专利技术的目的和效果，其本身已是一种创新，显然不能视为侵权。

但是，由于申请人或专利代理人的疏忽，可能会把次要技术特征写成主要技术特征。有人正是利用这一点，避开了权利要求书中给出的保护范围，即通过减少次要技术特征而实施了他人的专利。对于这种情况的处置，国际上仍有争议。这可能需要应用更加专业的技术予以认定。

我们认为，为了维护法律的稳定性和权利要求书的法律效力，应该促使专利申请人和专利代理人不断提高撰写专利申请文件的技巧。但考虑到我国实施专利法时间不长，多数申请人和专利代理人尚不精通权利要求书的撰写技巧，而且实用新型专利未经实质审查，因而可对这类纠纷采用"轻罚"处理法。也就是说，实施行为的技术特征与专利的技术特征相比较，如果所减少的是非实质性的技术特征，该实施行为视为侵权，但赔偿的金额应减半处理。

（4）实施行为的某个技术特征属于等效替换的技术特征，则侵权成立

实施行为与原专利技术特征相比，有的相同，有的有差异，若差异之处属于"等效技术特征"，则侵权成立；若差异之处并非"等效技术特征"，则侵权不成立。

也就是说，实施行为是否包括了专利的全部技术特征，需要根据两者之间的差异是否等效而定。例如，实施行为的技术特征是 A + B + C + D1，专利技术特征为 A + B + C + D2 若 D1 = D2 则实施行为视为侵权；若 D1#D2，则实施行为不侵权。

这里的关键问题是对"等效技术特征"的理解。所谓等效技术特征（一些著作称为等同物），是指两种技术特征在本质上相同；更准确地说，是指所属技术领域的普通技术人员能够推断出某两种技术特征彼此替换之后，所产生的效果相同。例如，在特定的技术主题中，"传送皮带"与"齿轮"；"酸性亚硫酸钙"与"焦亚硫酸锅"；"硅藻土"与"膨润土"；"二极管"与"电容器"；"螺钉"与"例钉"；"螺钉"与"测距器"等都可看作为等效技术特征。

显而易见，在确定某两种技术特征是否等效时，即使是同一领域中不同技术水平的人，往往也会得出不同的结论，因此，衡量的标准应当以所属技术领域的普通技术人员的水平为准。如果存在差异之处的两种技术特征，所属技术领域的普通技术人员能判断出具有等效作用，显然该实施行为属于仿造的范畴。因为它未对技术进步作出贡献，因而应视为侵权。相反，如果所属技术领域的普通技术人员，未能判断出差异之处的两种技术特征具有等效作用，则表明该实施行为具有独创之处，对技术进步作出了自己的贡献，因而不视为侵权是合理的。

三、不视为专利侵权的实施行为

为了维护公众的利益，同时为了避免专利权人滥用法律赋予的独占实施权，专利法中也规定了侵权的例外情况。

下列实施行为不具有违法性，因而不视为侵权行为：

1. 专利权用尽

专利权人制造、进口或者经专利权人许可而制造、进口的专利产品或者依照专利方法直接获得的产品售出后，使用、许诺销售或者销售该产品的行为。

以上行为除了专利权人本身所作出的实施行为以外，都是按照法律程序得到认可后的实施行为。这种实施行为可以是广义的，包括生产制造、进口。而且，还包括所有专利产品或者依照专利方法直接获得的产品一经售出，公众购买后可以自由使用、销售或者以广告、展示以及允许他人销售等形式许诺销售的该产品。

2. 先用权

先用权是指在专利申请日之前，他人已经制造出与专利技术相同的产品，使用了与专利技术相同的方法，或者已经作好制造、使用的必要准备，如果仅在原有范围内继续制造、使用的，这类实施行为不视为侵权。

对先用权的法律保护旨在保护未获得专利权的另一发明人的利益。具有先用权资格的单位或者个人无需与专利权人签订专利实施许可合同，但负有举证的责任。先用权不能转让。

3. 临时过境的交通工具所使用的专利

临时通过中国领陆、领水、领空的外国运输工具，依照其所属国同中国签订的协议或者共同参加的国际条约，或者依照互惠原则，为运输工具自身需要而在其装置和设备中使用有关专利的，不视为侵权行为。

4. 科研使用的专利

专为科学研究和实验而使用有关专利的，不视为侵权。

该行为不以生产经营为目的，所以属于专利法特殊对待的一种不侵权情形。

（上述各项参见《专利法》第六十三条。）

5. 非生产经营目的实施行为

当实施某项专利时，其目的不是为了获取商业利益。

例如使用者只是自己使用，这种实施行为不视为侵犯专利权。实际上，上述第 4 项的实施行为也属于此范畴。（《专利法》第十一条）

6. 指定许可的实施行为

对国家利益或公共利益具有重大意义的发明专利，其专利权人是国有企事业单位、集体所有制单位和个人的，由国务院有关主管部门和省、自治区、直辖市人民政府报经国务院批准，在批准的范围内推广应用，允许指定的单位实施的，不视为侵权行为。（《专利法》第十四条）

7. 强制许可的实施行为

符合强制许可条件，提出强制许可申请，并经国务院专利行政部门批准，而实施某项发明或实用新型专利的，不视为侵权行为。（《专利法》第四十八条、第四十九条和第五十条）

四、专利侵权纠纷中的法律问题

1. 处理专利侵权纠纷的途径

处理专利侵权纠纷有 3 种途径：

（1）由当事人协商解决；

（2）专利权人或者利害关系人请求管理专利工作的部门调处；

（3）专利权人或者利害关系人向人民法院起诉。

谋求司法救济也是解决专利侵权纠纷的一种重要的方法。尽管诉讼手续繁琐、程序复杂、耗时多、费用大，但法院的判决具有强制作用，因而也不失为解决问题的一种好手段。

对于专利侵权纠纷，并不是任何法院都予以受理。专利权人或者利害关系人应该清楚要向哪个法院起诉。专利侵权纠纷案件，由各省、自治区、直辖市人民政府所在地的中级人民法院和各个经济特区各级人民法院作为第一审法院；各省、自治区、直辖市的高级人民法院作为第二审法院。各省、自治区高级人民法院根据实际需要，经最高人民法院同意，还可以指定本省、自治区内的开放城市或者设有管理专利工作的部门的较大城市的中级人民法院，审理其辖区内的专利侵权案件。例如，大连市、青岛市等中级人民法院已被指定为审理上述案件的第一审法院。

2. 专利侵权纠纷案件的地域管辖

关于处理专利侵权纠纷案件的地域管辖，包括人民法院和管理专利工作的部门。

（1）被告或被请求人所在地；

（2）侵权行为所在地。

包括侵权产品制造地、销售地、许诺销售地或专利方法使用地、利用专利方法直接获得的产品的销售地和许诺销售地。

原告或者利害关系人可根据具体情况和自己的意愿选择管辖地。

3. 制造与销售专利产品的不同法律规定

我国《专利法》第十一条规定："发明和实用新型专利权被授予后，除本法另有规定的以外，任何单位或者个人未经专利权人许可，都不得实施其专利，即不得为生产经营目的制造、使用、许诺销售、销售、进口其专利产品，或者使用其专利方法以及使用、许诺销售、销售、进口依照该专利方法直接获得的产品。"

我国《专利法》第六十三条又规定："为生产经营目的使用或者销售不知道是未经专利权人许可而制造并售出的专利产品或者依照专利方法直接获得的产品，能证明其产品合法来源的，不承担赔偿责任。"此种行为虽不承担赔偿责任，但视为侵犯专利权行为。这里所说的"合法来源"，是指当事人通过合法手段获得该专利产品，如通过正常的渠道购买到该专利产品等。

上述法律规定有两层意思。其一是，未经专利权人许可而擅自制造专利产品或者使用专利方法，不管当事人主观上是否知道其实施行为已构成侵权，在法律上一律视为侵犯专利权。也就是说，就制造专利产品和使用专利方法而言，只要有此行为，不管当事人是否故意，一律判为侵权。

其二是，就许诺销售、销售和使用专利产品而言，若当事人主观上无侵权动机，即不知道所使用和销售的产品是未经专利权人许可而制造的，则当事人不承担经济赔偿责任，但其行为仍然被视为专利侵权行为。

4. 对专利权给予法律保护的起始日

一项发明创造的专利申请在被授予专利权之后，其专利权的起始日为专利申请日。（见我国《专利法》第四十二条）

然而，在专利侵权纠纷中，对专利权给予法律保护的起始日并不是专利申请日，而是专利申请的公布日（就发明专利而言）和授权公告日（就实用新型专利和外观设计专利而言）。其法律根据是我国《专利法》第四十条。

自发明专利申请公布日起至专利权授予日止，这一段时间称为临时保护期（参见《专利法》第十三条）。在此期间发明专利申请人可以要求实施其发明创造的单位或者个人支付适当的费用。在授予专利权之前，实施者可以支付也可以不支付。一旦授予专利权，实施者必须支付适当的费用，否则专利权人可以请求管理专利工作的部门进行调处，也可以直接向人民法院起诉。

5. 关于举证

专利权人或者利害关系人控告他人侵犯专利权时，双方当事人究竟谁能胜诉，关键在于证据于谁有利。人民法院在判断是否侵权时，依据的是法律和证据。当事人对自己提出的主张，负有提出证据的责任，叫做举证责任（见我国《民事诉讼法》第六十四条第一款的规定）。

我国民事诉讼法规定的证据有 7 种：书证、物证、视听资料、证人证言、当事人的陈述、鉴定结论和勘验笔录等。

（1）产品专利

对于产品专利的侵权，原告有提供证据的责任。例如，提供专利产品的仿制品、广告等。

涉及实用新型专利的，人民法院或者管理专利工作的部门可以要求专利权人出具由国务院专利行政部门作出的检索报告。（参见《专利法》第五十七条第二款）

（2）新产品制造方法的发明专利

对于新产品制造方法的发明专利的侵权，则采取举证责任倒置的原则，即由被告提供证据的办法。根据我国专利法的规定，同一产品的制造者，如果拿不出相反的证据，即被推定为采用该新产品制造方法进行制造。其法律依据是我国《专利法》第五十七条第二款的规定："专利侵权纠纷涉及新产品制造方法的发明专利的，制造同样产品的单位或者个人应当提供其产品制造方法不同于专利方法的证明。"

此外，在专利侵权诉讼中，原告可以免除提供损害结果证据的义务。只要能提供被告有侵权行为的证据，通常法院便可以立案。

五、专利侵权的法律责任

1. 专利侵权的民事责任

专利侵权是一种侵犯财产权的行为。一般按民事方法处理，我国《民法通则》第一百一十八条和《专利法》第五十七条对专利侵权的处理作了规定。《民法通则》第一百一十八条指出："公民、法人的著作权（版权）、专利权、商标专用权、发现权、发明权和其他科技成果权受到剽窃、篡改、假冒等侵害的，有权要求停止侵害，消除影响，赔偿损失。"

根据我国的法律规定，当专利权受到侵害时，专利权人或者利害关系人可请求的司法救济是：

（1）停止侵权

指制止侵权人擅自实施他人专利的行为，通过这种措施使专利权人能够行使其独占实施权。

（2）赔偿损失

指专利权人因被侵权所造成的利益的直接减少或灭失部分。它包括专利权人在无侵权人干扰的正常情况下可获得的利益，以及专利权人为提起诉讼所花的费用。

（3）没收侵权人的产品

为了恢复专利权人被侵害的权利，专利权人可以请求人民法院没收、销毁侵权产品，拆除侵权所用的设备，或者责令侵权人将侵权手段交由专利权人使用。

（4）恢复信誉，消除影响

如果侵权行为造成了专利权人信誉上的损害，例如，仿制的专利产品粗制滥造、质量低下，在社会上造成了不良的影响，专利权人可以请求人民法院责令侵权人采取适当的方式恢复专利权人的信誉。

通过媒体发布道歉启事是经常采用的一种方法。

（5）诉前临时措施

我国《专利法》第六十一条规定："专利权人或者利害关系人有证据证明他人正在实施或者即将实施侵犯其专利权的行为，如不及时制止将会使其合法权益受到难以弥补的损害的，可以在起诉前向人民法院申请采取责令停止有关行为和财产保全的措施。"上述规定旨在更充分、更有效地保护专利权人的合法权益，并与 TRIPS 协议的有关规定相适应。

这里试举一例。深圳市捷康公司于 1998 年 8 月 22 日获得了国家知识产权局专利局授予的包装盒外观设计专利权，其专利号为 ZL97330723.4。

1999 年 5 月 21 日，捷康公司以侵犯其外观设计专利权为由，向深圳市中级人民法院提起诉讼，状告深圳万基制药有限公司未经其许可，即向市场推出采用其外观设计包装的"万基燕窝王"及"万基鸡精礼盒"保健产品。原告当时提出的要求是：请求判令万基公司停止侵权、公开赔礼道歉及赔偿经济损失人民币 50 万元。诉讼期间，原告又变更赔偿额为：以审计报告确认的万基公司的侵权获利额为赔偿额（深圳市中院委托的会计师事务所审计后认为，这一数额为 12 187 462.46 元）。

在一审期间，被告即以原告的专利是公知公用技术为由，向国家知识产权局申请撤销原告的上述专利权（原专利法中有撤销程序，新专利法已取消了此程序）。国家知识产权局经过审理，作出维持原告专利权的决定。2000 年 5 月 22 日，原告又向国家知识产权局复审委员会提出无效宣告请求并获得受理。在专利复审开庭之前，深圳市中级人民法院依法作出一审判决，要求万基公司立即停止生产、销售上述两项侵权产品，销毁库存的侵权产品、以书面形式向捷康公司道歉以及赔偿捷康公司损失额人民币 1 200 多万元。广东省高级人民法院对万基公司的上诉作出维持原判的决定。这是目前为止我国诉讼标的最大的一桩专利侵权案，备受传媒和社会各界的关注。由以上案例，读者可以了解到专利侵权应当负担的民事赔偿责任的大概情况。

2. 侵权赔偿数额的确定

侵权赔偿数额的确定方法，通常有以下 3 种：

（1）按照权利人因被侵权所受到的损失数额确定

权利人被侵权所造成的财产损失额，往往很难计算。但是在某些情况下，专利权人可以大体上估算出自己的实际损失额。当然，应当提供有关的证据。为便于读者理解，下面提供一案例：

某企业生产并销售一种畅销的专利产品，最初年利润为 100 万元。侵权产品销售后，该企业年利润降为 70 万元。也就是说，该企业的利润损失额为 30 万元。专利权人由于销售量下降，致使产品库存积压，使企业比正常情况多支出 4 万元保管费。为了查处专利侵权行为，企业派人出差调查、委托有关部门进行鉴定、刊登广告警告侵权等额外支出 3 万元。这笔损失 30 + 4 + 3 = 37 万元，就是专利权人的实际损失额。

（2）按照侵权人因侵权所获得的利益确定

当专利权人无法估算自己的损失额时，例如：专利权人尚未实施自己的专利、专利产品一直供不应求等。在这些情况下，可以以侵权人的非法所获利润额推定为专利权人的损失额。为了保护专利权人的合法权益，有利于推动技术进步，在采用此种赔偿方式计算侵权产品的成本时，若其成本比专利产品的成本高，应以专利产品的成本为准；若侵权人采取比专利产品低的价格在市场上销售，则可考虑以专利产品的销售价来计算侵权人所得。

（3）参照专利许可使用费的倍数确定

被侵权人的损失或者侵权人获得的利益难以确定的，参照该专利许可使用费的倍数合理确定。侵权赔偿数额的确定方法可参见《专利法》第六十条。损害赔偿是保护专利权最重要的手段，它直接关系到专利权人的损失能否得到补偿，专利权人的合法权益能否得到维护。这个问题的正确解决对推动我国专利事业的健康发展有着重要的意义。

3. 专利侵权的刑事责任

侵害专利权比较严重的行为是假冒他人专利行为。假冒他人专利是指行为人在自己的产品上伪造他人的专利标记（例如专利权人的名称和专利号等）。

假冒他人专利，以假充真，不仅侵害专利权人的财产权，而且也损害公共利益。

对假冒他人专利的处罚，我国《专利法》第五十八条规定："假冒他人专利的，除依法承担民事责任外，由管理专利工作的部门责令改正并予公告，没收违法所得，可以并处违法所得三倍以下的罚款，没有违法所得的，可以处五万元以下的罚款；构成犯罪的，依法追究刑事责任。"这里有两层意思，对情节轻的，可按民事范畴处理；对情节严重的，可按刑事范畴处理。

对于情节严重的假冒专利，属犯罪行为的案件由人民检察院起诉，由犯罪地的人民法院管辖。通常判处直接责任人 3 年以下有期徒刑、拘役或者罚金，并负民事侵权赔偿责任。

六、假冒专利与冒充专利

1. 假冒专利

（1）假冒专利行为

假冒他人专利的行为包括：

①未经许可，在其制造或者销售的产品、产品的包装上标注他人的专利号；

②未经许可，在广告或者其他宣传材料中使用他人的专利号，使人将所涉及的技术误认为是他人的专利技术；

③未经许可，在合同中使用他人的专利号，使人将合同涉及的技术误认为是他人的专利技术；

④伪造或者变造他人的专利证书、专利文件或者专利申请文件。

（2）假冒专利的法律责任

假冒他人专利是指非专利权人在自己的非专利产品或者其包装上标明专利权人的专利

记号或者专利号，已达到欺骗消费者，获取非法利益的行为。

凡假冒他人专利的，需要承担以下法律责任：

①民事责任。

假冒他人专利，同时又构成侵犯他人专利权的，应依法承担侵权损害的民事责任。

②行政责任。

一是责令假冒者改正并予以公告，即由管理专利工作的部门要求违法行为人立即停止假冒他人专利的行为：根据不同情况，将假冒他人专利的产品予以销毁或者将产品上假冒标注的专利权人的专利标记或者专利号去掉等；同时由管理专利工作的部门对违法行为人的假冒专利行为及责令其改正的决定予以公告。二是没收违法所得。三是可处以罚款。其中对有违法所得的，除没收违法所得外，由管理专利工作的部门根据具体的情况作出是否处以罚款的决定，其罚款数额为违法所得3倍（含3倍）以下：对没有违法所得，管理专利工作的部门根据具体的情况作出罚款决定的，其罚款数额为5万元（含5万元）以下。

③刑事责任

根据《中华人民共和国刑法》第二百一十六条的规定，"假冒他人专利，情节严重的，处三年以下有期徒刑或者拘役，并处或者单处罚金。"

2. 冒充专利

（1）冒充专利的行为

属于冒充专利的行为具体包括：

①制造或者销售标有专利标记的非专利产品；

②专利权被宣告无效后，继续在制造或者销售的产品上标注专利标记；

③在广告或者其他宣传材料中将非专利技术称为专利技术；

④在合同中将非专利技术称为专利技术；

⑤伪造或者变造专利证书、专利文件或者专利申请文件。

（2）冒充专利的法律责任

冒充专利是指以非专利产品冒充专利产品，以非专利方法冒充专利方法。

根据我国《专利法》第五十九条的规定，冒充专利应承担下述法律责任：

①管理专利工作的部门责令改正并予公告。即要求冒充专利的违法行为人停止其冒充行为，同时由管理专利工作的部门对违法行为人的冒充专利行为及责令其改正的决定予以公告。

②管理专利工作的部门可以处5万元以下的罚款。

下面介绍一冒充专利案例：河北省某造纸有限公司2000年在其××牌卫生纸商标和外包装上面，打出了"注册专利1260441号"的字样，并标明为专利产品。该产品在河南洛阳××量贩（即超市）大量销售。事实上，该号并不是由国务院专利行政部门授予的专利号而只是该公司于1999年在国家工商总局商标局登记注册的商标注册号，该公司将该商标注册号作为专利号，印制在商品的外包装上，从而构成了冒充专利行为。2001年8月10日，洛阳市专利管理局则专利法及其实施细则的有关规定，对该造纸有限公司、××纸行、洛阳××量贩（超市）三家生产、销售单位下达了处罚决定书：

a. 立即停止生产、销售标有专利标记的非专利产品：

b. 全部收缴并销毁冒充专利的标记；

c. 对上述 3 家生产、销售单位处以罚款 3 万元，并予以公告。

3. 假冒专利与冒充专利的区分

（1）直接客体不同

假冒专利的直接客体是他人的专利，是客观存在的专利；而冒充的专利的直接客体是虚构的，是根本不存在的专利。

（2）处理机关不同

假冒专利行为由人民法院或管理专利工作的部门处理，而冒充专利行为只能由管理专利工作的部门处理。

（3）法律责任不同

假冒专利行为不仅附带民事责任，如违法情节严重的，还需要负担刑事责任；而冒充专利行为则只需负担行政责任。

七、专利代理与企业专利工作

1. 专利代理

（1）专利代理的概念

代理是一种民事法律关系，指代理人受当事人（即被代理人）的委托，在代理权限范围内，以当事人的名义进行的法律行为。由于申请专利是一项法律性和技术性很强的工作，其中很多手续申请人在短时间内难以熟练掌握。例如，撰写权利要求书和申请说明书关系到申请案是否能很快获得专利权，申请案的保护范围是否尽可能扩大等问题，有很深的学问和技巧，因此，申请人往往需要委托专利代理人办理专利申请事务，以便取得更佳的效果。

（2）专利代理人的主要任务

专利代理是一种技术性很强的服务工作。它的服务对象主要是专利申请人、专利权人，也可以是无效宣告请求人、强制许可请求人等。专利代理人的主要工作是：①为专利事务提供咨询；②撰写专利申请文件，办理申请专利的有关手续；③请求实质审查、请求复审的有关事务；④代理请求宣告专利权无效的有关事务；⑤专利申请权、专利权转让、专利许可证贸易的有关事务；⑥其他有关专利事务。

（3）专利代理人的资格

专利代理人从事的工作十分复杂，只有既懂技术，又懂法律和经济，才能做好专利代理工作。因此，有人把专利代理人说成 1/3 是律师，1/3 是科学家，1/3 是语言学家。这种说法有一定的道理。

各国对专利代理人资格的授予都有严格的规定。在国外，专利代理人必须经考试合格并向政府登记，才能自己开业或受雇于企业、公司，从事专利代理工作。

在美国，专利代理人必须具有理工科大学毕业文凭，并通过专利局的考试，考试合格者才能获得专利代理人证书。

在日本，专利代理人的资格考试每年举行一次，需进行笔试与口试。笔试科目中，工业产权法为必考科目，除此之外，还应从民法、商去、刑法和各项技术在内的40多个科目中任选3个科目应试。考试准度较大，录取率低。

我国的《专利代理条例》第十五条规定了专利代理人应具备的条件是；高等院校理工科专业毕业（或者具有同等学历），并掌握一门外语；申请专利代理人资格的人员，经专利代理人资格考试合格的，由国务院专利行政部门发给专利代理人资格证书。

（4）专利代理工作要领

专利代理人的主要工作是起草申请文件并依法提出申请。要起草一份可行的申请专利代理人应当做好两件工作。

①专利代在人必须深入了解与发明有关的现有技术。

②必须与发明人进行细致的交谈，并索取有关参考资料。

③对拟申请专利的发明进行考察分析。争取为申请人取得一个宽的保护范围。

2. 企事业单位的专利工作

专利制度为发明创造提供了法律保护。它是技术进步、经济发展的推动力。专利工作与企事业的生存和发展息息相关，专利的好坏与企事业的兴衰有着密切的关系。

（1）企事业专利工作的意义

专利工作搞得好，往往可使企业取得良好经济效益，因为专利技术受国家法律保护，能得到较强的法律保障。一方专利代表一方市场。产品未动，专利先行，专利是为企业保驾护航的常规武器。（如海尔）它体现在以下几个方面：

①企业专利工作有利于增强企业活力，促进企业发展

企业发展的源泉和动力是企业全体成员的积极性，企业专利工作能充分调动广大科技人员和职工发明创造的积极性，保护发明人的正当权益，并给予精神和物质上奖励，激发科技人员和职工的自豪感、责任感，为企业发展奠定坚实的基础。

现代国际国内市场是竞争激烈的市场，尤其在市场经济条件下，在激烈的竞争中优胜劣汰的企业生产管理是严峻的考验。企业专利工作以其法律保护手段维护企业利益，企业积极开发或引进国内外新产品、新技术是提高企业市场竞争力的必经途径。美国马尔邦丁铅业公司，靠获取有关铅业生产技术专利情况，购买专利独占权等方法，由1988年的一个小厂，一跃而成为拥有13家分公司50亿美元固定资产的跨国公司。

在市场竞争中，不可避免地会发生种种侵犯企业正当权益的事情，企业专利工作能及时有效维护企业正当权益。同时，企业专利工作对企业本身也起着法律监督作用，防止本企业侵害他人合法权益，以维护企业声誉。

②企业专利工作是国际技术合作交流的重要环节

在改革开放十几年中，我国吸引了近千亿美元的外资，绝大部分用于企业。由此可见，企业是国际经济技术交流的重要承担者。企业专利工作帮助收集国际最新专利信息，选择和引进科技项目等，是国际技术合作交流的重要环节。

（2）加强企业专利工作的办法

企业专利工作内容是企业工作中的基本任务重要工作。加强企业专利工作，应注意做好以下几个方面：

同企业任何一项工作一样，领导者、决策者对企业专利工作的重视程度往往影响工作

开展，甚至影响企业的发展前途。因此

①应为引起领导对专利工作的重视。增强领导者自身的专利意识；同时应把专利工作列入领导工作议事日程，这是领导重视专利工作的第一个步骤，促使领导在人力、物力、财力上给予必要保障，使企业专利工作得以深入开展。

②建立完善专利管理机构和管理制度

企业专利管理机构是主管企业专利工作的职能部门。美国电话电报公司专利部有 250 多人，每年获得专利 3000 多项；日立公司：知识产权部有专利管理人员 320 多人，每年专利申请是 1.3 万件。企业专利管理机构及时收集国内外专利信息，结合企业实际，准确地选择和利用这些专利；提出研究开发新产品、新技术的建议：根据国内外市场动向提出相应的专利战略对策；鼓励调动职工发明创造积极性，维护企业利益等，如果缺少专利管理机构这一职能部门，企业专利工作无从谈起。

企业专利工作的核心是建立严格的专利管理制度，包括专利申请制度、专利技术实施管理制度、引进专利技术管理制度、专利培训制度、专利文献及专利费用管理制度等一系列制度。

③专利申请与实施是企业专利工作的关键

企业专利工作应深入到企业科研人员和其他职工的发明创造中，判断其申请专利的可能性及申请的时机；对企业中应申请专利的发明创造，均适时给予办理；对非职务发明创造，应对其内容进行审查，以确定是否确属非职务发明创造；应发明人请求，对申请文件进行合理性审查，提出合理建议等。

④对引进专利技术要进行专利检索查新。对法律状况、实施状况和技术先进性、可靠性进行调查。

总之，企业专利工作有技术性、法律性、、经济性、综合性、长期性等特点。企业专利工作的好坏直接影响到企业的发展与前途。

第五章　商标的保护

第一节　商标权

商标权是商标所有人在一定期限内依法把某一特定的商标用于其指定商品上的一种专有权,即商标专用权。它受法律保护。

商标权属于知识产权的范畴,同样具备知识产权的专有性、时间性、地域性等基本特征,所不同的是商标权只有财产权,而没有人身权。商标权不调整商标设计人和商标专用人之间的关系,这在知识产权中是商标权的一个比较明显的特点。

一、商标概述

商标是商品生产者或者经营者为了使自己销售的商品,在市场上同其他商品生产或经营者商品相区别而使用的一种标记。这种标记通常用文字、图形或二者的结合构成。虽然国外有所谓的立体商标、音响商标和气味商标等,但我国不承认它们商标,也不给予注册和保护。

商标应具有合法性、新颖性和显著性。

二、商标保护的种类

1. 按商标的构成分类可分为:

文字商标,是指只用文字构成的商标。如"中华"、"北极星"、"永久"、"霞飞"等,我国文字商标以汉字为主,也可据市场情况使用少数民族文字或外国文字,还可有数字组成商标。如"999"三九胃泰、"555"牌香烟、"505"等。在使用文字商标时,应注意不得使用商品的普通名称和法律禁止使用的词语。如"自行车"牌自行车,"电视"牌电视机。又如"灭害灵"。

图形商标,指用图形构成的商标。如,飞禽走兽、花草鱼虫、山川河流、几何图形等绘制的商标。图形商标不受语言文字的限制,无论在使用何种语言的国度或地区都可以使用。它要求图形立意明朗,形象生动,给人以美的享受,具有特征显著、易于识别,便于记忆的特点。

组合商标。用文字和图形结合标,图文并茂,便于识别和呼叫,在我国使用相当普遍。组合商标要求文字、图形、和谐一致,如果文字和图形风马牛不相及,这在组合商标上是不准许的。

2. 按商标的性质和用途分类，又可分为：

服务商标：就是服务性的企业、事业单位的标记，如航空公司、保险公司、银行、旅店等单位使用的标记，以及电视台、广播台使用的符号、呼号等，世界上办理服务商标注册的有美国、菲律宾、加拿大等 60 多个国家。根据修订后的我国商标法的规定，我国也实行服务商标的注册。

集体商标。（扬州炒饭）即有社团或协会所有，由参加社团协会的成员共同使用的商标。集体商标的所有人并不使用商标，只对使用商标的成员负监督的责任，一般订有使用规章。

保证商标。或称统一质量商标，担保商标。它是表示某一种商品的原料、功能及质量经过鉴定，保证或证明其已达到某种等级的商标。例如纯毛标志"WOOL"是属于国际羊毛局管理的商标，凡是符合纯羊毛标准商标的都可以使用。

按商标的特殊性质分类还有联合商标、防御商标、驰名商标、特殊标志等。例如，国外一家食品店，因"乐口福"商标久负盛名，又申请注册了"乐福口"、"口福乐""福口乐"等商标形成了一道防护墙，防止他人侵犯。

第二节　商标的作用

商标是商品经济的产物。商标在商品经济发展中，是促进生产、繁荣市场、参加国际市场竞争、维护生产者和消费者利益的一种有力工具。它具有以下几个方面的作用：

1. 识别和标志作用

它的首要作用是区别相同或类似商品的不同生产者或经销者。商标的识别和标志作用主要是指明商品的出处，把某一商品同其生产者或经营者联系起来，从而使该商品在同类的产品中特定化，例如"容声"牌（科龙）电冰箱，意指珠江电冰箱厂生产的电冰箱，"海尔"牌电冰箱，意指青岛电冰箱总厂生产的。可以说商标是生产者的脸，它们代表着商品的信誉，实际上凝结着生产者的信誉。

2. 保证商品质量的作用

保证使用同一商标的商品具有同样的质量。商标质量是商标信誉的基础，而商标可以表示商品的特定质量和企业的信誉。商标保证商品质量的实质是要起到维护消费者利益的作用。

3. 广告宣传的作用（引导消费者的作用）

既然商标标志着商品的质量和企业的信誉，那么，消费者可以根据商标判断商品的好坏，进行认牌购货或挑牌购货，通过商标使商品的生产者在消费者建立一种信任感，起到很好的引导消费者的作用。

4. 其他作用

商标在开辟国际市场、开展对外贸易中具有很大的竞争作用，在国际市场上创牌子、做广告、洽谈生意都离不开商标，商标在许可贸易中占有重要的地位和作用。一个获得信誉的商标对于提高产品的竞争力，打开销路及以所创造的价值是无法计算的，当初，"可口可乐"仅其商标的价值为30亿美元，而约100年后，如今"可口可乐"的商标价值已为400多亿美元了，这一举世闻名的饮料"可口可乐"占领了极大的国际市场。

第三节　商标权的获得

目前，世界各国商标专有权的取得大致有四种类型：

1. 是靠使用获得商标专有权，这是最原始的商标保护制度，现在只有美国和菲律宾继续实行这种制度。

2. 是不注册使用和注册使用都可获得商标专有权。主要是英联邦国家使用这种制度。

3. 是强行注册制度，也叫全面注册制度。这主要是东欧和独联体实行这种制度。

4. 是注册商标方能获得商标商标专用权的制度。这种制度允许注册与不注册商标并行使用，但只有注册商标才能获得商标专用权。我国和世界上多数国家实行这种制度。那么，什么人可以申请并获得商标专用权，商标注册应具备哪些条件呢？

一、商标专用权保护的主体

它是依法享有商标专用权的人。按照我国商标法规定，以下四种商标申请人，可以成为我国商标权的主体：

1. 事业单位。指具有法人资格的企业，包括全民所有制企业和集体所有制企业。

2. 事业单位。指那些设有附属工厂或生产车间的研究机构或学校，能从事生产或经销产品的事业单位。除此以外的一般事业单位，如国家机关及其所属的单位均不属此列。

3. 外国人和外国企业。这是指具有外国国籍的自然人和依据外国法律成立的并在外国登记的法人。这类申请人在我国申请商标注册，应按其所属国和我国签订的协议或共同参加的国际条约或对等原则办理。

4. 个体工商者。据国家有关法律、法规规定，在工商行政管理机关进行登记，并取得合法资格的那些民办或个体工商业者。

此外，我国商标法还规定，商标申请人必须在自己生产、制造、加工、经销的商品上申请商标注册，超出这些范围的商品就不能注册。

二、商标权的授予原则

1. 商标注册的条件

（1）注册在先原则。商标权属于首先注册的申请人。它是以申请在先原则为基的，多数国家采用这个原则。

（2）使用在先原则。商标权属于首先使用的申请人。很少国家采取这个原则。

（3）注册与使用结合的原则。商标权原则上属于首先注册的人，但是，首先使用人可以在一定期限内提出指控，要求予以撤销。法定期限已过而无人提出指控，则商标的首先注册人才能取得无可争议的商标专用权。目前，英、美及英联邦国家都采取这个原则。

我国采取的是注册在先、申请在先的原则。（只有在同一天有两个以上在同类商品的相同或近似商标申请时，才将商标权授予首先使用的人）

2. 商标注册的条件

（1）商标必须具备法定的构成要素是指商标的组成部分。一般商标由文字、图形或其结合构成。

（2）必须具有显著的特征

商标是区别于商品的标志，应易于识别。能使人一目了然。否则就谈不上区别商品的作用。例如"活力28"洗衣粉商标，文字"活力"给人以幻想和力量、蓬勃向上的朝气，具有号召力，而数字"28"又是我们民族求吉祥、求幸福的象征，"好事成双，逢八就发，双方都发，易发易发"，又如"健力宝""红豆"衬衫等都是一些很好的驰名商标。

（3）不能与他人已注册的商标相同或近似

例如，TDK与TTK；"家乐"与"大家乐"，都属于近似商标，很容易造成消费者的误认。

（4）不能使用禁用的文字和图形：国名、国旗、国徽、军旗等标志；国际组织的名称和标志；本商品的通用名称或图形；直接表示商品的质量、主要原料、功能、用途、重量、数量及其他特点的叙述性标志；以及带有民族歧视性的，夸大宣传并带有欺骗性的，有害社会道德风尚或者不良影响的标志。

第四节　商标注册的申请审查程序

一、商标注册的申请

应按"一件商标，一件申请"的原则，由申请人或其代理人向地方工商行政部门递交商标注册申请，提交规定的申请文件、缴纳费用。我国实行申请在先的原则，即谁先申请，给谁注册。同日申请的，谁先使用给谁注册。注册申请日以商标局收到申请文件之日为准。

二、商标注册的初步审定

我国实行商标审查制度，在商标审定程序中，初步审查主要是对申请注册的商标审核是否符合商标注册条件，对于不符合商标注册条件的申请予以驳回，不予公告；对于符合条件的申请，由商标局初步审定并予以公告。公告的目的在于征询社会各方面的意见，协助商标局进行审查。

修改后的商标法还规定，对于已经注册的商标，凡违反禁用规定的，或以不正当手段取得商标注册的，由商标局撤销该注册商标。

三、商标注册的核准

对初步审定的商标，自公告日起3个月内，若无人提出异议的，商标局应当核准注册。对初步审定的商标，自公告日 3 个月内，虽有提出异议，但经商标评价委员会裁定异议不成立的，商标局应予核准注册，并予以登记、公告，并颁发商标注册证，注册商标持有人即获得了商标专用权。

经裁定异议成立的，则不予核准注册。

四、我国商标在国外的注册

随着我国商品经济和对外贸易的发展，我国商标在国外注册具有十分重要的意义。办理国外注册，首先要正确选择注册方式，对于商品销往国家比较单一的，可选择逐一国家注册，这种方式的优点是针对性强，可逐一国家办理。对于商品销往多国的，可选择商标的国际注册，即按照《商标注册马德里协定》的规定，缔约国的任何申请人，先在其所属国办理了某一商标注册后，将该商标再向世界知识产权组织国际局提出申请，要求在有关缔约国注册，国际局将该申请通知有关缔约国一年后，该商标就被视为是这些缔约国的注册商标，这种方式的优点是手续简单、省时省费用。

第五节　商标专用权的保护

一、商标专有权的保护范围

商标专有权的独占使用是有条件的，它只能在法律授权的一定范围内，商标权人可以行使权利，若超过了这个保护范围，就会丧失商标权。我国商标法对商标权的保护范围作了如下明确的规定："注册商标的专用权，以核准注册的商标和核定使用的商品为限"。这就是说，注册商标保护范围，可以从两个方面来限定，一是仅限制在核准注册的商标上，二是限制在核定使用的商品范围之内，不得任意改变或扩大保护的范围。

二、商标专用权的保护期限

商标专有权是有一定的有效期的，自商标主管机关核准注册之日起，在一定的期限内享有商标权，这个期限就是商标专用权的有效期限。世界各国商标法都对商标专用权的效力规定了有效期，如美国、瑞士、意大利等规定为 20 年；捷克、伊拉克、叙利亚等规定为 15 年；我国、日本、法国等多数国家规定为 10 年；个别国家规定，商标专用权的有效期限由商标注册人自由选择。

我国商标法第 23 条规定："注册商标的有效期为 10 年，自核准注册之日起计算"。这个规定既适合国际上通用的办法，也符合我国国情，有利于国家和企业。

注册商标有效期届满后，商标注册人为了不失去商标专用权，可在有效期满前 6 个月内申请续展注册，经商标局核准后，可继续享有商标专用权。续展注册可以无限制地重复申请，每次续展的有效期均为 10 年。核准续展注册的有效期应与上次有效期相衔接。

我国商标法第 24 条中规定，若在期满前 6 个月内未能提出申请续展注册的，可以给予 6 个月的宽限期。宽限期满仍未提出申请的，则注销其注册商标。

第六章 著作权的保护

第一节 著作权的概念及特征

为保护文学、艺术和科学作品作者的著作权以及与著作权有关的权益，鼓励有益于社会主义精神文明、物质文明建设的作品的创作和传播，促进社会主义文化和科学事业的发展与繁荣，根据宪法制定《中华人民共和国著作权法》。1990 年 9 月 7 日第七届全国人民代表大会常务委员会第 15 次会议通过。根据 2001 年 10 月 27 日第九届全国人民代表大会常务委员会第 24 次会议《关于修改〈中华人民共和国著作权法〉的决定》第一次修正。根据 2010 年 2 月 26 日第十一届全国人民代表大会常务委员会第 13 次会议《关于修改〈中华人民共和国著作权法〉的决定》第二次修正。2012 年 3 月《著作权法》的第三次修改草案发布。

1. 著作权的概念

著作权是指文学、艺术和科学作品的创作者依照法律规定对这些作品所享有的一种民事权利。著作权就是版权。

著作权依作品原创作而产生，我国著作权法所称的作品是指可以复制的形式表现的文学、艺术和科学内容的全部智力创作。它有人身权利和财产权利。人身权利是指与作者本身密不可分的权利，又称精神权利。它有发表权、署名权、修改权及保护作品完整权。财产权是指作者对于自己所创的作品享有使用和获得报酬的权利，也称经济权利。它是指以复制、表演、播放、展览、发行、摄制电影、电视、录像、或者改编、翻译、注释、编辑等方式使用作品的权利，以及许可他人使用作品并由此获得报酬的权利。

2. 特征

（1）著作权属于知识产权的一种，具有知识产权的时间性、地域性和专有性等特点。（2）著作权具有自动产生的特点，即作品一经完成就自动产生效力，这与商标权、专利权是不同的。（3）著作权的权利内容受到规定的限制，如合理使用等。

第二节 著作权保护的内容

著作权保护的内容就是著作权保护的主体与客体。

1. 主体

是指从事文学、艺术和科学作品创作的作者及其著作财产权的合法受让人、继承人或受赠人，即著作权的所有人，由此可知，著作权人包括以下三种人：

（1）作者。指直接创作作品的人，由于作者为创造作品付出了创造性劳动，他们理应获得著作权。如果没有相反的证明，在作品上署名的人就是作者。作者不分年龄、民族、性别、职业、宗教信仰、受教育程度的影响，只要他们能独立创作出作品就可享受著作权。

（2）其他依照本法，通过继承、馈赠、转让、委托等方式而获得著作权的公民。例如，由于作者死亡，他所享有的著作权将按其遗嘱或法定的继承程序转移给合法的继受人，该继受人就成为新的著作权人。

（3）其他依照本法享有著作权的法人或非法人单位

这主要是指法人或者非法人单位，依据著作权法的规定，通过委托合同、劳务合同或者其他的法定程序，可以成为著作权人。例如国家、集体通过接受作者馈赠而获得著作权成为著作权人。作者死后，如果没有合法继承人，则由国家或集体所有制组织享有著作权成为著作权人，委托作品的法人或非法人单位依照委托合同享有著作权成为著作权人等。

2. 客体

著作权的客体是指在著作权法中，著作权人的权利和义务所体现的具体对象，即作品。

著作权法第3条规定：本法所称的作品，包括以下列形式创作的文学、艺术和自然科学、社会科学、工程技术等作品：

（一）文字作品；

（二）口述作品；

（三）音乐、戏剧、曲艺、舞蹈、杂技艺术作品；

（四）美术、建筑作品；

（五）摄影作品；

（六）电影作品和以类似摄制电影的方法创作的作品；

（七）工程设计图、产品设计图、地图、示意图等图形作品和模型作品；

（八）计算机软件；

（九）法律、行政法规规定的其他作品。

第三节　著作权人的权利

我国著作权法规定，著作权包括人身权利和财产权利两部分，人身权利又称为精神权利，财产权有称为经济权利。著者的权利有以下几个方面：

（一）人身权

所谓人身权，它基于这样一种概念，即作品是作者人格的体现，在作品中往往包含着作者的思想、情感、气质等。因此，对人身权的尊重就是对作者人格的尊重。它包括下列内容：

1. 发表权，即决定作品是否公之于众的权利。主要是指作者有权决定自己所创作的作品是否发表，何时发表，何地发表，以什么方式发表。显然这是作者重要的人身权。

2. 署名权，即表明作者身份，在作品上署名的权利。主要是指作者有权决定在自己创作的作品上是否署名和署什么名字以表示自己是作品的作者。

3. 修改权，即修改或者授权他人修改作品的权利。指作者有权修改自己创作的作品，或者有权授权他人修改自己作品的权利。

4. 保护作品完整权，即保护作品不受歪曲、篡改的权利。这是指作者有权保护自己创作的作品完整，不受他人歪曲或篡改。

著作权中的人身权利与作者紧密相连是不可分离的，一般来讲，作者的人身权不能转让、也不能继承、并受永久的保护。

（二）财产权

指作者通过许可他人以不同方式使用作品而从中获得报酬的经济权利。

5. 复制权，即以印刷、复印、拓印、录音、录像、翻录、翻拍等方式将作品制作一份或者多份的权利。指著作权人有权自己或许可他人用印刷、复印、临摹、拓印、录音、录像、翻录、翻拍等方式将作品制作一份或多份，并从中取得报酬。复制权往往和发行权、广播权连在一起。

6. 发行权，即以出售或者赠与方式向公众提供作品的原件或者复制件的权利；著作权人有权许可他人发行其作品并从中获得报酬。

7. 出租权，即有偿许可他人临时使用电影作品和以类似摄制电影的方法创作的作品、计算机软件的权利，计算机软件不是出租的主要标的的除外。

8. 展览权，即公开陈列美术作品、摄影作品的原件或者复制件的权利；版权人有权许可他人发行其作品并从中获得报酬。

9. 表演权，即公开表演作品，以及用各种手段公开播送作品的表演的权利。这里所说的表演是指活生生的表演，当场能看到或听到的，如朗诵、演唱、演奏文字作品或音乐作品、或演出戏剧、舞蹈作品等，这里也包括通过一定设备收听、收看到的实况转播。应指出的是表演者若使用他人未发表的作品演出，应取得著作权人许可，并支付报酬。表演使用他人已发表的作品进行营业性演出，可以不经著作权人许可，但应按规定支付报酬；著作权人声明不许使用的不得使用。

10. 放映权，即通过放映机、幻灯机等技术设备公开再现美术、摄影、电影和以类似摄制电影的方法创作的作品等的权利。

11. 广播权，即以无线方式公开广播或者传播作品，以有线传播或者转播的方式向公众传播广播的作品，以及通过扩音器或者其他传送符号、声音、图像的类似工具向公众传播广播的作品的权利。

12. 信息网络传播权，即以有线或者无线方式向公众提供作品，使公众可以在其个人选定的时间和地点获得作品的权利。

13. 摄制权，即以摄制电影或者以类似摄制电影的方法将作品固定在载体上的权利；

14. 改编权，即改变作品，创作出具有独创性的新作品的权利。

15. 翻译权，即将作品从一种语言文字转换成另一种语言文字的权利。

16. 汇编权，即将作品或者作品的片段通过选择或者编排，汇集成新作品的权利。

17. 应当由著作权人享有的其他权利。

著作权人可以许可他人行使前款第 5 项至第 17 项规定的权利，并依照约定或者本法有关规定获得报酬。

著作权人可以全部或者部分转让本条第一款第 5 项至第 17 项规定的权利，并依照约定或者本法有关规定获得报酬。

第四节　著作权的保护

著作权法作为一种国家法律，它既要考虑调动作者的积极性，不断为社会创作更多更好的作品，因而应赋予作者一定的权利，同时，由于作者进行创作需要的素材来源于社会生活，离不开前人创造的文化和知识成果，因此，著作权法又要考虑国家与社会的利益，使作为社会财富的作品得以迅速广泛传播，使整个社会受益，所以著作权人的权利并非是绝对垄断的权利、也不是永恒的权利，它有一定的保护期。

一、著作权的保护期

著作权的保护期主要是针对著作权的财产权而言，作者的署名权、修改权、保护作品完整权的保护期不受限制。

1. 公民个人的作品，其发表权、使用权和获得报酬权的保护期为作者终生及其死亡后 50 年，（合作作者截止最后一个作者），日期为第 50 年的 12 月 31 日。

2. 由法人或非法人单位享有著作权（署名权除外）的职务作品、其发表权、使用权和获得报酬的权的保护期为 50 年，截止于作品首次发表后第 50 年的 12 月 31 日，但作品自创作完成后 50 年内未发表的，著作权法不再保护。

3. 对于电影、电视、录像和摄影作品的发表权、使用权和获得报酬的权利和期限同上述法人单位的作品一样。

凡是超过本法规定的著作权保护期的作品，即进入了公有领域，任何人都可以无偿地自由使用这些作品，不存在须经著作权人许可或向其支付报酬的问题。例如，前几年出现的出版世界名著热，又如改编《水浒》、《红楼梦》、《三国演义》等古典作品，这些作品都以进入了公有领域，利用这些作品改编、表演等不再需要经过批准和支付报酬。

需注意的是，不同国家版权保护期是不同的。

（二）合理使用的限制

各国版权法都有这样的规定，即在一定的条件下，为了个人学习或从事科学研究的目的，或者为了教学活动、学术研究、公共借阅、宗教或慈善性质的活动等社会利益，可以不经著作权人的同意，也不必向其支付报酬而自由使用，这种法律允许的自由使用，称之为"合理使用"。这也是对版权人的财产权一种合情合理的限制。也是版权人对社会应尽的义务。我国版权法规定了 12 种情况可不经版权人许可、不向其支付报酬，但应当指明作者姓名、作品名称，并不得侵犯版权人依法享有的其他权利。

（1）为个人学习、研究或者欣赏，使用他人已经发表的作品；

（2）为介绍、评论某一作品或者说明某一问题，在作品中适当引用他人已经发表的作品；

（3）为报道时事新闻，在报纸、期刊、广播电台、电视台等媒体中不可避免地再现或者引用已经发表的作品；

（4）报纸、期刊、广播电台、电视台等媒体刊登或者播放其他报纸、期刊、广播电台、电视台等媒体已经发表的关于政治、经济、宗教问题的时事性文章，但作者声明不许刊登、播放的除外；

（5）报纸、期刊、广播电台、电视台等媒体刊登或者播放在公众集会上发表的讲话，但作者声明不许刊登、播放的除外；

（6）为学校课堂教学或者科学研究，翻译或者少量复制已经发表的作品，供教学或者科研人员使用，但不得出版发行；

（7）国家机关为执行公务在合理范围内使用已经发表的作品；

（8）图书馆、档案馆、纪念馆、博物馆、美术馆等为陈列或者保存版本的需要，复制本馆收藏的作品；

（9）免费表演已经发表的作品，该表演未向公众收取费用，也未向表演者支付报酬；

（10）对设置或者陈列在室外公共场所的艺术作品进行临摹、绘画、摄影、录像；

（11）将中国公民、法人或者其他组织已经发表的以汉语言文字创作的作品翻译成少数民族语言文字作品在国内出版发行；

（12）将已经发表的作品改成盲文出版。

三、不适用著作权法保护的作品

并非一切作品都能受到著作权法保护。我国《著作权法》第五条规定了 3 类作品不适用著作权法保护。它们是：

1. 法律、法规、国家机关的决议、决定、命令和其他具有立法、行政、司法性质的文件，及其官方正式译文；

2. 时事新闻；

3. 历法、通用数表、通用表格和公式。

这些作品不给予著作权保护，是为了保证它们一经公布便进入公有领域，以有利于它们在社会上广泛传播。

四、著作权的管理部门

我国的著作权管理实行双轨管理制，即司法管理与行政管理相结合。

司法管理是指通过各级法院审理侵犯著作权案件来实施著作权法，以达到保护权利人的合法权益的目的。

行政管理主要通过国家版权局和地方版权行政管理机构来实施。

五、关于外国以及台港澳地区作者在我国的著作权登记

中国版权保护中心受国家版权局委托，负责外国以及台湾、香港和澳门地区的作者或

其他著作权人的作品登记工作。各省、自治区、直辖市版权局负责本辖区内的作者或其他著作权人的作品登记工作。

凡经登记的作品由登记机关发给登记证书，并存档备案。中国版权保护中心将逐步收集各地登记作品，实行数据化管理，并通过网站对公众开放查询。

六、著作权合理使用与剽窃的区分

在撰写作品时，读者往往会碰到有关"合理使用"和"剽窃"的界定问题。这在著作权纠纷中也往往是一个棘手的问题。合理使用是合法行为，而剽窃是侵权。按照我国《著作权法》第四十七条，有下列侵权行为的，应当根据情况，承担停止侵害、消除影响、赔礼道歉、赔偿损失等民事责任；同时损害公共利益的，可以由著作权行政管理部门责令停止侵权行为，没收违法所得，没收、销毁侵权复制品，并可处以罚款；情节严重的，著作权行政管理部门还可以没收主要用于制作侵权复制品的材料、工具、设备等；构成犯罪的，依法追究刑事责任：

（1）未经著作权人许可，复制、发行、表演、放映、广播、汇编、通过信息网络向公众传播其作品的，本法另有规定的除外；

（2）出版他人享有专有出版权的图书的；

（3）未经表演者许可，复制、发行录有其表演的录音录像制品，或者通过信息网络向公众传播其表演的，本法另有规定的除外；

（4）未经录音录像制作者许可，复制、发行、通过信息网络向公众传播其制作的录音录像制品的，本法另有规定的除外；

（5）未经许可，播放或者复制广播、电视的，本法另有规定的除外；

（6）未经著作权人或者与著作权有关的权利人许可，故意避开或者破坏权利人为其作品、录音录像制品等采取的保护著作权或者与著作权有关的权利的技术措施的，法律、行政法规另有规定的除外；

（7）未经著作权人或者与著作权有关的权利人许可，故意删除或者改变作品、录音录像制品等的权利管理电子信息的，法律、行政法规另有规定的除外；

（8）制作、出售假冒他人署名的作品的。

对剽窃者的处分是：停止侵害、消除影响、赔礼道歉、赔偿损失，并可以由著作权行政管理部门给予责令停止侵权行为，没收违法所得，没收、销毁侵权复制品和罚款等行政处罚；情节严重的，著作权行政管理部门还可以没收主要用于制作侵权复制品的材料、工具、设备等；构成犯罪的，依法追究刑事责任。

1. 合理使用.

各国著作权法和国际版权公约都允许作者在自己的作品中适当使用他人已发表的受著作权法保护的作品。

这里所述的"适当使用"，包括两种情况：

（1）参考他人的作品，经过消化之后，创作出具有独创性的新作品。

这里所述的参考他人的作品，又可分为两种情况。其一是，作者博览群书，经过消化、吸收之后，创作出具有独创性的作品。由于作品中哪些内容和观点是自己独创的，哪些是消化、吸收他人的，著作者本人或其他人都难以分清，对于这种形式的参考，作者可以不注明所参考作品的名称和著作者姓名。其二是，作者在创作的过程中，有明确的参考资料，自己的作品消化、吸收了他人的哪些观点和内容，双方是可以区分的。对于这种情况，著作者应当在自己的作品中注明所参考作品的名称和著作者姓名。

（2）在自己的作品中摘取他人作品的一小部分，用以说明某一问题.

我国《著作权法》第二十二条明确指出："为介绍、评论某一作品或者说明某一问题，在作品中适当引用他人已经发表的作品"属于合理使用的范畴。对于"合理使用"，著作者"可以不经著作权人许可，不向其支付报酬，但应当指明作者姓名、作品名称，并且不得侵犯著作权人依照本法享有的其他权利"。

"参考他人作品"和"适当引用"是法定许可的合理使用，属于合法的行为。各国著作权法之所以这样规定，是因为各种作品都是在继承前人的成就和互相学习、互相借鉴的基础上发展起来的。允许作者在适当的范围内使用他人的作品，这也是著作权人对公共利益、对社会所承担的一种义务。

2. 剽窃

剽窃也叫抄袭。《简明大不列颠百科全书》给"剽窃"下的定义是："剽窃也称抄袭、仿制。将他人创作作品的全部或一部分，以自己的名义发表，或者虽然将他人的作品作了改动，但是在形式、内容、风格等方面仍保持原样而不是一部新作品。"

根据剽窃的定义，凡具有下列特征之一的作品属于剽窃的范畴。

1）大量使用他人享有著作权的作品

这里指的是，原封不动或略微改动地整章、整节或整段地采用他人具有独创性的作品，因而原作与剽窃之作在表现形式上基本相同。

2）部分使用他人享有著作权的作品

这里指的是将他人享有著作权作品的某些章节或段落予以采用，并且往往有所改动。对于部分采用他人作品的行为，究竟属于剽窃还是合理使用，有
时难以辨认。应当具体情况具体分析。

3. 剽窃与合理使用的区分

剽窃与合理使用是两种不同性质、不同含义的行为。不过，两者都表现为在自己的作品中使用了他人的作品，因而在某些情况下，区分两者并非易事。下面对剽窃与合理使用的区分加以说明。

1）凡是过量使用他人作品的，属于剽窃的范畴

"合理使用"，意思是引用他人作品的数量应当适当。究竟引用数量多少才算适当，我国著作权法及实施条例都未给出明确的界定。

在国外，有些国家规定了合理引用的数量。例如，美国规定合理使用范围是，引用他人作品不得超过10%，且必须注明出处。

我国文化部1985年曾对合理引用量作了规定。该规定指出，引用他人作品不得超过原作品的1/10，被引用作品的量在自己创作的作品中不得超过1/10。

2）凡是把他人作品的精华部分作为自己作品的主要部分，属于剽窃的范畴，这就是说，把他人作品中的主要观点、主要论据、主要情节等精华部分照搬到自己的作品中来，即便所引用数量小于 1/10，同样属于剽窃行为。

这是引用他人作品在质的方面的要求。我国《著作权法实施条例》第二十七条对此作了明确的表述："（一）引用目的仅限于介绍、评论某一作品或者说明某一问题；（二）所引用部分不能构成引用人作品的主要部分或者实质部分；（三）不得损害被引用作品著作权人的利益。"

这里需要注意的是，如果引用他人的作品，旨在把他人精华之处变为自己的主要创作成果。这种引用为实质性的引用，而不是说明性的引用，即使引用的数量不大，也属于剽窃的范畴。

3）凡未经作者同意而使用其未发表的作品的，属于剽窃范畴我国《著作权法》第十条关于发表权的规定，指的是未经著作权人许可，而发表其作品，视为侵权行为，属于剽窃的范畴。

4）凡使用无独创性的作品，不视为剽窃。

我国《著作权法实施条例》第二条指出，著作权法所称的作品是指具有独创性的智力创作成果，因而对于无独创性的作品，著作权法不予保护。

这里需要指出的是，如果汇编作品在选材、组合、编排等方面有独到之处，即含有作者创造性的劳动成果，则视其为独创性的作品，著作权法给予保护。

5）凡引用官方文件、时事新闻、历法、通用数表、通用表格和公式等作品，不视为剽窃。我国《著作权法》第五条对此作了具体的规定。著作权法对这类作品不予保护，旨在促进这类作品的广泛传播，方便人们的日常生活、学习、工作和科学研究。

第五节　与著作权相关的邻接权

邻接权（Neighboring Rights）指的是"与著作权有关的权益"。它之所以被称为邻接权，是由于它是邻接于著作权的权利。

邻接权，实际上是指作品传播者的权利。具体表现在四个方面：出版、表演、录音录像、播放。我国《著作权法》的第四章涉及这一问题。

邻接权与著作权不同。著作权讲的是作者的权利，邻接权指的是传播者的权利。传播者是把他人的作品拿来进行传播。如果没有原始作品，传播者就无法传播，这就是说传播者的一切权利都是基于著作权人的权利。

传播者的权利也是一种专有权。具体地说，表演者对自己的表演，录音录像者对其制作的的录像作品，广播组织对其制作得广播电视节目，都具有专有权。这就是说，他人要予以使用，必须经传播者许可，并支付报酬。

传播者在取得自己的权利之前，应当履行法律规定的义务。这就是说：（1）使用未发表作品的，应经著作权人许可，并支付报酬。（2）使用已发表作品的，可不经著作权人许可，但应支付报酬。（3）尊重作者的精神权利。

第七章　网络环境下的知识产权保护

在信息产业已成为新经济主要动力的今天，数据库保护问题还是一个新课题，数据库的开发过程是对原信息文献的汇编处理，数据库的制作者在信息汇编过程中付出了大量的人力、物力，而他人却可以以远远低于其独立制作所需的成本复制或使用这些数据库，很不公平。因此，国外一些国家对数据库已经相继给予了法律保护。很多国家和知识产权保护的国际组织都试图通过对汇编版权作扩大解释来达到对信息产业的保护。最近，我国修改后的著作权法对现行著作权法第十四条规定的著作权中的原编辑权改为汇编权，并将"不构成作品的数据或者其他材料，对其内容的选择或者编排体现独创性的作品。"亦包含在保护范围内。这使得那些在"对其内容的选择或者编排体现独创性"的国内数据库作品有了受到版权保护的途径。

第一节　数据库的知识产权保护

一、数据库的概念与特征

1. 数据库的概念

随着数字技术的发展，数据库出版将成为主流的出版方式。从数据库搜索并直接进入有用的信息，这将成为主流的阅读方式。数据库（database）信息种类繁多，数量宠大，在搜集、组织和整理过程中需要开发者投入大量的时间、精力和资金，并在用户使用过程中会带来价值增值，因此，它受到适应的法律保护是必然的。世界知识产权组织通过的《世界知识产权组织版权条约》第 5 条中对数据库有这样的规定：数据或其他资料的汇编，无论采用任何形式，只要由于其内容的选择或编排构成智力创作，其本身即受到保护。这些规定所强调的是，凡受版权保护的数据库，必须具有原创性，这在国际上被公认是判断一个数据库能否获得版权保护的唯一标准。

世界各国在对数据库的定义描述各有不同。美国在 1997 年 10 月 9 日众议院通过的"信息汇编反盗版法"的 HR2652 提案中，将数据库定义为：为了把分散的各条信息集中在一处或通过一个来源，以便使用者可以得到他们的目的，被收集和整理了的信息。而《伯尔尼公约》议定书专家委员会对数据库的理解为"所有的信息（数据、事实等）的编纂物，不论其是以印刷形式、计算机存储单元形式，还是其他形式存在，都应视为'数据库'"。这种对数据库的定义范围则比较广泛，依据这个定义，电话号码簿、火车时刻表、电视节目表等，也属于数据库的范畴。

目前，比较公认的数据库概念是欧洲议会与欧盟理事会在《关于数据库法律保护的指令》中第 1 条第 2 款规定的，'数据库'是指经系统或有序的安排，并可通过电子或其他手段单独加以访问的独立的作品、数据或其他材料的集合。即数据库是作品、数据或其他材料的集合，构成数据库的元素可以是文学、艺术、音乐等作品，也可以是文字、音响、图象、数字、事实等材料。据此，数据库可分为以版权材料为内容的数据库和以非版权材料为内容的数据库。同时这些作品、数据或其他材料是经系统或有序的安排，并可通过电子或其他手段单独加以访问。强调了数据库的独立性和可访问性，同时并未把数据库仅限定为"电子数据库"，而是可以是"任何形式"的。据此，数据库又可分为电子数据库和非电子数据库。尽管两者在字面上阐述不同，但本质上基本上是一致的，即数据库是用数字、符号、表格和图形等形式组成的表示信息的材料汇编，这些材料可能是本身受版权法保护的作品或其片段，也可能是一些本身不受版权发保护的事实记录型信息。

2. 数据库的特征

（1）独创性

数据库指令限定组成数据库的材料必须是独创的，这一限定是源于对数据库的原来的保护思路，即用汇编版权进行保护。所以强调了数据库的汇编性质，使浑然一体的作品不能被包括在内。数据库能作为汇编作品而受到版权保护，就必须在对内容的选择或者编排上具有独创性。原创性则强调资料选择和组织的创造性。如果某数据库采用了另一数据库的编排结构和方法，而对内容的选择有自己的独特的方式和判断，那么该数据库因具有独创性而受版权保护；同样，如果某数据库采用了另一数据库的内容，而对这些内容的编排有独特的结构和方法，那么该数据库也因具有独创性而受版权保护。

世界各国在立法及有关的国际条约中都将在数据库内容的选择或编排方面的智力创作作为获得版权保护的标准。欧盟《数据库保护指令》规定：用以确定数据库是否可以取得著作权保护的标准应规定为数据库的内容的选择或编排实际是是作者自己的智力创作，凡在其内容的选择和编排方面体现了作者自己的智力创作的数据库，均可因此获得著作权保护。由于数据库概念中提到的"独立的作品、数据或其他材料"，其有很大的相对性，所以欧盟指令又特别指出，"'数据库'一词的含义包括文学、艺术、音乐或其他形式作品的汇集，或者是其他资料，诸如文本、录音资料、图象、数字、事实和数据的汇集；数据库应包括经系统或有序地编排并能分别存取的独立的作品、数据或其他资料的汇集；这意味着单独的录音或视听作品、电影、文学或音乐作品不属于本指令保护的范围"。

1991 美国著名的 Feist 案件中，数据库的原创独立性得到进一步体现，摒弃了沿用多年的"额头出汗"原则，提出数据库在选择编排上不仅仅要付出辛勤的劳动，更要体现出制作者的独立创作构思，"原创性"原则是指作者的独立的原始智力创作，非简单复制，主要强调的是数据库必须是开发者自己的智力创造物，即要求作品在资料的选择和编排方面体现独创性，单纯的信息集合，不受法律保护。这个案件确立了美国对数据库版权保护的早期标准，即数据库只有在内容的选择与编排上相对于原有数据库具有创造性时才可享有版权。

（2）单独可访问性

欧盟指令要求数据库中的作品、数据或其他材料应"经系统或有序的安排，并可通过电子或其他手段单独加以访问"。这一规定突出了数据库的可访问性。与之相应，欧盟指令更进一步明其所保护的范围"适用于操作或查询某些数据库所必需的资料，例如主题词和索引系统"。独立的可访问性是数据库作为现代化信息存储与处理工具的基础所在，这也体现了欧盟指令对数据库进行保护的目的。

（3）编排的系统性、条理性、完整性

数据库保护法律指令出台前，世界上对数据库的保护思路主要是想通过汇编版权来进行保护，人们对"可能的数据库保护"的法律直觉就是提供汇编权保护。而大部分数据库在内容的编排时不具备多少选择的可能，这些数据库在制作时往往追求的是"大而全"，是追求的一种系统化，在系统的基础上分出条理。特别是在网络环境下，由于网络信息的形式多样性和网络的交互性特征，则有可能会穷竭某类信息，这在内容的选择上的要求就将无从谈起。因此，指令在对数据库概念的界定时就没有过于强调其选择性。而是实事求是地强调了其系统性和条理性。

二、数据库保护的现有立法及理论分析

（一）数据库立法

1. 国际条约、协议的保护

（1）《伯尔尼公约》

《伯尔尼公约》1886 年 9 月 9 日通过，分别于 1896 年、1908 年、1914 年、1928 年、1948 年、1967 年、1971 年作过七次补充修订。我国现已加入该公约。公约第二条第五款规定："文学或艺术作品的汇集本，诸如百科全书和选集，由于其内容的选择和整理而成为智力创作作品，应得到此类作品同等的保护。"可见，伯尼尔公约对数据库的保护仅限于由作品构成的数据库。如小说库、学术论文库、散文库等。对于非作品库，如股票信息库、客户资料库则不予保护。

（2）TRIPS 及 WTC 有关规定

TRIPS 第十条第二款规定："资料或素材之编辑，不论是以机器阅读或其他形式，只要在内容上有所选择或编排均可构成智力创作，即应受保护"。

WTC 第五条规定："数据或其他资料的汇编，无论采用任何形式，只要由于其内容的选择或排列构成智力创作，其本身就受保护"。

从上述协议及条约规定可看出，二者对数据库保护无实质差异，且相对《伯尔尼公约》更近了一步，对数据可保护的范围不仅包括了作品数据库，而且也包括非作品数据库。即只要数据库的开发构成智力创作则受著作权法保护。

2. 欧盟《关于数据库法律保护的指令》

1996 年 3 月，欧洲议会与欧盟理事会发布了《关于数据库法律保护的指令》，指令在数据库保护上认为"版权仍然是给予创作数据库的作者专有权的一种适当形式"同时也认为"尽管目前尚未建立协调一致的反不正当竞争立法或判例法系统，但仍需要采取其他的措施防止对数据库的内容进行未经许可的撷取和反复使用；"所以，该指令要求其成员国

对数据库提供版权和特别权双重保护。

（1）版权保护。指令认为，"用以确定数据库是否可以取得版权保护的标准应规定为数据库内容的选择与编排的实际是作者自己的智力创造；这种保护应包括数据库的结构；"即作者智力创作上的独创性是用以确定数据库能否选用版权保护的唯一标准，此外没有其他标准，尤其是不能使用美学标准或质量标准；也不采纳"前额出汗"原则。有学者认为，欧盟指令所要求的原创性标准高于英国和荷兰版权法的标准，但是低于欧洲大陆其他国家著作权法的要求。指令中具体采用了类似于传统版权法的立法模式。对数据库制作过程中作者在选择和编排数据过程中所表现出来的创作性成果进行保护，它明确规定了数据库权利人的一系列排他性的权利，并规定了几种权利限制情形。指令认为该指令适用于"任何形式的数据库的法律保护"。并且，依据指令对数据库的版权保护不延及数据库的内容，也不影响这些内容本身所具有的任何权利。很明显，指令对数据库的版权保护采用了传统的汇编版权保护。

（2）特殊权利保护。即在开发数据库时，只要开发者在收集、选择、组织资料时，确实付出了辛勤劳动，投入了一定的经费、时间，使用了一定的技术手段，则该数据库就应受到版权保护。这实际上已在版权法中突破了传统的独创性原则。欧盟指令对数据库提供的这种特别保护，主要目的是保护那些承担投资风险的数据库产品投资者，而且采取了封闭性的做法，只对欧盟成员国的国民、公司或企业制作的数据库提供保护，成员国以外的数据库只有在其本国对欧盟的数据库也给予特别保护的情况下，才予以保护。

欧盟的特殊权利保护比较接近于北欧国家的"编目规则"。只是要求数据库的制作者在数据库的收集、整理、确认过程中作了充分的投入，便可以获得某种权利来制止别人对该数据库进行摘录和再利用。此种保护不受该数据库是否已经受著作权法保护等情况的影响。这项立法实质上为数据库制作者创设了一种新的知识产权。欧盟数据库指令为在数据库内容的获取、检验核实或选用方面，经定性与/或定量证明作出实质性投入的数据库制作者规定一种权利，即防止对数据库内容的全部或经定性或定量证明为实质部分进行擷和反复利用的权利。数据库特殊保护的权利期限为15年，自数据库制作完成之日起算，在此欺限届满前公之于众的数据库，则以该数据库首次公之于众的日期为起算点。对数据库内容所作的经定性或定量判定是实质性的任何改变，包括由于陆续不断地增加、删除或改动最终而形成的任何实质性改变，可以使该数据库经定性或定量判定之后被看作为一个新的实质性投入所形成的数据库有资格获得自己的保护期。数据库特殊权利期限因数据库的实质性的任何改变而得以延续，从而使得数据库制作者的特殊权利得以长期保留。至于救济方式，指令只要求"对侵犯本指令规定权利的行为，各成员国应提供适当的救济。"另外，为了增强对数据库的保护，指令谨慎的规定了与其他法律规定的结合适用，以对数据库提供综合法律保护。指令特别规定，"本指令不影响特别是结合在数据库中的数据、作品或其他材料的版权、与版权有关的权利或任何其他权利或义务，以及专利权、商标、外观设计权、国家财富保护、限制性贸易惯例与不正当竞争法，商业秘密、安全、机密、数据保护个人隐私、公共文件使用和合同法等方面的规定。"

3. 美国的立法活动

欧盟数据库指令的出现给美国信息产业极大的震动。尤其是指令借口特殊权利保护是独立于知识产权国际保护体系以外的保护方式，离开了世界贸易组织 TRIPS 协议第三条规定的"国民待遇"原则，而采用了"对等保护"原则。

1996 年 5 月 23 日，美国国会众议院接受了题为"数据库投资与防止知识产权盗版法"的 HR3531 提案。提案建议美国采取与欧盟指令近似的数据库特殊权利保护体制，但其保护的范围更广，保护的期限更长，保护的措施更多。该法案定义的数据库是指附着在任何已有的或将来出现的载体上的作品、数据或其他材料的集合，采用了"前额出汗"原则，为数据库保护提供了一种新的知识产权——数据库权利。法案的内容与《欧盟 1996年数据库保护指令》非常接近。以保护投资者经济利益为宗旨，将保护范围从传统的保护作品形式延伸至信息内容本身，也是对传统的"独创性"原则的突破。这意味着只要投资者对某领域的信息投入劳动和资金，就可以控制他人对该领域信息的使用。由于该法案提出禁止任何对数据库的正常利用相冲突的或对数据库实际或潜在市场有不利影响的行为，使得数据库制作者有权阻止任何与该数据库直接或间接竞争的产品或服务进入市场，规定过于苛刻，如果对此控制没有强有力的法律规制，将会助长"知识产权新霸权主义"的再度抬头。因此这个制度的合理性一直处于强烈的质疑中，特别是遭到国内科学界和法学学术界的极力反对，他们曾经希望通过国际条约的方式将这一权利纳入美国版权法，但在国内压力下最终撤回了这项建议，最终在国内和世界知识产权组织都未被通过。

1997 年 10 月美国众议院中出现 HR2652 法案，该法案采用了美国普通法上的滥用原则。法案没有把数据库权利界定为一种对世权利，而是使之仅仅对抗竞争者的滥用。该法案一度被众议院通过，并被放入《美国数字千年版权法案》，但是该法案没有得到参议院的支持，依旧遭到反对，比如美国司法部就认为该保护过宽，缺乏合理使用条款，对社会公众的言论自由构成威胁，违背背了宪法关于言论自由的第一修正案。1998 年 10 月美国参议院又将该法案从数字化千年法案中删去。国会最终通过了《美国数字千年版权法案》了。

1999 年 1 月，众议院中又出现 HR354 法案。该法案在 HR2652 的基础土增加了合理使用规定，并缩短了对数据库的保护期。该法案更加偏离《欧盟 1996 年数据库保护指令》提供的数据库权利，而是为数据库提供了一种类似反不正当竞争法上的保护。但是，该法案也没有获得通过。1999 年 5 月，众议院中又出现了 HR1858。该法案的目的也是保护对数据库的投资活动，使那些按照 Feist 案不能获得版权保护的数据库获得一种类似反不正当竞争法上的保护。和 HR2652、HR354 一样，该法案也主要抵制竞争者对他人数据库内容的滥用。该法案也没有获得通过。

截至目前，美国联邦没有通过确立"数据库权利"的任何立法，也没有通过任何提供反不正当竞争保护的数据库立法。目前，美国用于保护数据库的法律规则主要来自联邦的《版权法》、《电子盗窃禁止法》，以及各州反滥用、反侵权的法律。此外，联邦普通法在1918 年确立的滥用原则仍然可以用于保护实时新闻等事实信息。

在美国早期的版权立法中，数据库是可以受到版权保护的。因为早期的版权立法采用的是"前额出汗"原则。劳动和投资被作为提供版权保护的基础。直到，1991 年联邦最高法院在 FEIST 案中才明确拒绝了"前额出汗"原则的适用。认为仅仅凭借劳动和投资并不当然的获得版权保护，相反，当事人在数据库的收集整理中必须体现自身的独创性。尽管这种独创性的要求相当的低，但它必须要有。这一判决对美国后来的案件产生了深刻的影响。主要是大大限制了版权法对某些数据的保护范围，比如大量的数据收集工作就难以通过版权保护。这也就促使产业界开始寻求对此类数据库的其他保护，如特殊权利保护。美国的法案均采取了单一的特殊权利保护模式，未在法案中规定版权保护的内容，其立法宗旨是保护数据库制作者的投资。此外还规定了比较系统的救济途径。这也是英美法系的判例法传统所致，新的立法（制定法）不愿触及传统的判例法领域。

4. 其他国家的数据库法律保护

目前，大多数国家依然依照版权法保护独创性的数据库，对于非独创性数据库，无明确法律保护。英国《1997 版权和资料库权利》条例规定了两层保护方式。对独创性数据库，采用版权保护，对非独创性数据库，则采用特别权利保护。此外，德国、日本、台湾等国家级地区仅对独创性数据库给予保护，对非独创性数据库的保护却无明文规定。

（二）现有立法的理论分析及我国的数据库保护

目前世界各国都针对本国国情作出了相应保护措施，但作为统一的国际性数据库保护条约还没制订出来。欧盟指令与美国法案对数据库都采用了汇编版权和数据库特殊权利的双重保护，以法律保护在数据库内容的获取、检验核实或选用方面，经定性与定量证明作出实质性投入的数据库制作者，数据库的整体版权归数据库的制作者，这里的"制作者"并非指作者，是指建立数据库的投资者，亦即以保护投资人利益为核心。这种保护体系对现在的世界各国影响很大。即使是该建议的反对国也拿不出什么更好的建议。只能一边反对，一边研究甚至是接受。在信息数据库产业飞速发展的今天，各国确实需要对数据库提供有效统一的保护，从而保护投资人与创作人的权益。双重保护体系在目前而言能很好的解决很多现实的问题，能够很好的制止"搭便车"的行为，刺激数据库制作者的制作欲。但双重保护体系本身存在着一些尚未克服的难点和不足之处，对于广大发展中国家来说，数据库产业处于与欧美竞争的不利地位。一些西方大国凭借先进的技术从发展中国家收取原始数据，经过重新包装后形成数据库，反过来，发展中国家要利用这些数据，必然不得不向收集者购买。已经有很多学者对这种特别权保护的后果提出批评，特别是特殊权利保护严重背离了知识产权法的一些基本原则，这种在传统版权保护框架以外的非理性扩张，可能导致天平偏向权利人的危险，有悖于知识产权立法宗旨，它很有可能扩大第三世界国家与发达国家的差距，因此，在国际社会及美国国内遭到了强烈的反对。

数据库出版将成为主流的出版方式，针对形势的迫切需要，世界知识产权组织在1996年推出了一个《WIPO 数据库保护公约草案》。该草案和《欧盟 1996 年数据库保护指令》非常类似，为数据库创设了"对世财产权"—数据库权利。尽管该公约草案并未获得通过，但是从《欧盟 1996 年数据库保护指令》的执行情况看，数据库权利对很多当事人提供了非常简洁、高效的知识产权保护。这种保护是其他任何传统的知识产权制度不能提供的。

关于数据库的概念在中国的法律上并没有明确的定义，但是在学术上是有相关的表述的。数据库是单个数据或者其他材料的集合，由其制作者通过对数据或者其他材料进行选择、编排而完成。目前数据库在中国的保护方式为两种，如果是具有独创性的数据库，即使编辑的不是作品的片断或部分，均可按照《著作权法》第 14 条的规定，依照汇编作品进行保护。这是新修改的『著作权法』所增加的内容，也是为满足 TRIPS 的要求而制定。另一种是《反不正当竞争法》的保护，法院将其汇编作为商业秘密进行保护。我国新修改的《著作权法》中的第 10 条第 1 款第 16 项不仅明确规定了原著作权人享有汇编权，而且在第 14 条同时规定了其他汇编者也对自己的汇编作品依法享有著作权。即规定："汇编若干作品、作品的片段或者不构成作品的数据或者其材料，对其内容的选择或者编排体现独创性的作品，为汇编作品，其著作权由汇编人享有。但行使著作权时，不得侵犯原作品的著作权。"1990 年 9 月 7 日我国颁布了《著作权》法，该法于 1991 年 6 月 1 日起施行。依据该法第十二条规定："改编、翻译、注释、整理已有作品而产生的作品，其著作权由改编、翻译、注释、整理人享有。"可见，我国对数据库的版权保护范围极窄，仅限于对已有"作品"的集合进行保护。著作权法自公布以来，我国司法实践中发生了一些同数据库有关的诉讼，在这些诉讼中，数据库也被分为具有独创性的作品组成的数据库与不具独创性的非作品数据库。我国著作权法仅对具备独创性且数据库内容为"作品"的数据库给予法律保护。我国司法实践肯定了数据库开发者需进行体力及财力的投资，必须对数据库进行保护。我国对数据库进行法律保护进行了十分有益的努力。但是，我们不难看出，由于立法的空白，使得司法实践中同类案件出现了适用法律出现了不同。因此，尽快对数据库法律保护进行立法或就现行法律作出修改、补充、解释已势在必行。

第二节　超链接与知识产权保护

　　现代信息技术的发展，突破了传统的信息存储方式、传播机制和获取手段，数字信息使信息的传播、复制和扩散变得异常便利，随着网络信息传播活动在社会生活各个层面的广泛渗透，已引发了诸如信息产业的垄断与竞争、信息安全隐私保护、知识产权纠纷、域名纠纷等一系列问题，其中与超链接技术有关的网络知识产权保护问题，应引起图书情报等信息服务机构的重视。

一、超链接与网络信息组织

　　任何知识与信息都要经过整理、组织、分类之后，才能进行有效地检索与利用，因特网信息也不例外。网络信息与传统信息就其本质而言同为信息，但是由于信息存在的方式运用的技术手段等等的差异，使得网络信息的组织与传统信息的组织存在一定的差异。一般来说，网络信息资源是由书目信息、基础性数据库和动态性网上资源组成，就其信息存在的方式而言有：文件方式、数据库方式、主体树方式和超媒体方式。针对这种情况，人们用数据库组织法和超链接组织法等新的方法来组织网络资源。

　　网络信息依靠超级链接将信息单元按其之间的内在联系组织成一个有机的整体，它表现为网状的非线性结构，且每个信息单元称为一个节点，每一个节点以一个网页展示，它可以包含单媒体，也可以包含多媒体。每个网页又以一个文件存放，节点与节点之间采用超级链接联系起来。超级连接与索引法是非常相似的，它们都有标目项、信息实体以及它们之间的联系中介。区别在于索引法在标目项与信息实体之间的联系中介是出处项，而超级链接从逻辑层次上没有这一项，但在物理层次上计算机是靠文件的存储地址实现信息实体定位的，形式上联系中介表现为超级链接。所以从本质上看，链接是索引法在多媒体和网络信息组织中的具体运用。不论是网页内部、网页与网页之间，还是网站与网站之间都体现着这一本质特点。

所谓超链接是建立在超文本技术基础上的，链接者设置链接命令建立与他人网站（网页）的连接，在网络页面上实现内容相关的文本或图形之间的联系，用户只要用鼠标点击这些文本、图形或主题就可以得到它们所链接的内容、网页、网站，由此方便用户对网络信息的快捷访问。超链接是互联网上普遍存在的现象，因为它是实现网络信息快速传递、方便用户操作和获取信息的技术手段，所以任何一个站点一般都要使用到超链接的技术。

超链接的网络信息组织形态主要有三个方面：

1. 超链接与个人网站。对于频繁上网的人来说，为了避免时间和精力的浪费有可能建立自己的个人网站，直接为自己经常访问的页面建立超级链接。网页主人为了扩大影响，实现资源共享，将个人网页与信息服务机构和有关门户网站建立链接，使他人可通过该主页来访问有关内容。这种情况也在某种程度上影响了他人网站的广告利益，此时，我们能认定建立该主页的个人构成侵权吗？个人主页若不涉及广告等经营性活动，而仅仅是为了进行信息的传播活动，应当认为属于合理的使用。在某种程度上说，这种合理的使用，对扩大被使用网站的影响，提高其知名度起到正面的促进作用。

2. 超链接与数字图书馆。数字图书馆不是传统图书馆简单意义上的数字化，它的产生与发展既是图书馆自身在现代条件下资源共享的内在要求，也是互联网的发展对数字信息进行有序化、结构化组织的要求。Internet 所完成的主要是将分布的异构的各信息网络在物理机器层面上的互相联结。数字图书馆则是提供信息空间的互联。其目标是在分布的、异构的信息空间和逻辑层面上相互联结，提供对知识的透明操作，使网络成为单一的、虚拟的、有组织有结构的信息集合，提供统一的跨库的无缝查找。

数字图书馆作为广域的多元功能的数字信息平台，跨地域、跨国界的信息流动必然要遇到各不同国家的立法差异问题。不管怎样，数字图书馆总需要通过超级链接来组织网络信息、通过建立导航库或实现友情链接等等来为用户提供方便、快捷、有效的服务。现今，大多数国内信息机构提供的网上信息服务都是免费的，因不存在经营性问题，所以其使用的超级链接一般不存在不正当竞争行为。如果搞有偿服务，在网站上公开宣传商品，进行广告经营将会产生侵权行为。

3. 超链接与商业网站。一般来说，未经许可链接他人主页并不侵权，但加框技术和深度链接，都会绕过他人主页上的标志和广告，使用户将深度链接或加框中网页的信息内容误认为是设链者自己的内容，从而损害被链网站的利益。因为广告是网站收入的主要来源，而广告的数量和价格是由各网站内容受欢迎的程度决定的，因此通过超级链接技术会在一定程度上给被链网站造成经济损失。在网络空间尚缺少"游戏规则"的情况下，为慎重起见，商业网站之间的链接应取得被链网站授权，否则不宜使用超链接技术。这在英国已有先例。英国两网站经协商同意在以下条件下可以进行链入：①设立图标。如果甲网站要介绍乙网站上的某些报告，应在甲网站中的特定标题下，使用与标题同样或相似大小的图标，标明正确来源。②设立按钮。在特定标题旁边制作按钮状画面，上有被引用网站商

103

业徽记。③链接。上述图标和按钮状画面，可链出被引用网站的该项信息。

二、超链接的侵权认定及原则

从国外经营性网站涉及产权诉讼的有关案例来看，如英国的 ShetlandTimes 一案，被告就是将原告的电子报纸的标题全盘复制放在自己的主页上，并提供文本链接的方式使用户跳过原告的主页直接阅读各标题下的内容。又如美国华盛顿邮报案，被告将华盛顿邮报、时代周刊、CNN 等知名报纸、杂志和电视台的页面内容直接插入自己的页面，再在旁边放入自己的广告，给用户造成了所有的信息都是由被告自己提供的印象，同时给原告造成某种程度的损失。在国内也存在类似的案例，如北京国际广播电台翻译刘京胜状告搜狐一案，用户点击搜狐网站"外国小说"栏目后，会出现刘京胜翻译的作品《唐吉诃德》。又如北京金融城网络有限公司状告成都财智软件有限公司，对其和有关部门开发的"中国建设银行北京分行外汇币种走势图"进行深层链接。

在这些案例中，被告都是在没有获得原告允许的情况下，利用超链接技术对原告拥有知识产权的信息进行深度链接，使用户误认为阅读或利用的信息内容都是由设链者所提供的，在不同程度上给原告带来经济损失，最终被告不得不删除链接并向原告赔偿经济损失。

（一）关于超链接引起的版权法争议

互联网的出现，给人们提供了一种前所未有的信息传播途径。这种新型的传播方式在给人们带来各种便利的同时，也给原有的知识产权保护体系提出了严峻的挑战。网络版权保护应在信息生产者、信息使用者和信息提供者之间寻求最佳的利益平衡。在各种利益的权衡中我们应从建立 Internet 的宗旨出发，最大限度地促使信息的自由流通和利用。

链接现象仅存在于网络中，在现实物质世界没有对应的模型。对于链接是否侵犯版权、版权法应否允许、在多大程度上允许链接等，当今世界尚未有有效的法律规定。

链接者提供链接服务，但对被链网页的复制却是在终端用户的显示器上完成。按照版权法，如果存在侵权的话，首先是终端用户的侵权，因为是他在实际复制他人作品。但是，鉴于网络世界的特殊性，学者们几乎一致认为，终端用户通过链接者提供的链接服务在网上浏览和使用他人作品不构成侵权。这是因为网络上的绝大多数网页都是可以直接访问的，终端用户是通过链接访问还是通过被链网页版权人的服务器访问，对被链网页版权人的权利没有影响。

法学界对链接是否侵犯版权的争论，其焦点是链接者提供链接服务是否构成侵权。对此有三种不同的意见：1. 链接不构成侵权。其理由主要有：（1）从形式上看，链接并未复制他人的网页，仅仅是提供了一条通向他人网页的通道，被链网页的信息从来不经过链接者网页所在的服务器，而是直接传送到用户的终端上。链接者没有实施复制行为，也就谈不上侵权。（2）从内容上看，在互联网上发布的信息，本来就是向公众开放的，任何人都可以自由访问，网页版权人也希望他人访问。链接的存在只是增加了访问该网页的途径，既没有扩大公开面，也没有改变其内容。（3）从价值上看，网络存在的核心价值是自由流通和资源共享，链接正是实现这种价值的技术手段，认定链接构成侵权，实际上就是禁止链接，而禁止链接与网络的核心价值相背离，与人类追求自由的理想相背离，因而在实践中也是不可行的。2. 链接构成侵权。其理由主要有：（1）链接者实施了侵权行为。链接者通过设置链接命令行为，使用户通过其服务器观看他人网页，这与复制的效果是相同的，我们实际上可以称之为网络环境下的复制。（2）链接行为可能对他人网页版权构成实际损害。一方面，链接可以使被链网页上的广告内容被剥离，使呈现在用户而前的是链接者的广告或者没有广告，从而损害被链网页版权人经济收益权；另一方而链接可能在视觉上破坏被链网页的完整性，或者使用户误认为被链网页为链接者的作品，从而损害被链网页版权人的精神权利。（3）链接行为是造成被链网页版权人权益受损的决定性原因，两者之间存在直接因果关系。（4）链接者明知或者应当知道自己的设链行为会导致被链网页版权人的权益损害，仍然实施设链行为，其主观过错更是一目了然。3. 链接是个复杂的问题。持这种观点的人认为，网络上法律问题的复杂性决定了对链接认定不能一概而论，而应该综合地考虑以下几个方而的因素：（1）被链网页对公众的意义。如果被链网页的内容是属于对公众意义大或一般性知识的，应允许链接；反之，如果被链网页涉及专门性、特殊性的知识或信息，则应认定链接行为为侵权行为。（2）链接的目的。链接是出于传播知识、信息的目的，应为法律所允许；以营利为目的，则应禁止。（3）对被链网页完整性的保护。链接行为至少不应当破坏被链网页的完整性，破坏被链网页完整性的链接行为为非法。

链接技术是人类科技进步的成果，上述前两种观各执一端，均失之偏颇，而第三种观看到了链接问题的复杂性，指出应具体问题具体分析，这无疑是正确的。但其分析过于表面化。对链接是否构成侵权的准确界定必须根据版权法的一般原理和具体链接形式的特点来确定。

（二）链接涉及的版权侵权分析

网络知识产权保护的复杂性在于，侵权行为往往不是著作权人与公众之间直接发生关系，而是由 ISP 来链接。链接包含两种方式：一为页内链，一为系统内链。前者可使同一文件在该文件的不同部分之间跳转，其主体是同一服务器，不会产生法律纠纷。引起法律纠纷的往往是系统内链，因为它主要是属于不同主体服务器之间的系统间的链接。目前，人们大多将系统间的链接方式分为三种类型：

1. 链出（Linkingout）。即从自己的网站链接到别人的网站，将访问自己网站的人彻底带到别人的网站，或将访问门户网站的用户带到自己的网站，以扩大自身网站的影响或提高自身网站访问率的行为。随着竞争的加剧，网站所有者或经营者会通过搜索引擎服务，主动将自己的网站与搜索引擎实现链接，甚至将一些与网页主题并不相关的热门词汇以隐含方式放在页面上以便被搜索引擎索引，从而提高网站的点击率，这种链出的目的其实是为了更多的链入。目前各信息服务机构设置的"友情链接"大多属于链出服务的类型。当访问者打开设链者的"链接"时，访问者浏览器地址栏由设链者的域名变为被链者的域名，网页上没有设链者的任何信息。因此，这种链出不存在侵权问题。

2. 链入（Linkingin）。链入是用户在设链者的网站中阅读使用被链者网站信息的行为。由于访问者打开设链者的"链接"时，访问者浏览器地址栏仍然是设链者的域名，而访问者网页上出现的却是被链者网页的内容，这会使访问者将该网页内容误认为是设链者自己的信息。我们知道广告是网站收入的主要来源之一，而网站内容受欢迎的程度决定着广告的来源和价格。因此，通过超级链接技术使用他人网站的内容能够增加自己网站的吸引力，从而达到获取经济利益的目的，这是与反不正当竞争法相违背的。

3. 镶边（Framing）。镶边技术又称加框技术，是指设链者将自己的网页做成一个框架，将别人网页变成自己网页框架内的一个窗口。这种做法同样会造成用户的误认。这是因为，一般的网站都将自己的标志安排在网页的四周，提供的内容安排中间位置，加框技术就像一个"过滤器"，将他人网页提供的内容放进自己的网页，却将他人的标志截留了下来。加框技术虽使访问者感觉到设链者在主框中设置了正常的链接，但访问者打开链接后，其浏览器地址栏里仍然是设链者的域名。因此，有理由认为加框技术侵犯了版权人的公共传播权。

不同类型网站合理使用超链接的空间目前，我国判断网络空间合理使用的标准主要是著作权法和反不正当竞争法。由于我国现今的著作权法尚处于前数字时代，还没有有关网上公众传播权的规定，所以认定链入和镶边技术侵犯版权人的公众传播权还处于理论探讨阶段。而从反不正当竞争法角度来看，参与信息服务的机构必须是经营者，其提供的服务必须是有偿服务，否则就不存在不正当竞争问题。因此，是否为经营性网站，是否提供有偿服务，直接关系到超链接技术的使用空间。

（三）链接的侵权的处理原则

对链接的不同态度，根源于两种价值之间的冲突：（1）网络信息自由流通的价值；（2）网页版权的价值。这两种价值是同等重要、不可偏废的。因此，一个关于链接问题的良好法律规范就应当在这两种价值中寻求平衡。基于维护网上资源流通的便捷、自由和保护网页版权的双重考虑，对链接的立法，应确立一些特殊的规则。

1. 合理使用原则。版权法上的合理使用原则，是指人们可以按法律规定的条件，不经作者或其他版权人同意或者许可，不向其支付报酬而自由使用已经发表的作品。为有利于知识的传播和使用。各国版权法均确立了合理使用原则，但为了保护版权人的利益，各国版权法同时对合理使用严格地限定了条件和范围。如我国《著作权法》明确列举了合理使用的12种情况，根据该规定，通常只有不以营利为目的，少量复制他人已经发表的作品才属于"合理使用"。此种规定无法用来规制链接，因为网络的无界性使得信息资料一旦发表，就实际上是在全球出版了，根本无法做到"少量"。基于这一特点，网络上的合理使用的界线就只能是是否以营利为目的，凡是不以营利为目的的链接行为，均属于合理使用的范围。

2. 默示原则。与作品使用许可不同，网络是否允许他人链接应采用默示原则，即网页版权人未表示不同意他人链接的，就推定为其同意他人链接。这一方面是因为网络不受地域限制，链接者和被链接者可能相距不止万里，双方不可能签订明示的书面合同；另一方面也是为了彰显网络的自由流动价值。如果网页版权人为了自己的利益确实需要阻止他人对其网页进行链接的，可以通过在其网页的显著位置发布不同意被链接的声明的方式维护其权利。

3. 最低限度权利保障原则。如前所述，版权包括两个方而，人身权利和则产权利中的收益权是一切版权人享有的最低限度的权利，不能被剥夺和侵犯。链接必须满足对被链接网站和作品的版权人人身和财产两个方面最低限度权利的保护，才是合法的。链出至他人网站之主页一般会满足对被链接网站和作品的版权最低限度的权利保障，应当鼓励和支持；链入，尤其是加框，极有可能侵犯他人的上述权利，应加以适当限制。

4. 协议链接原则。默示同意原则只是解决了可否链接的问题，在获准链接的情况下，链接者还必须满足对被链接网站和作品的版权最低限度的权利保障。由于链接本身的特性，往往难以达到最低限度权利保障的要求，但如果过度限制链接，会影响到网络资源的流通。为此，还必须寻求其他的解决途径，那就是确立协议链接原则。协议链接有两种基木形式：谈判式和附合式。谈判式协议链接是指网站之间通过谈判，签订协议，明确一方链接另一方或者相互链接的条件、方式、使用费等；附合式协议链接是指网站就他人链接其网页中一方制定协议条款，链接者只能在接受该协议条款的前提下链接协议提供方的网站。由于互联网的超国界、超地域性，附合式协议链接是常态。附合式协议链接的协议条款属于合同法上的格式条款，应遵循合同法的一般规定和关于格式条款的特殊规定。对于没有链接协议的，不能视为可以任意链接，而应在满足最低限度的权利保障的前提下链接。

5. 对等链接原则。在没有链接协议的情况下，一方以某种方式链接了他人网站，如果侵犯了被链接者的权益，被链接者可以控告链接者侵权；如果被链接者不控告链接者侵权，可以以相同的方式或者更小影响版权权益的方式链接链接者的网站。因为既然链接者无视他人的版权而进行链接，就应当容忍他人相当程度的链接。这是基于法律的公平价值所产生的对等链接原则。

6. 封闭原则。上述对版权法律制度的修改，是基于网络和链接的独特性考虑，其适用范围限于网络世界，而不能扩展到原子世界。未经作者同意将原子世界的作品上载到网络是侵权行为；同样将链接反映的信息下载后发行也是侵犯了他人版权的行为。

第八章　域名与知识产权保护

互联网以通讯技术和计算机技术为基础，形成了全球性的、开放的、互联的网络空间，其产生和发展极大的改变了人们的生活，它对全球的经济、政治、法律都产生了前所未有的影响。随着互联网在全球的迅猛发展，域名不仅仅代表互联网上的某个地址，同时也成为一个具有商业价值的标志，实践中出现了许多关于域名使用的纠纷，尤其是以商标命名的域名。据报载，到1996年底，我国有400家知名企业和城市的名称被人在国外抢注为域名，国际知名公司花大量的金钱买回被抢注的域名，我国政府也通过联合国收回了同仁堂、中央电视台等知名企业域名。现行法律无法适应互联网的飞速发展，域名与其他知识产权的法律冲突逐渐引起了国际国内学术界的普遍关注，对域名在法律上的保护也值得探讨。

第一节　域名的定义、性质与法律特征

一、域名的定义

目前法律学术界并为对域名的定义进行统一的诠释。

从技术角度讲，网络是基于 TCP/IP 协议进行通信和联结的，网络管理系统为了对每台主机进行管理，为它们统一分配了唯一、通用的地址格式，称为 IP（网络协议）地址。每个 IP 地址由 4 个小于 256 的数字组成，数字之间用点间隔，例如 192. 168. 0. 1 就表示一个 IP 地址。数字地址构成计算机通往互联网的必经桥梁，要上网访问某一个网站服务器，必须经过这个数字地址。但由于 IP 地址是数字标识，使用时常人很难记忆，因此在 IP 地址的基础上又发展出一种符号化的地址方案（比如用英文单词代替数字，因其有一定的含义，方便识别和记忆），每个符号化的地址都与特定的 IP 地址一一对应，这个与网络管理中的数字型 IP 地址相对应的字符型地址，就被称为域名。域名类似于互联网上的门牌号码，是用于识别和定位互联网上计算机的层次结构式字符标识，与该计算机的互联网协议（IP）地址相对应。但相对于 IP 地址而言，更便于使用者理解和记忆。

域名属于互联网上的基础服务，基于域名可以提供 WWW、EMAIL、FTP 等应用服务。Internet 域名是 Internet 网络上的一个服务器或一个网络系统的名字，在全世界，没有重复的域名。域名的形式是以若干个英文字母和数字组成，由 ". " 分隔成几部分，如 microsoft. com 就是一个域名。当人们向计算机输入网络域名后，网络中的地址服务器就将其自动翻译成对应的 IP 地址，然后在网上寻找该地址对应的主机，并与之进行联结。如需

要访问微软，只需要在浏览器里输入 microsoft. com 就可以实现到微软公司的联结。根据中国互联网信息中心（CNNIC）的解释，"域名只是因特网中用于解决地址对应问题的一种方法"。可以说域名只是一个技术名词。但是，由于 Internet 已经成为了全世界人的 Internet，域名也自然地成为了一个社会科学名词。从社会科学的角度看，域名已成为了 Internet 文化的组成部分。从商界看，域名已被誉为"企业的网上商标"。没有一家企业不重视自己产品的标识——商标，而域名的重要性和其价值，也已经被全世界的企业所认识。

从法律角度来讲，域名被定义为计算机在因特网上的地址，作为网站和数据接收者，拥有对提供商（网络提供商）的必要的技术链接，是域名所有人拥有的用于计算机定位和身份识别的网络地址。美国《反域名抢注消费者保护法》对域名的定义为："域名是指由任何域名注册员、域名登记机构或其他域名注册管理机构注册或分配的任何包括文字与数字的名称，作为互联网之上的电子地址的一部分。"在世界知识产权组织（WIPO）、国际商标协会（INTA）等组成的互联网国际特设委员会（IAHC）发布的备忘录中称"域名系统是专为网络中的计算机定位而设计的便于人们记忆 IP 地址的友好名称。"

一个完整的域名，由以"."分隔的几组字符串组成，每个字符串称为一个子域，分为顶层（TOP – LEVEL）、第二层（SECOND – LEVEL）、子域（SUB – DOMAIN）等。各个子域从后向前依次被称为顶级域名、二级域名、三级域名……依次类推，直至四级域名、五级域名等。例如，雅虎中文的域名为"YAHOO. COM. CN"。其中，"CN"为该域名的顶级域名，"COM"为其二级域名，而核心部分"YAHOO"为其三级域名。顶层分为几种类型，分别是：

. COM 商业性的机构或公司

. ORG 非盈利的组织、团体

. GOV 政府部门

. MIL 军事部门

. NET 从事 Internet 相关的网络服务的机构或公司

. XX 由两个字母组成的国家代码，如中国为 . CN，日本为 . JP，英国为 . UK 等等一般来说大型的或有国际业务的公司或机构不使用国家代码。这种不带国家代码的域名也叫国际域名。

Internet 域名如同商标，是因特网上的标志之一。Internet 上的域名是非常有限的，因为每个域名都只有一个。如果您公司的名字是 Intellectual Business Management Ltd. ，您想把公司的域名注册成 IBM. COM，国际商用机器公司（IBM）同您相比并不具有什么优先权，然而这个域名早已被它抢到手了，在美国，连街头上的小百货店和小加油站都在注册他们的域名，以便在网上宣传自己的产品和服务。作为有头脑、有远见的商人，越早行动，越有可能获得您所需要的域名。

二、域名的性质

域名的合法所有人，对于该域名究竟享有一种什么性质的权利？这种权利是不是知识产权？迄今为止，尚无一个国家的立法对此有明确规定，理论界对此也未达成一致意见，目前主要存在以下几种观点。

1. 经营标志权说。这种观点在承认域名权是一种知识产权的基础上，认为"经营者的域名是商业标志，因而经营者对其域名享有经营标志权。"

2. 物权说。持这种观点的学者坚持认为，"物权是一定的权利主体直接支配一定的财产利益并有排它效力的权利"。域名首先当然是一种财产利益，有排它效力。同时又具备实在性、确定性和特定性，因而具有可直接支配性。这样，域名即可构成物权的客体，域名权当然就是一种物权。

3. 待定说。一方面承认域名是重要商业标志，具有很大的商业价值；另一方面认为，域名是否属于知识产权不能简单地以肯定或否定来认识，不一定每一个域名都涉及知识产权问题，法律对其尚未做出专门性规定。

4. 域名权说。这种观点认为，域名是经过人的构思、选择或创造性劳动产生的智力成果，与著作权、专利等传统知识产权相比，域名构成知识产权的条件并不违反现有知识产权原理。域名持有人对其注册的域名依法享有的专有权。域名就是域名，它既非商标，也非厂商名称，事实上，它是一种新的知识产权，即"域名权"，应对其予以独立的法律保护。

在这几种观点中，经营标志权说对域名权的界定过于狭窄；物权说的观点，显然支持一种要囊括包括物权、知识产权、证券权利等在内的大物权观，难以令人苟同；待定说有失保守；而比较而言，域名权说得到了多数学者的认可。

三、域名的法律特征

域名作为一种新的法律研究的客体，具有以下法律特征：

（1）标识性。

域名本身不同于主机的 IP 地址，即使代表主机物理位置的 IP 数码发生了变化，域名也可以保持不变。域名系统能够把域名翻译成新的 IP 地址，用户通过同一域名仍然可以访问该主机所在的系统。因此，与其说域名是一种网上地址，不如说它是特定的组织和个人在国际互联网上的标志。传统的企业和其他组织总是以其名称或商标或其缩写作为中心域名，而因特网用户也总是以名称或商标加 .com 等方式尝试访问某些组织的网站，二者共同作用的结果就使域名具有了与企业名称、商标等类似的标识性，看到某域名自然想到相对应的组织，想访问某组织的网站自然会尝试与其相对应的域名。目前所引发的域名与商标、商号之间纠纷的一个重要原因就是商业域名的商业标识性。正是如此，域名具有了特别价值，成为一些网站知名度和访问量的决定性因素之一，也保障了对网站持续投资的安全有效性。

（2）唯一性。

根据 TCP/IP 通信协议的规定，Internet 上每台计算机都有一个全球唯一的 IP 地址，因而与这个 IP 地址对应的域名也是全球唯一的，经营者拥有在网上独一无二的域名，正是域名的唯一性让人们把它与其经营者相联系，唯一性是标识性的重要保证。域名不因行业或商品的不同而有任何不同。

（3）排他性。由于 Internet 是覆盖全球的计算机网络，使用范围的广泛性决定了域名具有绝对的排他性。域名注册上实行先申请先注册原则，保证域名只能成功注册一次，只有当所申请的域名与已注册的域名不相同时才能获得注册，一旦注册成功，其他人就不能申请注册与此域名相同的域名。域名的排他性是域名的唯一性的进一步延伸。

（4）价值性。

由于域名在全球范围内是唯一的，导致域名的供求关系显著失衡，加上域名自身具有标识性，因而域名具有一定的商业价值。

第二节　域名与商标的关系

一、域名和商标的联系

首先，在当前已经注册的顶级域名中，多数是用商标来做域名的。其次，当前对域名管理上的许多规定，实际上是以商标法为渊源的。以《中国互联网络域名注册暂行管理办法》为例，该办法第十一条对三级以下（含三级）域名命名作了以下限制：

（1）未经国家有关部门的正式批准，不得使用含有"CHINESE"、"CHINA"、"CN"、"NATIONAL"等字样的域名；

（2）不得使用公众知晓的其他国家或者地区名称、外国地名、国际组织名称；

（3）未经各级地方政府批准，不得使用县级以上（含县级）行政区域名称的全称或者缩写；

（4）不得使用行业名称或者商品的通用名称；

（5）不得使用他人已在中国注册过的企业名称或者商标名称；

（6）不得使用对国家、社会或者公共利益有损害的名称。

该条规定基本上就是商标法中禁用条款的翻版。再次，当前对域名争议的处理基本上也是以商标问题为中心来进行的。

二、域名与商标之间的区别

域名毕竟不是商标，域名与商标之间也存在着明显的区别。其表现为：

（1）表现形式不同。商标是由文字、图形或其结合构成，以具有普通人主观上能够判断的显著性为前提，而域名只能由26个英文字母、阿拉伯数字、双字节的中文单独或其结合构成，只要计算机能够识别就可以注册。因而，在显著性、识别性方面，域名明显不如商标。

（2）由于域名与商标的构成不同，引发域名争议大战的因素中，许多都超出了商标法的调整范围。例如：构成域名的字符相似。如一家公司在网上注册了"MicrosOft. com"与"Microsoft. com"只有一字之差。若是从商标法的角度来看，这属于典型的近似商标。但在计算机键盘上，"0"与"o"是完全不同的两个键。"microsOft. com"是否对"microsoft. com"构成域名抢注，传统的商标法显然无法回答这个问题。域名的发音相似。以域名"changhong. com. cn"为例，它对应的注册商标可以是"长虹"、"长宏"、"常宏"

等等。如果其中一商标所有人注册了该域名，是否对其他商标构成域名抢注呢？这个问题商标法也无法回答。3）域名的含义相似，例如：　"changcheng. com. cn"是否对"greatwall. com. cn"构成域名抢注？这在商标法里已经是不容争议的问题了，但对于域名，这确确实实是一个存在的矛盾。

（3）商标具有地域性，同一个国家或不同国家的不同法律主体就相同商标分别享有相互独立的权利。而域名则具有国际性，在全球范围内具有绝对的唯一性，这是由互联网的性质决定的。

第三节　域名抢注所涉及到的法律问题

"域名抢注"第一次引起世人关注是在1994年，当时美国一个叫jim chashel公司注册了包括"trum. com"、"exquire. com"等18个域名，而另一个美国公司dennis toeppen则以别人的驰名商标抢注了约250个域名。"域名抢注"最早引起国内重视是在1995年底，而据有关统计，到1996年，我国已有600多家企业的商标在互联网上被作为域名抢注，其中包括广为人知的全聚德、娃哈哈、容声、海信等商标和已经国家工商行政管理局商标局认定的驰名商标，如同仁堂、五粮液、红塔山、健力宝、长虹、容宝斋等。域名在网络上代表着入网申请者的身份，具有类似商标或商号的识别作用。抢注域名只是一种通俗的说法，没有严格的定义。抢注域名证明你率先占领了一部分名称资源，其实抢注域名绝对不是坏事，域名是一种很宝贵的资源，随着网络应用的深入推广，域名可以说是一种战略资源。

从行为人的主观意向看，域名抢注应涵盖善意与恶意两义。抢注域名和恶意抢注域名是二个截然不同的概念，只要注册的域名不是或不包含人家的商标或名人的名字，虽然是抢注域名，但属于合法行为，如果抢注到简单易记的好域名，还能显示域名所有人的超前眼光。一个著名例子是丁磊注册的163. com，虽然163是人人皆知的中国电信的上网号码，但由于163是一个人人都可以使用的数字，不是一个注册商标，合法抢注的163. com给他带来了巨大的财富，而且在中国首创了数字化域名的概念。

从域名管理角度来看，各个顶级域名管理机构在域名管理上采用不同的政策，因此对恶意抢注域名有不同的定义，在域名争议上也采用不同的解决办法。从法律角度来看，各个顶级域名管理机构的所在国采用不同的法律或政策来处理恶意抢注域名案件，恶意抢注域名是一种违法行为。认定恶意抢注的证据包括：

（1）注册域名的首要目的是将域名售与商标所有人或其竞争对手；

（2）为了阻止商标所有人将其商标反映在相应的域名上；

（3）注册域名的主要目的是破坏竞争对手的业务；

（4）故意使用与商标所有人的商标引起混淆的域名以吸引因特网用户。只要发现抢注者有其中任何一种情形（但不限于这些情形），即可认定其为恶意抢注并构成侵权。相应地，抢注者只要能举证证明下列任何一种情形（但不限于这些情形）存在，即为善意抢注：

（1）抢注者已出于善意在所提供的商品或服务上使用或者准备使用域名或某个与域名

相对应的名称；

（2）抢注者因该域名而为公众所知，虽然其并未获得相应的商标权；

（3）使用域名出于合法的非商业性目的或属于合理使用，并非出于牟取商业利益的目的而误导性地吸引消费者或者贬损有关商标的声誉。

对于恶意抢注国际域名，需要参照美国的相关法律和政策来处理恶意抢注国际域名事件。1999年11月29日，美国国会通过了《域名反抢注法》，此法对恶意抢注域名定义是"未经许可，注册的域名是或者包含了美国商标或活著的名人名"，对于恶意抢注域名者，除了给予强制取消域名处理外，还要处以10万美元的罚金。目前通用顶级域名由美国政府指定的ICANN来管理。ICANN于1999年10月24日通过了《统一域名争议解决办法》（UDRP），这个政策与《域名注册协议》、《统一域名争议解决办法程序规则》、域名争议解决机构的补充规则一起作为域名争议政策。

对于恶意抢注国内域名，中国国家代码（.cn，也称为国内域名）域名由中国政府指定的CNNIC来管理。相关的域名政策有《中国互联网络域名注册暂行管理办法》和《中国互联网络域名注册实施细则》，这二个政策对.cn下的域名注册有严格的规定。在由于域名的注册和使用而引起的域名注册人与第三方的纠纷中，CNNIC不充当调停人，由域名注册人自己负责处理并且承担法律责任。当某个三级域名与在我国境内的注册商标或者企业名称相同，并且注册域名不为注册商标或者企业名称持有方拥有时，注册商标或者企业名称持有方若未提出异议，则域名注册人可继续使用其域名；若注册商标或者企业名称持有方提出异议，在确认其拥有注册商标权或者企业名称权之日起，CNNIC为域名持有方保留30日域名服务，30日后域名服务自动停止，其间一切法律责任和经济纠纷均与CNNIC无关。

根据《中国互联网络域名注册暂行管理办法》的规定，禁止转让或买卖域名，有了这一管理办法，大大减少了恶意抢注的情况出现。但在域名申请的实际工作中，域名被恶意抢注的现象依然是存在的，一旦发现自己的域名被恶意抢注，可以通过法律程序解决。但是，要花费大量的人力、物力，所以最好的办法是赶快注册自己的域名，以防止域名被抢注。

恶意域名抢注的实质是在网络上假冒他人的商标、商号等商业标志，它使许多企业无法在网络上利用自己的商标、商号等商业标志进行宣传和开展电子商务，大大降低了企业商标、商号等无形资产的价值。恶意域名抢注是经营者在市场经济活动中较常采用的一种不正当竞争手段，通过这种非法行为，侵权人无偿的利用其他经营者的市场优势提高自己的竞争能力并谋取利益，同时也给被混同的企业造成巨大的经济损失。建议严格规范网络域名注册的程序，在立足本国国情的前提下，还应充分参考国际条约及惯例的规定，最大限度地与国际接轨。

世界知识产权组织的仲裁调解中心2003年受理的纠纷案件数量与2002年基本持平，但明显低于2001年的1579件和2000年的1841件。世界知识产权组织助理总干事弗朗西斯·加利说："减少域名抢注行为是确保因特网安全可靠环境的一个重要因素。有了这样的环境，才能让越来越多的因特网用户对网络充满信心。"无论域名抢注案中涉及的商标持有者是大公司还是中小企业，80%的案件裁决结果都对商标持有者有利。"统一域名争议解决政策"（UDRP）是在世界知识产权组织的协助下，由因特网名称与编号分配组织（ICANN）批准实施的。它规定了域名争议的专家解决程序，被公认为是解决域名争议的一项国际标准。自 1999 年 12 月这一政策生效以来，仲裁调解中心共受理纠纷 6000 多起，所涉域名多达 1 万个。

第四节　国外域名保护现状

因为域名有潜在的巨大商机，域名问题已经引起了国际社会的普遍关注。可是目前无论是国内还是国际上都缺乏专门的知识产权法对域名进行明确的规范和保护。美国是因特网的起源国及普遍程度最高的国家，故美国关于因特网域名管理与保护的制度最为完善并代表着域名国际保护的最新趋势。目前国际上有关域名的主要规则有 NSI 规则、ICANN 的《统一域名争议解决规则（UDRP）及其《实施细则》、《WIPO 最终报告》，以及美国的《美国反域名抢注消费者保护法》，美国国会《1999 年知识产权与通讯综合改革法》。并且，美国，德国，英国在域名与商标的纠纷的司法解决方面也有他的具体措施。

一、NSI 规则

NSI 全称是 Network Solution Incorporation 即美国网络解决方案公司。它发明了一套关于域名登记和争议解决的方案《域名争端规则》，依据该规则若争议域名同商标所有人注册商标完全一致，那么商标所有人可以就该域名提出异议，随后，NSI 对域名注册日和商标注册日进行比较，如果域名注册日在后，NSI 将把争议域名冻结至该纠纷的最终解决时。在冻结期间，该域名不会被任何一方使用也不会被转让给商标所有人。NSI 不决定域名的归属而是服从法院的判决。

NSI 规则是一种行政救济手段和司法救济手段相结合的救济手段，它本质上是一种非司法程序。在开始之初的确起到一定作用，但后来暴露了不少缺陷。主要体现在：

第一，NSI 规则异议理由简单。只规定争议域名与商标所有人注册商标完全一致时，商标所有人可就此域名提出异议。倘若商标所有人注册商标与域名不是相同而是相似，那么商标权人就不能提出异议，其权利就不能得到保护，可见其局限性。

第二，NSI 规则把争议域名冻结的做法不妥。笔者认为，不应当对域名一概而论地冻结。如果域名所有人利用网络进行不正当竞争，比如诋毁商标所有人名誉、商誉等，将其冻结一定程度上避免了对商标所有人权利的继续侵害，有其积极意义。可如果域名所有人利用网络进行正当使用，并没有直接侵害商标所有人时，在争议解决之前将其冻结，可能会造成域名所有人经济损失。有可能该域名仍然归域名所有人，那么这种损失就是不必要的。所以笔者认为不能一概而论地将域名冻结，应视情况而定，只有正在侵害商标所有人的域名才有必要冻结。

第三，NSI 规则并不能最终解决纠纷，而是要通过诉讼手段，使得争议不能得到快速有效解决，反而使其冗长复杂。这使得争议双方不得不投入人力、财力进行诉讼，其实对其权利保护是不利的。

二、ICANN 规则

ICANN（Internet Corporation for Assigned Names and Numbers）即互联网名称及编码公司，于 1998 年 10 月成立。它是现行及今后因特网地址分配和域名管理的最高权威机构，是一个非盈利性的民间机构。其目的在于确保 Internet 的稳定运行，促进竞争，实现全球 Internet 社会的广泛参与。ICANN 于 1999 年通过了《统一域名争议解决规则》（以下简称 UDRP）和《统一域名争议解决规则细则》。UDRP 程序是非司法性的。

它与 NSI 规则主要不同有：

第一，根据 UDRP，统一域名纠纷处理机制适用于以下 3 个条件的争议：（1）注册域名和投诉人享有权利的商品商标或服务商标相同或令人混淆的近似；（2）域名注册者对于已注册的域名不享有任何权利或正当利益；（3）域名是被恶意注册和使用的。这 3 个条件的同时使用，摆脱了 NSI 规则异议理由简单的缺陷。

第二，UDRP 和 NSI 规则最大的不同在于它的救济方面。UDRP 允许争议解决者做出要求系争域名的委任注册公司直接将系争域名注销或者将系争域名直接转让给申请人的裁决，并且不剥夺权利人提起诉讼的权利，行政程序和司法程序并行。在程序进行过程中，系争域名维持原状，其转让将在程序结束前受到严格限制。

第三，UDRP 比 NSI 规则更加快速，解决争议仅仅需要 42 天时间。在 UDRP 问世不到一年的时间里，争端解决者已经运用它成功地解决了 3500 多起域名纠纷。

可见，UDRP 在很大程度上已经克服了 NSI 规则的许多缺陷，具有优越性，当然并非完美，有待于进一步完善，但目前看来它是比较先进的，值得我国借鉴。

三、WIPO 最终报告

世界知识产权组织（WIPO）于 1999 年 4 月 30 日通过了一份题为《因特网域名和地址的管理：知识产权问题》的报告（下称 WIPO 报告）。WIPO 是全球性组织，主要提出建议性的意见。

WIPO 在报告中向负责全球顶级种类域名最终管理的互联网名称及编码公司（ICANN）以及各成员国的域名注册管理机构推荐了三大程序，即（1）域名注册规范程序。强调申请人要对其联络信息详尽、正确的披露，这为异议人提供了寻求救济的必要便利；它还要求管理机构和申请人通过签订域名注册协议确定相互之间的权利义务关系即签订保证条款，就是申请人承诺在其任知和影响的最大范围内，无论该域名的注册和使用均不直接或间接侵害任何第三方的知识产权；WIPO 要求注册域名的启用和激活应以管理机构收到申请人足额交付的申请费为前提，并且建议改终身制为续展制。（2）统一争端解决程序。WIPO 报告明确规定该争议解决程序将统一适用于各类顶级域名注册中发生的滥用域名注册争议。在报告中详尽规定了"域名注册不当"行为的定义即域名持有者持有的域名与异议人所持有的商品或服务完全一致或极其相似，而且域名持有人对域名的使用和注册均为恶意，则将域名认定为"注册不当"；并规定了服务提供者的权限、组成等。（3）域名排他程序。此程序将驰名商标保护体系，延伸至网络空间。《巴黎公约》和 TRIPS 协定都给予驰名商标特殊的保护。由于域名抢注的对象往往是国际上的驰名商标，因此，WIPO 决定引入域名排他程序，在网络领域对驰名商标给予保护，以配合《巴黎公约》和 TRIPS 协定。

四、美国在域名与商标纠纷中的司法解决

（1）适用《联邦商标淡化法》。根据该法案，将某一驰名商标注册为域名是否为侵权，法院只需要原告证明其商标是驰名的，而且被告商业性使用与该商标相同或近似的域名的行为会减少、削弱该驰名商标对其商品或服务的识别性和显著性能力，而无需证明在该商标所有人与域名使用者之间是否存在竞争关系，或者是否存在混淆、误解或欺骗的可能性。

（2）《联邦商标淡化法》的保护只限于驰名商标，而对于市场上经常出现的一些普通商标混淆的情形无能为力，只能以传统普通法的"出处混淆"原则及联邦、州商标法关于"可能使消费者对于商品来源、经营者或关联人的误认、混淆"等侵权规定来处理这类纠纷。

（3）至于抢注域名后并非为使用该商标吸引顾客，而是为了要协商标权人的情形，美国法院竭力通过扩大有关"商业使用"的范围，将该等行为纳入商标法律管辖内。

（4）《反网络抢注保护消费者法案》。2000 年 2 月 25 日美国国会通过了《反网络抢注保护消费者法案》，并将其并入《美国法典》第 15 篇第 22 章作为第 1125 条（d）款"网络侵权的预防"。这是世界上第一部专门规范域名的法案，他有针对性的规定了两种诉讼：

①对人诉讼。一方为恶意目的注册、非法买卖或使用与一具有显著性或驰名性的商业标记相同或混淆性的相似或会淡化驰名标记的域名的，应对该标记的所有人承担民事责任。

②对物诉讼。如果一域名侵犯了已注册的或其他保护的标记的所有人的任何权利，且法院确认标记所有人无法对应在诉讼中成为被告的侵权方取得对人管辖，或者经审慎调查后无法确定在诉讼中应成为被告的一方，标记的所有人可以在域名登记员、域名登记机构及进行域名登记或转让的其他域名有权机构所在地的司法区域内对域名提起对物诉讼。

第五节　我国域名保护现状及措施

2004 年 9 月通过的《中国互联网络域名管理办法》是目前中国域名管理与保护的基本法律依据。根据上述有关规定，国务院信息办是我国域名系统的管理机构，负责制定中国域名的设置、分配和管理的政策及办法；选择、授权或撤消顶级与二级域名的管理单位；监督、检查各级域名注册服务情况。中国互联网络信息中心（CNNIC，China Internet Network Information Center），作为一个非盈利性机构，根据上述有关规定，并负责管理和运行中国顶级域名 cn. 。

一、我国目前对域名注册实行与商标注册类似的禁止性条款

如明确规定域名不得使用公众知晓的国家或地区名称、外国地名、国际组织名称，未

经批准不得使用县级以上行政区划名称的全称或缩写，不得使用行业名称或商品的通用名称及其他对国家、社会或公共利益有损害的名称；不得使用他人已经在中国注册过的企业名称或者商标名称；在一定条件下禁止域名的转让或买卖等。在异议程序上规定，当一个域名与第三方在中国注册的商标或企业名称相同，且该域名不为该商标或企业名称所有人所有时，第三方才能提出异议。从确认第三方拥有商标或企业名称之日起，各级域名管理机构为域名持有方保留 30 日域名服务，30 日后，域名服务自动停止，该期间一切法律责任与经济纠纷均与域名管理单位无关，相关纠纷留由司法途径解决。上述规定全面考虑了域名与商标、企业名称等冲突的可能性，充分借鉴了国际经验，有利于遏制域名的抢注或恶意注册行为及促进互联网的健康发展。

二、行为人注册、使用域名行为构成侵权或不正当竞争的认定及相应规定

为适应域名纠纷审判实践的需要，北京市高级人民法院于 2000 年 8 月出台了《关于审理因域名注册、使用而引起的知识产权民事纠纷案件的若干指导意见》，该意见对域名纠纷案件的受理、管辖、案由、法律适用与"恶意"认定以及法律责任做出了原则性规定。之后，2001 年 6 月 26 日，最高人民法院颁布了《关于审理涉及计算机网络域名民事纠纷案件适用法律若干问题的解释》，该解释对域名纠纷案件的案由、受理条件和管辖，域名注册、使用等行为构成侵权的条件，对行为人恶意以及对案件中商标驰名事实的认定等，都作出了规定。该解释明确规定了行为人注册、使用域名行为构成侵权或不正当竞争的 4 个要件：一是原告请求保护的民事权益合法有效；二是被告域名或其主要部分构成对原告驰名商标的复制、模仿、翻译或音译；或者与原告的注册商标、域名等相同或近似，足以造成相关公众的误认；三是被告无注册、使用的正当理由；四是被告具有恶意。该解释同时列举了 4 种最为常见的恶意情形：一是为商业的目的将他人驰名商标注册为域名；二是为商业目的注册、使用与原告的注册商标、域名等相同或近似的域名，故意造成与原告提供的产品、服务或者原告网站的混淆，误导网络用户访问其网站或其他在线站点；三是曾要约高价出售、出租或以其他方式转让这个域名获取不正当利益；四是注册域名后自己不使用也未准备使用，而有意阻止权利人注册这个域名。另外，对于被告举证证明在纠纷发生之前其所持有的域名已经获得一定的知名度，且能与原告的注册商标、域名等相区别，或者具有其他情形足以证明其不具有恶意的，法院可以不认定被告具有恶意。根据该解释，法院认定域名注册、使用等行为构成侵权或不正当竞争的，可以判令被告停止侵权、注销域名，或者依原告的请求判令由原告注册使用这个域名；给权利人造成实际损害的，可以判令被告赔偿损失。

三、现有的有关规定比较零散，不系统，从现行的规定上看，我国对域名的知识产权保护措施主要为以下几点：

（1）加强域名的知识产权管理，健全域名注册审查制度，尤其对从事生产经营活动的申请者的合法身份和生产经营资格严加审查。

（2）拓展互联网上的域名空间，减少域名"冲突与争议"的可能性。Internet 国际特别委员会（IAHC）最近新增加了 7 个通用顶级域名：.firm（代表公司企业）、.store（代

表销售公司或企业）、.web（代表突出 WWW 活动的单位）、.arts（代表突出文化、艺术活动的单位）、.rec（代表突出消遣、娱乐活动的单位）、.info（代表提供信息服务的单位）、.nom（代表个人）。今后通用顶级域名数量还会增加，无疑给拓展域名空间，减少域名冲突带来好处。

（3）对于恶意抢注并且用来从事不正当竞争的行为，可以根据已颁布的《反不正当竞争法》第 5 条的解释，将其中的"市场交易"扩大解释为"有形市场交易"和"虚拟电子市场交易"或"网络市场交易"。

（4）针对抢注他人商标和厂商名称为自己的域名，从事域名投机行为；对于行为者在先注册的域名与他人的名称、商号、合法拥有的驰名商标名称或其缩写等相同或相似，如果该域名巧遇的是行为人应当知道的驰名商标，这一行为构成侵权。如，著名的上海东方网（www.eastday.com）在即将分拆上市之际愕然发现"孪生兄弟"www.eastdays.com 的出台，给经营者造成了经济利益和影响力的损失。以上海东方网的域名 eastday.com 为例，属于保护范畴的应包括 eastday.net、eastday.org、east - _ day.com、east - day.net 及 east-days.com 等等。上述情况，可分别采取以下措施，即按照《商标法实施细则》和《企业名称管理规定》中的规定，将"先将他人注册的驰名商标在国际互联网上申请注册为域名的"，明确规定为"侵犯注册商标专用权"。

（5）域名知识产权保护的国际协调。由于 Internet 网的传播范围具有世界性，域名使用具有全球性，域名的权利冲突具有跨国性。因此，构建一个稳定、合理、兼顾全球各个区域、各个国家利益的域名管理新体系成为全世界的一项重要任务。目前，国际上已经着手研究这一问题。1996 年 11 月，由因特网协会（ISOC）、国际电信联盟（ITU）、世界知识产权组织（WIPO）等 6 个国际组织共同成立了一个国际联网专门委员会（IAHC）来研究解决域名的使用和管理问题。

第九章　集成电路及其
布图设计与知识产权保护

当今世界，计算机的发展已成为领导工业现代化进程的潮头军，自 1946 年世界第一台电子计算机诞生以来，短短的五十多年间，计算机作为一种现代化的高级工具以惊人的速度迅速地渗透到了社会生活的各个领域，引起了全球的技术革命。计算机技术的飞速发展离不开另一门产业的发展，即集成电路产业。因为集成电路的出现才使计算机摆脱了电子管、晶体管等原材料构件的束缚，逐步走向小型化，轻型化，高智能化，迅速走向了社会，走入了家庭。集成电路产业的飞速发展，产生了许多新的法律问题，由于传统知识产权法的局限性以及集成电路及其布图设计本身存在着的特殊性，集成电路布图设计的法律保护问题也引起了法学界的极大关注。各国也纷纷就集成电路布图设计进行立法，以保护此种特殊性质的知识产权不受侵害。

第一节　集成电路及其布图设计概述

集成电路广泛应用于我们的生产、生活。如今已很难找到没有使用集成电路的电子设备，大到工业自动控制设备、计算机、通信、电子仪器、医疗器械，小到家用电器、电子玩具和各种 IC 卡，都离不开集成电路。集成电路设计是人类智慧的结晶，它包含专家投入的大量时间和巨大经济投资。一块集成电路通过控制电流在的集成电路产品的价值往往可以达到其材料价值的几十倍，几百倍甚至上千倍。在其价值成本中，大部分都是知识、技术与信息所增加的附加价值。这种附加价值主要集中在以集成电路为载体而体现出来的人类智慧的结晶–布图设计的价值上。在其价值成本中，大部分都是知识、技术与信息所增加的附加价值。集成电路的体积越小，生产所需的材料就越少，成本就越小。社会需要有不断更新的设计，以减小现有集成电路的体积，并同时提高其功能。因此，集成电路的法律保护问题，归根结底在于对其布图设计的保护。

世界知识产权组织于 1989 年在华盛顿制定了《关于集成电路知识产权条约》（The Treaty on Intellectual Property in Respect of Integrated Circuits，IPIC）。随着知识经济的全球化，各国都在加强对知识产权的保护，对集成电路知识产权的保护也不例外。随着各国加入 WTO，同时也就接受了包括 TRIPS 协议在内的一揽子协议。TRIPS 协议第三十五条要求全体成员依照《关于集成电路知识产权条约》为集成电路布图设计提供保护。世界知识产权组织《关于集成电路知识产权条约》中做了如下规定，"集成电路"是指一种产品，在它的最终形态或中间形态，是将多个元件，其中至少有一个是有源元件，和部分或全部互连集成在一块材料之中和/或之上，以执行某种电子功能。"布图设计（拓朴图）"是指集成电路中多个元件，其中至少有一个是有源元件，和其部分或全部集成电路互连的三维配置，或者是指为集成电路的制造而准备的这样的三维配置。集成电路知识产权保护的对象即为集成电路布图设计，在美国称为"掩膜作品"（Mask Work），日本成为"电路布图"（Circuit Layout），瑞典称为"布图设计"（Layout Design），欧盟许多国家称为拓扑图（Topography）。

第二节　集成电路及其布图设计专有权

布图设计专有权就是布图设计的创作人或者其他权利人对布图设计所享有的权利，具体来说，就是指国家依据有关集成电路的法律规定，对于符合一定手续和条件的布图设计，授予其创作人或其他人在一定期间内对布图设计进行复制和商业利用的权利。布图设计专有权作为一种独立的知识产权，既不属于专利权，也不属于著作权。而且，布图设计专有权是以布图设计为权利客体的，权利人对与布图设计有关的集成电路或其中所含的信息并不享有权利。

一、布图设计专有权的要素

1. 布图设计专有权的主体。

布图设计专有权的主体，即布图设计权利人，是指依照集成电路布图设计保护法的规定，对布图设计享有专有权的自然人、法人或其他组织。《关于集成电路知识产权条约》规定的保护主体"权利持有人"是指根据适用的法律被认为是第六条所述保护的受益人的自然人或者法人。TRIPS 协议规定的保护主体与《关于集成电路知识产权条约》规定的保护主体一致。我国《集成电路布图设计保护条例》规定的布图设计专有权的主体，即布图设计权利人，是指对布图设计享有专有权的自然人、法人或其他组织。根据我国《集成电路布图设计保护条例》的规定，能够享有布图设计专有权的人主要有以下几类：

①布图设计创作者或合作创作者

布图设计的创作者或合作创作者即以自己的智力劳动单独或共同完成布图设计的人。由于布图设计的各个部分是密不可分的，具有整体性，缺少任何一部分布图设计都将无法完成预先希望达到的功能，因此，由多人共同创作完成的布图设计其权利只能作为一个整体由各创作人共同享有，即使各创作人所创作的部分能够与他人的部分相区分，他也不可能就这一部分设计单独享有权利。但是法律允许合作者就布图设计专有权的归属作出约定。

②主持创作布图设计的法人或组织

根据我国《集成电路布图设计保护条例》第 9 条第二款的规定："由法人或者其他组织主持，依据法人或者其他组织的意志而创作，并由法人或者其他组织承担责任的布图设计，该法人或者其他组织是创作者。"由法人或组织主持创作的布图设计类似于版权法中的职务作品，其权利不由直接完成创作的人享有而由有关的单位享有。

120

③经约定可以享有权利的委托人

对于委托创作布图设计的情形，我国的规定是："受委托创作的布图设计，其专有权的归属由委托人和受托人双方约定，未作约定或者约定不明的其专有权由受托人享有。"所以因受委托而完成的布图设计的专有权归属，首先依委托人与受托人的约定，双方未约定或约定不明的，由受托人也就是直接完成创作行为的人享有布图设计专有权。

④以上主体的权利继受人

布图设计权利人是自然人的，自然死亡之后，其专有权在法律规定的保护期内可依照继承法的规定转移。布图设计专有权属于法人或者其他组织的，法人或者其他组织变更、终止后，其专有权在法律规定的保护期内由承继其权利、义务的法人或者其他组织享有，没有承继其权利、义务的法人或者其他组织的，则布图设计进入公有领域。

另外，我国法律还规定外国人创作的布图设计首先在中国境内投入商业利用的，依照我国的法律可享有布图设计专有权。外国人创作的布图设计其他作者所属国同中国签订有关布图设计保护协议或与中国共同参加有关布图设计保护的国际条约的，也可依我国法享有布图设计专有权。

2. 布图设计专有权的客体。

《集成电路布图设计保护条例》中规定，布图设计专有权的客体是具有独创性的布图设计。布图设计的独创性，是指布图设计是创作者自己的智力劳动成果，并且在其创作时该布图设计在布图设计创作者和集成电路制造者中不是公认的常规设计。但如由常规设计组成的布图设计，其组合作为整体符合前述条件的，也是受到保护的客体。而且按照TRIPS 协议的规定，将保护延伸至对含有该布图设计的集成电路以及含有该集成电路的物品的商业利用。但我国《集成电路布图设计保护条例》对布图设计的保护，并不延及思想、处理过程、操作方法或者数学概念等。具体来说，一项布图设计要取得专有权，必须具备以下的条件：

①实质要件：申请保护的布图设计必须具有原创性。具有原创性包括两层含义，一是指该布图设计必须是创作人自己智力劳动的成果，而非简单复制他人的布图设计。二是指该布图设计应具备一定的先进性，即它在创作完成时不能是当时集成电路产业中常用的，显而易见的或为人所熟知的。

②形式要件：即取得保护的布图设计在形式上必须具备的条件。我国以登记作为布图设计取得权利保护的形式要件。我国已规定了一套类似计算机软件版权登记的布图设计权登记制度。如果不进行登记，权利人将很难证明其布图设计在创作完成时是非显而易见的，因为布图设计的发展十分迅速，等到侵权纠纷出现时，举证已相当困难，建立一套登记制度即可在很大程度上解决这一难题。

3. 布图设计专有权的内容。

布图设计专有权的内容即指布图设计专有权的具体权能。我国《集成电路布图设计保护条例》第24 条规定，"受保护的布图设计、含有该布图设计的集成电路或者含有该集成电路的物品，由布图设计权利人或者经其许可投放市场后，他人再次商业利用的，可以不经布图设计权利人许可，并不向其支付报酬。"而按照条例第 2 条规定，"商业利用，是指为商业目的进口、销售或者以其他方式提供受保护的布图设计、含有该布图设计的集成电路或者含有该集成电路的物品的行为"。从而，按照条例的规定，只要布图设计合法投放市场后，权利在全世界用尽，可以不经再次许可而进口、销售等。

《关于集成电路知识产权条约》第六条规定了保护范围。需要权利持有人许可的行为：1. 复制受保护的布图设计（拓扑图）的全部或其任何部分，无论是否将其结合到集成电路中，但复制不符合第三条（二）款所述原创性要求的任何部分布图设计除外。2. 为商业目的进口、销售或者以其他方式供销受保护的布图设计（拓扑图）或者其中含有受保护的布图设计（拓扑图）的集成电路。TRIPS 第三十六条也规定了保护范围。未经权利人许可而从事的下列活动视为非法：为商业目的进口、销售或以其他方式发行受保护的布图设计；为商业目的进口、销售或以其他方式发行含有受保护布图设计的集成电路；或为商业目的进口、销售或以其他方式发行含有上述集成电路的物品（仅以其持续包含非法复制的布图设计为限）。我国《集成电路布图设计保护条例》保护的核心即为布图设计专有权。其第七条规定布图设计权利人享有下列专有权：对受保护的布图设计的全部或者其中任何具有独创性的部分进行复制；将受保护的布图设计、含有该布图设计的集成电路或者含有该集成电路的物品投入商业利用。其中复制权即权利人有权通过光学的、电子学的方式或其他方式来复制其受保护的布图设计或者含有该布图设计的集成电路；商业利用权，即布图设计权人享有的将受保护的布图设计以及含有该受保护的布图设计的集成电路或含此种集成电路的产品进行商业利用的权利。

二、布图设计专有权的权利限制

作为一种知识产权，和专利权及版权一样，布图设计权的行使也存在一定的限制。从各国立法的情况来看，对布图设计权利的限制主要有以下几种：

1. 反向工程

反向工程是现代集成电路工业发展的主要手段之一，但是反向工程也具有一定的特殊性，因为在复制他人布图设计时也可能会用到反向工程的技术，以科学研究为目的的反向工程是合法的，而单纯为获取他人布图设计而进行的反向工程则是非法的，这又涉及到一个侵权认定的问题。《关于集成电路知识产权条约》第六条规定了第三者在评价或分析受保护的布图设计的基础上，创作符合原创性条件的布图设计的，该第三者可以在集成电路中采用第二布图设计，或者对第二布图设计进行复制和商业利用，而不视为侵犯第一布图设计权利持有人的权利。传统版权不涉及此问题，传统工业产权不允许反向工程，允许反向工程是集成电路布图设计保护的一个特殊规定。

我国《集成电路布图设计保护条例》第四章的规定在依据前项评价、分析受保护的布图设计的基础上，创作出具有独创性的布图设计的，可以不经布图设计权利人许可，不向其支付报酬。

2. 非自愿许可

即在一定条件下，一国政府可以不经布图设计权利人的同意强制许可他人或有关的组织使用其布图设计。这一做法主要由一些发展中国家采用，一些发达国家如美国对此持反对意见。《关于集成电路知识产权条约》规定，任何缔约方均可在其立法中规定其行政或者司法机关有可能在非通常的情况下，对于第三者按商业惯例经过努力而未能取得权利持有人许可并不经其许可而进行复制、进口、销售等行为，授予非独占许可（非自愿许可），而该机关认为授予非自愿许可对于维护其视为重大的国家利益是必要的：该非自愿许可仅供在该国领土上实施并应以第三者向权利持有人支付公平的补偿费为条件。另外，任何缔约方在保障自由竞争和防止权利持有人滥用权利方面采取措施，包括按正规程序由其行政或者司法机关授予非自愿许可。但非自愿许可应当经过司法核查。当前述条件已不复存在时，该项所述的非自愿许可应予以撤销。

根据我国《集成电路布图设计保护条例》第四章的规定，在国家出现紧急状态或者非常情况时，或者为了公共利益的目的，或者经人民法院、不正当竞争行为监督检查部门依法认定布图设计权利人有不正当竞争行为而需要给予补救时，国务院知识产权行政部门可以给予使用其布图设计的非自愿许可。同时对国务院知识产权行政部门作出给予使用布图设计非自愿许可的通知义务、使用的时间、范围、权利的限制、补救措施、争议解决等进行了详细规定。

3. 善意侵权

对于不知道有关半导体芯片产品的保护的存在而购买了该半导体芯片产品的人，这些人的行为是不能构成布图设计侵权的。《关于集成电路知识产权条约》规定，对于采用非法复制的布图设计（拓扑图）的集成电路而进行的该款所述的任何行为，如果进行或者指示进行该行为的人在获得该集成电路时不知道或者没有合理的依据知道该集成电路包含有非法复制的布图设计（拓扑图），任何缔约方没有义务认为上述行为是非法行为。

TRIPS 规定的善意侵权同《关于集成电路知识产权条约》一致，除此之外，还对善意侵权人在知悉侵权后进行赔偿的问题进行了规定。侵权人知悉该布图设计原系非法复制的明确通知后，仍可以就其事先的库存物品或预购的物品，从事上述活动，但应有责任向权利持有人支付报酬，支付额应相当于自由谈判签订的有关该布图设计的使用许可证合同应支付的使用费。我国《集成电路布图设计保护条例》第三十三条对善意侵权的规定完全符合 TRIPS 的规定。

4. 权利用尽

布图设计权人或经其受权的人将受保护的布图设计或含有该布图设计的集成电路产品投入市场以后，对与该布图设计或该集成电路产品有关的任何商业利用行为，不再享有权利。《关于集成电路知识产权条约》的权利用尽条款规定，任何缔约方可以认为，对由权利持有人或者经其同意投放市场的受保护的布图设计（拓扑图）或者采用该布图设计（拓扑图）的集成电路，未经权利持有人的许可而进行该款所述的任何行为是合法行为。

我国《集成电路布图设计保护条例》规定受保护的布图设计、含有该布图设计的集成电路或者含有该集成电路的物品，由布图设计权利人或者经其许可投放市场后，他人再次商业利用的。

5. 国民待遇

《关于集成电路知识产权条约》规定每一缔约方在其领土范围内在布图设计（拓扑

图）的知识产权保护方面应给予下列人员与该缔约方给予其本国国民同样的待遇：1. 是任何其他缔约方国民或在任何其他缔约方的领土内有住所的自然人。2. 在任何其他缔约方领土内为创作布图设计（拓扑图）或生产集成电路而设有真实的和有效的单位的法人或自然人。此原则为《保护工业产权巴黎公约》、《保护文学艺术作品伯尔尼公约》和《世界版权公约》上规定的一项历史悠久的重要原则。但此原则在《关于集成电路知识产权条约》上规定又具有特殊意义。

美国《1984 年半导体芯片保护法》对非本国公民和法人原则上采取对等原则，而且要通过复杂程序。美国规定应经过总统授权和商标局长依法对所谓善意致力于建立同美国半导体芯片保护法近似保护的国家给予保护。除日本外，许多西方国家的立法在这个问题上都受美国影响，这样造成很多麻烦。《关于集成电路知识产权条约》规定了国民待遇原则就变得简便多了。

6. 保护期

《关于集成电路知识产权条约》第八条规定，保护期限至少应为八年。TRIPS 第三十八条对保护期进行了详细规定，1. 在要求将注册作为保护条件的成员中，布图设计保护期不得少于从注册申请的提交日起、或从该设计于世界任何地方首次付诸商业利用起 10 年。2. 在不要求将注册作为保护条件的成员中，布图设计保护期不得少于从该设计于世界任何地方首次付诸商业利用起 10 年。3. 无论上述第 1 款、第 2 款如何规定，成员均可将保护期规定为布图设计创作完成起 15 年。

我国《集成电路布图设计保护条例》第十二条规定，布图设计专有权的保护期为 10 年，自布图设计登记申请之日或者在世界任何地方首次投入商业利用之日起计算，以较前日期为准。但是，无论是否登记或者投入商业利用，布图设计自创作完成之日起 15 年后，不再受本条例保护。

集成电路布图设计专有权既不同于版权，又不同于专利或商标。布图设计专有权与著作权相比更具有工业实用性，这是一般著作权作品不具有的；同时其独创性又是一般专利产品不具有的，而且又允许反向工程，具有其自身特征。从保护期限看，也仅有 10 年，且创作完成 15 年后将不受保护，符合其技术更新较快的特点。布图设计成为了一种兼有著作权和工业产权客体双重属性的特殊知识产权客体，很难在传统的知识产权法律保护体系中得到完善的保护。因此要想求取良好适当的法律保护模式，就必须突破传统的界限。针对布图设计自身的特征，制定出专门的单行法律加以保护，这是世界上大多数国家的共识，目前针对布图设计的保护制度既具有部分版权保护的特征，又具有部分工业产权，特别是专利权保护的特征。

第三节　集成电路及其布图设计保护法

作为一种新兴的技术，集成电路布图设计有其自身鲜明的特点，从世界范围看，各国对其保护，既不是用已有的版权法的保护，也不是用工业产权法，如专利法的保护，而是一种新的与之相适应的知识产权保护形式。

1. 世界范围的立法情况

对集成电路的布图设计专门立法实施知识产权保护，始于美国，并且是在美国的推动下开始国际化进程。1984 年，美国率先制定国内法对集成电路布图设计予以保护，制定了历史上第一个保护集成电路的法律《1984 年半导体芯片保护法》，在美国法中称"掩膜作品法"，是世界上第一部保护集成电路布图设计的专门立法。美国是当今世界上半导体工业最发达的国家，也是最先对集成电路布图设计予以立法保护的国家。在美国 1984 年《半导体芯片产品保护法》的影响下，日本于 1985 年 5 月 31 日颁布了《半导体集成电路的线路布局法》。日本的这部法律在立法体例和内容上均与美国法相似，既不隶属于版权法，也不隶属于专利法，而是自成体例，以单行法规的形式出现。

世界知识产权组织从 1985 年就开始着手准备一项公约草案，先后召开了四届关于集成电路知识产权的专家会议。于 1989 年 5 月制定了《关于集成电路知识产权条约》，《关于集成电路知识产权条约》在 1989 年华盛顿举行的"缔结集成电路知识产权保护条约外交会议"上以 49 票多数通过。投赞成票的国家主要是发展中国家、社会主义国家及欧洲许多国有发达国家。我国也是华盛顿条约的首批签字国之一。在该外交会议上，我国代表团对条约名称、集成电路定义、保护范围、权利内容及限制等重要问题提出了许多建设性建议，得到了大多数国家的赞同，并在条约文本中得以体现。但美国和日本投了反对票，由于美、日占世界集成电路生产的绝大部分，以致条约迄今未能生效。由此可见，世界知识产权的发展和国际保护仍控制在少数发达国家手中。即便签订了一些条约，还是发展中国家承诺发达国家要求的一些条款，以换取国际贸易市场，最后做了妥协。发达国家如不满意，还无法得到真正实行。

另外，1994 年关贸总协定缔结的《与贸易有关的知识产权协议（TRIPS）》也对集成电路布图设计保护进行了规定，对集成电路布图设计知识产权提出了更高水平的保护，并援引了前者的一些实体规定，使集成电路布图设计保护国际进程大大加快。同时，世界各国也都相继对集成电路知识产权进行立法保护。

2. 我国的立法情况

我国是华盛顿条约的七个签字国之一。自 1989 年以来，国家知识产权保护相关部门对国内外集成电路布图设计保护情况和我国立法保护的可行性作了大量调研，我国在成为 WTO 成员国之前，也已经确认了 TRIPS 协议。

2001 年 3 月 28 日，国务院常务会议审议通过了《集成电路布图设计保护条例》（以下简称《条例》），共六章三十六条，自 2001 年 10 月 1 日起施行，以行政法规单独立法的形式确认了对集成电路布图设计专有权的保护。2001 年 9 月 18 日，国家知识产权局发布了《集成电路布图设计保护条例实施细则》，从程序和手续上保证《条例》规定的基本权利义务实现，共分六章四十三条，也自 2001 年 10 月 1 日起施行。此外，国家知识产权局还于 2001 年 11 月 28 日发布了《集成电路布图设计行政执法办法》，就国家知识产权行政机关处理侵犯布图设计专有权的纠纷、调解侵犯布图设计专有权的具体程序、办法作了更进一步的阐释。

最高人民法院还从司法审判实践的角度，于 2001 年 10 月 30 日发布《最高人民法院关于开展涉及集成电路布图设计案件审判工作的通知》，就案件的归类、管辖、诉前责令停止有关行为、中止诉讼等实践操作进行了明确。

第四节　我国对集成电路及其布图设计的保护体系

我国为《关于集成电路知识产权条约》的最早签约国之一，早在 1991 年国务院就已将《半导体集成电路布图设计保护条例》列入了立法计划，对集成电路知识产权进行了多方面的立法保护。首先，运用专利法进行了保护。对申请专利的集成电路产品，未经专利权人同意不得制造、销售、使用和进口。其次，运用商标法予以保护。无论是集成电路部图设计还是集成电路产品，只要进入市场就可以通过商标法来保护。第三，运用著作权法进行保护。我国《计算机保护条例》对符合该条例保护范围的集成电路知识产权进行了保护。第四，运用合同法进行保护。在集成电路设计、制作过程中，通过签订书面合同来确定当事人之间的权利和义务关系。另外，我国又采用专门立法的形式保护集成电路布图设计，于 2001 年 10 月 1 日起实施《集成电路布图设计保护条例》，同时还制定了《集成电路布图设计保护条例实施细则》。我国采用专门立法的形式保护集成电路布图设计既尊重了国际知识产权保护的原则，又便于与国际法律接轨，而且这部条例既保护了集成电路布图设计专有权人的权益，又考虑到了国家和公众的利益，使技术进步不受到人为的限制。

集成电路布图设计专有权是一项新的被保护的知识产权，目前尚没有被公开报道有纠纷，除国家知识产权局发布的《集成电路布图设计行政执法办法》对集成电路布图设计行政执法委员会对侵权认定及赔偿调解有规定外，最高人民法院已于 2001 年 10 月也公布了《关于开展涉及集成电路布图设计案件审判工作的通知》，开始了我国人民法院集成电路布图设计案件的审判工作。对一些诉讼实务作出了明确规定：涉及集成电路布图设计的案件主要有两大类，一是普通民事纠纷案件，包括权属纠纷、侵权纠纷等，另一大类是行政诉讼案件，如不服国务院知识产权行政部门驳回布图设计登记申请的复审决定的案件、不服国务院知识产权行政部门复议决定的案件。两类不同的案件其诉讼管辖也不一样。对于第一类案件，最高人民法院规定由各省、自治区、直辖市人民政府所在地、经济特区所在地和大连、青岛、温州、烟台市的中级人民法院作为一审法院审理，而第二大类案件由最高人民法院一律指定北京市第一中级人民法院作为一审法院。

对于《条例》中涉及的布图设计合同纠纷案件、布图设计专有权实施许可合同纠纷案件，则将其归入技术合同纠纷，按《全国法院知识产权审判工作会议关于审理技术合同纠纷案件若干问题的纪要》相应规定处理。对于专有权权利人或利害关系人依照《条例》第 32 条申请人民法院采取诉前责令停止侵犯布图设计专有权行为措施，应当参照《最高人民法院关于对诉前停止侵犯专利权的行为适用法律问题的若干规定》执行。根据司法解释，申请人应当递交书面申请状，提交证明被申请人在实施或者即将实施侵犯其专有权的行为的证据，申请时还应当提供担保。人民法院接受申请后应当在 48 小时内作出裁定。权利人或利害关系人还必须在人民法院采取有关措施后十五日内向人民法院起诉，否则，法院将解除裁定采取的措施。对于侵犯布图设计专有权纠纷案件，如被告以原告的布图设计专有权不具有足够稳定性为由要求中止诉讼的，人民法院一般不中止诉讼。其原因在于集成电路布图设计属于高新技术，其产品、技术更新很快。如果一旦发生侵权纠纷，时间拖延将给技术的发展和正当的贸易活动带来障碍。因此，法院一般不中止诉讼，而是根据案件的实际情况，作出审判。

总之，我国的《集成电路布图设计条例》已初步建立了我国的集成电路布图设计的知识产权保护理论体系，对布图设计侵权作了规定，并且规定了侵权人应当承担的法律责任。但我们仍需要在今后的布图设计权利保护实践中进一步改善我国的保护制度，使布图设计专有权的保护更全面更完善，从而促进我国集成电路产业的进一步发展。

第十章 知识产权战略在
技术创新中的运用

第一节 企业的知识产权战略策划

企业的知识产权战略具有全局性、长远性、风险性和法律性等特征，这些特征决定了知识产权战略的策划必须以市场规律为导向，根据企业的性质、经营状况和规模合理地、有效地进行长远规划和布局。由于专利和商标是知识产权的重要组成部分，因此企业的知识产权战略主要为专利战略和商标战略。

一、专利战略策划

专利战略从整体上可分为专利的开发战略和运用战略，即专利开发和运用中的企业行为设计。具体包括专利权的获得、保护，专利技术的开发、实施、许可，专利信息的利用，市场的控制与反馈、专利管理等内容。通过专利战略的制定，使企业步入技术信息化，信息市场化，而从进入市场法律化的良性发展和保护的循环状态。

（一）与市场有关的专利战略

与市场有关的专利战略有：专利调查战略（包括技术动向调查、专利法律状况调查、同族专利调查、跟踪调查）；专利申请战略（包括专利申请的策划）；专利实施战略（包括独占实施、交叉实施、专利引进、专利合作、专利转让、无效专利的利用，专利应用的继续开发）；专利防御战略（包括文献公开、宣告无效、主动和解）；专利进攻战略（包括专禾；讼）。专利战略能够为企业带来最直接的益处就是打击竞争对手，防止自己被侵害，保护自己市场的商业运作。例如，专利战略有利于增强消费者的品牌忠诚度，在合资、入股时充当资本等等。下面对企业应重点运作的战略作简要论述。

1. 专利（法律状况）调查

专利调查一般运用于研究开发的初期，以便回避侵权而进行规避设计或无效他人影响自己发展的专利或产品进出口、专利价值评估时使用，如调查专利的有效性、技术内容、申请日或优先权日、有效期等。该项调查是企业经常性的工作，通过专利检索和专利技术分析获知所需求的信息。我国的企业在进口的产品和技术项目中，往往要支付大量的专利费用，此时就应通过该项调查了解专利的有效期、有效国家、技术含量（保护范围），从而确定其专利的真正价值。例如，某公司从荷兰引进一套化工生产装置，引进技术含有41

项专利、技术秘密及设计工艺，对方提出需支付知识产权费约900万美元。经过专利调查，该公司发现41项专利中有6项属未授权的专利申请，7项为失效专利，21项与引进技术基本无关联，且没有1项在中国申请了专利保护。在这种状态下，公司还需向对方支付900万美元的知识产权费吗？所以，任何一家企业在产品出口前，都应调查目的国家或地区的专利保护状况，判断是否可能产生侵权，以便最有效地保护企业利益。但是在这方面，我国的企业教训是大量的，且深刻的。例如我国彩电出口欧盟受阻就是因为在欧盟成员国家有他人的与我国彩电技术有关的有效专利。

2. 无效专利的利用

任何企业都不要放弃寻找不付费或少付费就能使用技术的机会，其途径有：失效专利的利用，无效他人的有效专利。在现实中，有很多到期失效或由于各种原因未到期就失效的专利，这类"免费午餐"均可以通过专利的调查及时掌握；此外，还可以充分利用其他国家在中国没有申请专利保护的技术。

3. 文献公开

这是专利防护作用的一种有效利用。按照专利法的规定，没有新颖性的技术方案不能获得专利保护，因此，将授权模糊、方案不完善、自己研发过程中放弃而又担心他人获得专利权的方案通过申请专利的方式公开，以阻止他人可能对自己的限制。

4. 跟踪调查

跟踪调查即对专利实施监控，以便获取竞争对手和特定项目的信息。在市场竞争中，胜负往往难以预料，但求胜之道在于对竞争对手的知彼知己。要生存就必须掌握主要竞争对手和次要竞争对手的情况，才有可能有效地运用市场谋略，比如联合次要竞争对手共同对付主要竞争对手。关于竞争对手，有些是企业已知的，有些则是企业不熟悉的。例如，我国的DVD企业已知对手是6C集团（东芝、三菱、时代华纳、日立、松下.JVC），但后来又冒出来一个法国的汤姆逊公司，也向我国的企业主张DVD权利。有报道说，我国的企业还需向法国这家公司每台DVD支付1~1.5美元。事实上，仅仅通过产品碰撞就想完全搞清楚竞争对手的信息是十分困难的，且贻误时机。因为产品只能反映出先前的部分信息，正在和继续发展的信息无法从正在冲突的产品中表现出来。在市场规则下，任何市场都离不开专利保护的。企业只有通过专利的跟踪调查，有可能提前预知未来的竞争对手及其技术发展状况。如何实施专利的跟踪调查呢？通过专利检索可以实现跟踪调查。因此，任何一家科技型中小企业都不能忽视专利检索这个环节！

（二）如何设计本企业的专利战略

企业在设计自己的专利战略时，应遵循先生存再发展的原则。专利战略制定时应注意对技术成果保护的分类、专利布局策划、专利种类的安排、专利文献的利用、专利的域外效力等各个方面。

1. 弱势企业的专利战略策划

弱势企业的专利战略策划首先要利用专利制度提供的空间，努力获取无效的专利技术的使用，同时还要积极申请自主知识产权。具体操作方式：

（1）根据本企业的生产和市场计划，从无效专利调查开始，进行国外 U、国内专利的专利技术调查和法律状态调查，以便充分获取本企业所需的无效专利信息或与本企业利益冲突的有效专利信息。有效专利则应评价其对市场的近期和远期影响，从而做出不同的决定，即获得许可、合作或规避设计，并详尽调研其可能性与成本。

（2）部署本企业的专利申请策略。在不能获得基本专利时，从优、加快开发和部署从属专利，并参考上述可能性和成本确定与他人的关系策略。

（3）完善专利管理制度，最大限度地避免市场侵权。对于那些无可回避的竞争对手，应尽早利用主动和解的策略部署产业竞合的环境，减少市场竞争的损失。对弱势企业来说，专利策略能否成功，在于竞争对手是否存在专利缺陷，也在于专利的检索和技术分析水平、回避设计水平、本企业的申请策略和实施能力。否则，有可能造成技术投入的大量浪费。

2. 强势企业的专利战略策划

强势企业的专利战略，首要的是利用专利制度所提供的空间，最大限度地成为同类企业的领跑者，从行业、技术标准的高度形成专利网，完善专利申请和管理的技术细节，最大限度地阻止后人抢占市场。事实上，企业的强弱是相对的，如果专利战略失误就很难生存。例如，我国某著名的通信企业只拥有基本专利而没有从属专利，最终将导致他人拥有从属专利或本企业使用从属专利的技术方案而造成侵权。强势企业的专利战略主要包括两部分内容：一是保持和加大本企业的专利竞争优势，二是尽可能阻止他人的市场抢占和侵权行为。具体的操作方式：

（1）按照国内专利、国外专利、无效专利的顺序进行专利技术调查和法律状态调查，获得本企业所需要的无效专利信息或与本企业利益冲突的有效专利信息。

（2）确定本企业专利申请和实施战略。专利申请战略的重点应在于合理部署基本专利和从属专利 I、应用专利（必要时部署迷惑对手的专利），构成以基本技术为主干的专利网；申请专利时要关注申请文件的撰写、表达要严谨，以便形成有效的专利文件；专利实施战略的重点在于利用专利网为企业创造效益。首选独占实施专利，这样可以形成对市场的垄断，打击竞争对手；如果打击对手的成本高于企业的综合收益，可以采用交叉实施、专利合作实施的方式结成企业联盟；对于他人领先于本企业而本企业又不能回避的技术，可以采用专利引进方式，无论引进实施或不实施，都要保证自己的产品为市场主导；此外，对于本企业那些转型产品、新开发产品等不需要的技术，可通过专利转让或许可的方式使企业获益。

（3）适时利用进攻战略。如通过专利诉讼打击竞争对手，提高专利价值等。无论弱势企业还是强势企业，在以知识产权为主导的市场经济规则环境下，无论采用或制定什么样的专利战略，都应当提前调查、积极应对、快速抢占、使用计谋。目前，我国的多数企业在几个方面普遍都存在缺陷，错过了许多处理专利问题的时机。企业的专利策略一定要以市场理念为指导。企业的决策者必须清醒地认识到：拥有专利不一定能拥有市场，拥有市场则必须利用专利。因此，企业的专利开发战略不能满足于科技成果的获得，而应当立足于市场的获得；申请专利保护的创新技术应当以市场需求为核心，否则，再好的专利战略

130

也只是空谈。例如，宁波一家民营航空公司研发出无人驾驶飞机，虽然申报了专利，但没有市场需求，尽管此项创新技术含量较高，但这种没有市场需求的技术即使申报再多的专利进行保护，对企业发展来说实际上没有任何意义。

二、商标战略策划

商标是企业技术、管理、质量等多种因素的凝炼，是企业信誉、社会认同、文化品位的综合体。企业提高商标保护意识，提高商标注册和维权意识，重视商标发展战略，把握机遇、准确定位、积极树立国防军工尖端产品品牌，建立企业识别系统，促进企业发展，提升企业形象是我们亟待解决的问题之一。商标战略与企业发展的关系所谓商标战略，是指企业在变化莫测、竞争激烈的市场中，为求得长期生存与发展而制定的产品品牌的创建、发展和保护的总体设计。

（一）商标战略推进企业可持续发展

商标战略的实施有利于市场经济体制的建立，有利于市场竞争的有序化，有利于市场经济的发展的深化，有利于企业可持续发展。商标战略的时代性、先导性，使它永远站在时代前列，掌握未来发展的方向。经济的可持续发展，社会的可持续发展，环境生态的可持续发展都是商标战略不断追求的制高点。高新技术产品，国防尖端产品都是商标战略着重开发的新领域。

（二）企业是实施商标战略的载体

在市场经济运行过程中，一切品牌都是由企业创造的，企业是实施商标战略的载体。品牌商标由企业来创造。产品都是由企业生产制造的．要创立品牌产品，必须由企业来实施。无论是地区品牌、全国品牌、还是世界品牌，都只是表示品牌的影响力和范围大小不同，而它们都是由某一家企业生产的，或者由某一家企业为主导，其他若干配套厂家合作生产的。品牌产品的归宿在企业。企业驰名也是由企业创造的。在品牌世界，不仅有产品品牌，而且有企业品牌。产品的品牌是企业驰名的基础，没有驰名产品绝不可能成为驰名企业。但企业驰名不是产品驰名简单的综合，而是在产品驰名基础上塑造出整个良好形象的结晶。

（三）商标战略体现企业发展的目标

商标战略体现市场经济的基本功能。市场经济的基本功能是通过市场机制的作用达到资源的配置。优质原材料、先进设备和先进技术、高效优秀能源、优秀人才、优化的信息、雄厚的资金，一般都优化配置在企业名牌产品上。使企业名牌产品在市场上产生高效益。商标战略可以推动经济运行质量的提高，经济增长方式的转变．从而推动企业稳步向前发展。商标战略体现市场经济机制优胜劣汰的基本特征。企业商标战略既是市场竞争优胜劣汰的结果，又成为进一步推动优胜劣汰市场竞争的动力。商标战略作为市场经济的产物．是推动市场经济发展的强大动力。因此．企业要发展，必须实施商标战略。

商标战略有不同层次和不同领域，也有不同的级别：一级是注册商标；二级是市级知名商标；三级是省著名商标；四级是国家驰名商标。从商标战略涉及的范围来看．有世界商标战略，一国商标战略，一地商标战略等。从商标战略所涉及的经济领域来看，有整体商标战略，即各行各业商标战略的总和；有产业或行业商标战略，如工业商标战略，农业商标战略，商业贸易商标战略；有产品或项目商标战略，如汽车商标战略，家电产品商标战略，电子产品商标战略等等。商标战略已渗透到各行各业，在发达国家已很明显。我国作为市场经济起步不久的发展中国家，商标战略尚处于萌芽和形成过程之中，随着我国市场经济逐步发达，商标战略思想一定会在总体上和各个领域得到广泛的应用和发展。实施商标战略，促进企业发展企业实施商标战略涉及到许多方面，无论是品牌商标的形成和创造，还是品牌商标的发展和扩张．或是品牌商标的推广和保护，都有许多具体的实施战略，这些具体的实施战略构成企业实施商标战略的体系：

（一）商标设计战略

实施商标战略要从商标设计开始。商标设计不仅仅是艺术形式的构想与再现，搞商标设计，既要熟练的掌握美术技能、技巧、还应了解商标法律知识，考虑到能否获得注册，这是关键性的问题。商标设计还是企业文化、精神风貌和经济技术的反映。商标设计应给人以强烈的标志感、艺术感和象征感。

（二）品牌质量战略

品牌质量战略是商标战略的核心。在实施品牌质量战略时，首先要确定产品质量目标。其次是要明确质量标准。第三，加强质量管理。

（三）品牌广告战略

企业实施商标战略，品牌广告是必不缺少的手段。在现代市场经济条件下，不利用广告手段进行宣传，不利用广告媒体、企业形象手册等宣传，就不可能提高消费者对你的品牌商标的认知度，也不可能成为名牌。企业在实施广告战略时，一定要注意三点：一是广告要真实，不说过头话，不做虚假广告，要实事求是地宣传自己的产品品牌和企业品牌；二是要考虑经济承受能力，选择适合自己承受能力的广告形式，在扩大广告效果的同时，努力节约广告投入成本；三是要突出重点，主题明确，语言精炼，形象生动，恰到好处。

（四）品牌市场战略

企业实施商标战略必须扩大品牌市场份额，提高品牌市场占有率。为此，首先要搞好定位，确定目标市场。其次．要根据企业自身的实力和条件，采取切合实际的市场开拓和推进战略。例如在实力较弱时，可实行市场缝隙战略，瞄准市场空当进行开拓。在实力强大时可实行市场竞争战略，全面开拓国内国际市场空间。第三．搞好营销战略。要综合运用各种有效的营销手段和方法来开拓市场这包括产品战略、渠道战略、价格战略、促销战略等各种营销战略的录活运用。品牌市场战略是企业实施商标战略的主线．也是企业生存与发展的出发点和归宿点。

（五）企业形象（CI）战略

企业要实施商标战略，应重视应用 CI 技术。近年来，在工商企业界出现了一种新的经营管理技术—CI（Corpotate I dentity），即"企业形象"。它以企业作为经销对象．设计并建立"企业形象识别系统"（CIS，Corporate l dentity System），塑造出反映企业特色的企业形象，并通过在社会上的传播，在消费者、社会公众以至同行业中树立起良好形象，提高企业的知名度．从而提高企业竞争力。

企业形象识别系统（CIS）是将企业的经营活动以及运作此经营活动的企业经营理念，通过传播媒体来增进社会认同的答号系统。确切地说，企业形象识别系统以商标的造型与色彩设计为核心，运用综合的市场营销的传播技术，特别是视觉传播技术，将企业的经营、管理特色、社会使命感、产品包装风格与产销策略传达给企业内外的公众（包括企业员工、社会大众、政府机关及其他团体等），以树立良好的企业形象，使他们对企业产生一致的认同感和价值观。通过企业形象识别系统赢取社会与消费者的依赖与肯定，从而实现产品销售的目标，为企业带来更好的经营绩效。

建立企业形象识别系统，首先应将企业的经营思想和企业文化，形成明确而统一的概念，然后运用综合的传播媒介系统，将它传达给与企业有关的单位、团体或个人，作为市场竞争中的一种识别体系；同时借助设计系统设计出现企业个性和精神的视觉形象，使消费者产生一致的深刻的认同感。在 20 世纪 60 年代，美国一些大企业就应用过此项经营技术．效果是比较显著的，很快也就受到了各国企业界的重视，纷纷采用并作为加强市场营运的一项有力的战略武器。我国在改革开放后，随着外资企业的进入，也逐步认识到企业形象的重要作用，也有不少企业开始研究和应用 Cl 技术。成功的案例如联想、海尔。

（六）商标法律保护战略

企业不仅要实施战略，而且要实施保护战略．保护所有人的利益不受侵害。

1. 注册商标保护。在现代市场经济条件下，商标只有通过注册才能取得法律认可和法律保护。

2. 申请认定著名、驰名保护。国家驰名及省、市著名商标认定，是为保护知识产权、维护企业的合法权益采取的一项具有法律意义的工作。被认定为驰名商标或省著名商标，不仅会提高产品、商标及企业的知名度，更重要的是这些商标将受到法律的重点保护。在名牌经济更加发展的 21 世纪，商标战略具有愈来愈重要的意义。随着市场经济的发展，战略将更加广泛而深入地渗透到经济生活的各个领域，也同样将为企业发展注入无限的生机。

第二节　企业的专利战略

所谓专利战略是指运用专利及专利制度的特性和功能去寻求市场竞争优势、获取竞争利益的战略。专利战略的制订原则就是在专利制度的规则下针对已有专利技术去控制和反控制现有市场的总体谋略。

企业发展的核心是如何打开市场，占领市场，并在竞争中不断发展壮大。随着经济的发展，现代社会已进入技术竞争的时代，企业间经营活动竞争的实质已转为技术竞争，其胜负的关键是技术优劣的较量。而技术竞争主要表现在两个方面，一个是在新技术方面进行竞争，另一个是利用新技术方面进行竞争。专利正是新技术的一个最主要也是最重要的表现形式。据统计，全世界每年发明成果的90%～95%都申请了专利。拥有专利知识产权的状况，已成为衡量现代企业竞争实力的标志。企业应该把专利工作提高到战略高度是其发展的核心战略之一。围绕市场竞争这个中心，现代企业应学会运用专利战略来提高自己的竞争实力，即应当学会运用专利手段，确立市场竞争的优势，以寻求经济利益的最大化。企业专利战略具有长期性、全局性和层次性三个特征，具体可分为如下三个基本战略。

一、专利进攻战略

所谓专利进攻战略是指积极、主动、及时地将开发出来的新技术、新产品申请专利，利用专利保护抢先占领市场，合理合法垄断市场。

1. 先行预测战略

即利用专利信息预测本行业技术的发展趋势及市场前景。由于全世界每年发明成果的90～95%都是专利技术，而专利技术的载体专利说明书等专利文献是一种公开的文献资料，可以通过公开的途径查阅到。因此，通过查阅、分析某一技术领域专利申请量的大小及其相关内容，就可以比较准确了解某一技术领域的现状和最新的动态，预测其发展趋势，从而分析出某一产品的市场前景，及时的制定、调整企业的发展方向和对策。

2. 专利网战略

即某个技术获得专利权后，以其为基本专利，将其改进技术及外围相关技术均申请专利，形成一个由基本技术，并同外围相关技术一起构成的专利网，进而形成本企业强项技术的专利壁垒，使竞争对手无法攻破。申请专利就好像是跑马圈地，申请了一个专利，就等于圈到一块可以独自耕耘的土地，申请的专利越多，圈的地也就越大，可以独自占有的市场也就越大。因此，为了占领市场以取得更大的经济效益，每个企业都应当根据自身特点、市场情况及国内外竞争对手的实力，确立自己的基本技术或主导技术，并全力攻关，不仅基本技术要申请专利，与之配套的外围技术也应及时申报专利，这样，才能形成一个严密的专利网，有效的保护基本技术和外围技术。

3. 控制战略

即通过技术输出来控制市场。美国的可口可乐公司在中国建立合资企业后，只将有关设备方面转让给合资企业，而可口可乐原浆的生产技术不转让，将其牢牢的控制在自己手中，进而永远控制着该产品在中国的市场。

二、专利防御战略

所谓专利防御战略是指在市场竞争中遇到竞争对手的专利战略进攻或竞争对手的专利

妨碍本企业的市场运作时，采取的打破市场垄断格局，改善竞争被动地位的策略。

1. 排除妨碍战略

就是利用专利法规定的撤销程序或无效程序，将竞争对手的专利撤销掉或无效掉。尤其是实用新型专利，因为实用新型专利实行的是初步审查制，不进行新颖性、创造性、实用性的实质审查，这就不可避免的存在将不符合三性条件的专利申请授予专利权的现象。正因为如此，一些国外企业、公司常利用实用新型专利制的这个缺陷，将已失去新颖性的技术或产品拿来我国申请专利。如果我们不用专利这个武器将其无效掉，他们就可堂而皇之的在我国市场上作为专利技术进行转让，收取专利使用费，因此企业在产品开发的过程中，要善于利用专利无效程序消除竞争对手设置的专利障碍。

2. 交叉许可战略

即允许对手使用自己的专利以换取自己使用对方专利的权利，双方都不必支付费用，而只需找平差价，这样对双方都有利。

3. 公开技术战略

即以先行公开的方式，破坏某项技术的新颖性，使竞争对方无法获得专利。这种战略手段一般在下列两种情况下使用。

一是本企业与竞争对手同时在开发某项专利技术，但竞争对手稍占优势，专利很可能被对手先行申请并获得。在这种情况下，就可以将该技术的有关内容抢先公开，当自己无法获得专利的情况下，使对手也无法获得专利，阻制对手设置专利障碍。

二是如果本企业对某项技术已经开发成功，而自己认为又没有必要独占，但若被对手申请专利，可能造成对自己潜在威胁，这时可将该技术内容以一定方式公布于众，这样可以阻挠对手获得专利。

三、专利利用战略

即充分利用专利的特点，善于使用拿来主义。对于没有在我国申请专利的国外专利技术，我们可以毫不客气的拿来为我所用，只要不将产品销售到该产品有专利保护的国家即可。此外，对于已过保护期的专利技术，无论是中国专利还是外国专利，我们可以放心的拿来，也不必担心出口是否会侵权的问题。因此，我们要学会利用专利的时间性、地域性的特点。该拿来的就应毫不客气的拿来为我所用，以节省研究、开发经费，直接产生经济效益。

第三节　企业技术创新中的专利战略

一、企业技术创新的目的和动力

企业是技术创新的主体，技术创新是企业持续高效发展的不竭动力。在经济全球化的大背景下，企业势必将面对来自国内外两个市场的竞争压力。因此，加强企业技术创新培育企业的核心竞争能力就显得尤为重要，这是我国企业走出国门、走向世界、实现经济发展的必然要求。创新则兴，不创新则亡，这是市场竞争的无情法则。技术创新是指企业根据市场需求，利用专利信息在确定的技术目标下进行技术开发，并使创新成果转化，实施市场运作获得利润最大化的过程。对于企业而言，追求技术创新的价值和动力，在于它能够提高企业的投入产出水平，即以更低的成本生产出相同质量的产品，或以相同成本生产出更高质量的产品和具有市场竞争力的新产品，从而提高企业的竞争力。在谈到技术创新的时候，目前仍有一些人认为技术创新就是指单纯的技术开发或技术改进，是为此而进行的单纯的智力活动。实际上这种单纯的技术开发或改进仅仅是技术创新过程中的一部分，它既不是起点也不是终点。

由于技术创新是围绕新技术实施市场运作的一个过程，因此，技术创新的起点是市场需求，其终点则是通过市场获得经济利益。这一点在西方市场经济数百年的实践中已经变得十分清晰了。早在 20 世纪 30 年代，奥地利经济学家熊彼得就曾认为：企业之所以冒不可避免的风险进行技术创新，其主要目的和动力就是希望在竞争中获得垄断地位，并且保证在垄断维持期间能够保持占有超额利润的能力。从上面西方经济学家的论述中可以看出，技术创新是从市场到利润的一个过程，其目的就是在市场中取得垄断地位和占有利润。实现这一目的除了经济制度、政府政策、市场环境等社会因素外，法律环境中的知识产权制度是最重要的因素之一。我们之所以强调技术创新是一个过程，是因为单纯的技术和脱离市场需求的技术开发不是我们今天所说的技术创新，脱离市场的创新没有生命力

二、企业技术创新的实施

1. 企业技术创新的实施从操作层面而言。一般须具备以下几个阶段。

1）第 1 个阶段是创新思想的形成。创新思想的形成环境主要包括市场环境、企业环境和社会环境等方面。

2）第 2 个阶段是创新技术的获取。创新技术的获取主要有 3 种方式：一是企业依靠自己的力量进行技术创新活动；二是企业与其他部门联合开发，主要是与科研部门、高等院校等合作；三是从外部引进。

3）第 3 阶段是企业生产要素的投入和组织、管理阶段。主要包括企业的人力、物力、资金、技术、信息等基本要素的投入与组织管理。资金的投入与管理，一般来说要把握好几个比例关系：一是研究与发展费用占企业销售额或利润的比例；二是在研究与发展费用中，基础研究、应用研究和试验发展各部分的资金比例；三是引进技术的费用与吸收费用的比例。

4）第 4 阶段是企业技术创新的效果展示阶段。企业技术创新的效果可以在经济指标和产品的物理、化学性能上得到反映，改进产品的物理、化学性能也常常是企业进行技术创新的出发点。在现实中，往往也只有在改进产品的物理、化学性能方面取得成果后，才能获得相应的经济效益。

5）第 5 阶段是企业技术创新成果的应用和扩散。即技术创新成果的产业化和技术创新成果在全社会的转让与推广过程。

2. 企业在技术创新的实施过程中，从策略上看必须坚持"六贵"

（1）贵在联合。由于技术创新存在着高投入、高风险，需要政府和企业自身的重视，才能顺利地开展技术创新活动。一般来讲，企业在技术创新过程中遇到的难题有以下几种情况：一是技术实力不强，缺乏开发条件，自主开发能力弱。相当一部分企业属于传统技术、淘汰和限制技术。技术水平低，直接造成产品档次低、质量差、消耗浪费严重，污染环境。二是资金不足，缺乏资本积累，资本筹措能力弱，创业资本和营运资本相对匮乏。多数企业无力进行技术改造，技术开发和创新技术改造资金严重不足，投资增幅逐年回落。绝大多数企业的技术开发费和折旧提取比例都在一个很低的水平，甚至一部分企业根本就不提取，处于只能"吃剩饭"的境地，也就难以谈及技术开发和创新。三是中小企业技术创新的成功率低、风险大，一旦创新失败，往往造成企业破产倒闭。在以上不利因素情况下选择联合策略也是技术创新的一种思路。如果企业不乏资金，只是苦于开发能力弱，可以寻求有实力的高校、科研院所联合开发，其形式可以组建公司实体，也可以采取签订联合技术开发协议。比如，三明制药厂和福建医学院联合开发的蛇酶注射液项目，金陵制药厂与江苏省中医学院合作开发的治疗脑血栓的中药脉络宁等都属国内首创，并取得了巨大的经济效益。如果企业苦于资金的短缺，可寻求创业资本（风险资本）的支持和中小企业科技开发基金的支持，通过技术专家与创新资本的结合来实现企业的技术创新，并推动创新技术的产业化和后续开发。

（2）贵在开发。即企业在技术创新中，应把主要精力放在新产品开发上，以新产品开发为本，加快推进企业的技术创新工作。在国内外市场竞争十分激烈的今天，消费者生活需求出现多样化和新潮化的格局，相当多的企业都非常重视产品的更新换代，以赶上消费变化的快节奏，不断进行技术创新，以新取胜，并以技术创新促进产品实现质优价廉。从国际上看，中小企业在技术创新方面较大企业成功率高。这是因为，中小企业进行技术创新大多是市场拉动型的，即根据客户的需求进行技术创新活动，其主要目标是利润最大化因此，中小企业灵活的机制十分有利于技术改进和技术成果向现实生产力转化。

（3）贵在求独创。技术创新虽然有以新取胜、抢占市场竞争先机的作用，但在广大企业都注重技术创新而且创新能力普遍增强的情况下，企业间创新的竞争已经呈白热化状态，如果一个企业的技术创新没有自己的独创性，就很容易被其他企业模仿甚至超越。可见，创新诚可贵，独创价更高。企业技术创新要十分注重强化独创性，既要从自己企业未来竞争的需要出发，在技术创新中注意独辟蹊径，以避免可能出现的同行业技术创新雷同，又要尽可能地提高技术创新层次，特别要积极开发居领先地位的高新技术产品，使别人很难模仿或匹敌。

（4）贵在讲时效。时效是决定企业技术创新能否成功并取得成效的一个不可忽视的重要因素。在知识经济时代，科学技术突飞猛进，一项创新思维的出现到产品实体的形成和上市，速度之快已经到了只能以月计算的地步。一个企业尽管有着良好的创新愿望，但如果在开发中不注重提高时效，结果就必定无法奏效。因此，企业新技术、新产品的开发要谋事早、行动快、时效好，迅速形成批量尽快推向市场。这样，在以新取胜的市场竞争中才能捷足先登，取得最佳销售时机，使企业的创新超人一筹，成效卓著。

（5）贵在用法律。入世给我国带来了前所未有的发展机遇，企业要发展，就必须通过技术创新，培育企业的核心竞争能力。企业的知识产权是企业核心竞争能力的关键组成部份。一个企业知识产权的形成是企业长期经营的积累，是企业创新的成果和企业文化的体现，更是企业在激烈的市场竞争中，通过法律途径，对自己知识产权认真保护的结果。近几年来，我国一些企业通过实施技术创新工程，开发了一批新产品，推广应用了一批新技术，使生产技术水平和产品科技含量都得到了大幅度提升。然而，许多企业通过技术创新研制的独家新产品和技术，时隔不久便被仿冒，遭受严重的经济损失；还有一些企业不知创新也需查新，无意造成了专利侵权。那么，企业如何保护自己的新产品、新发明、新创造呢。最好的办法就是技术创新中运用专利战略，通过法律制度来保障企业的技术创新成果。坚持做到创新前先查新，创新后重保护。特别是当自己的技术或产品已经达到独创水平，具有申请专利条件时，应及时提出专利申请，以求迅速被国家专利局批准为专利。这样，企业就既不会因无意间侵犯他人专利权而惹上麻烦、遭到损失，又可运用专利法来维护自己的知识产权不受侵犯，维护创新带来的利益。

（6）贵在有远见。现在，一些企业技术创新的战略意识不强，虽也能取得一些阶段性成果，但却无法在较长时期内取得更多的效益。技术创新是企业的生命力所在，特别是在知识经济社会中，创新对于企业赢得竞争和获得长远发展，更具有战略性的决定作用。因此，企业一定要从战略角度来审视技术创新工作，通过提升创新起点、强化创新个性特色，使自己的技术创新从策略性对策向战略性举措转变。诚如此，我们的技术创新才能高瞻远瞩，收益长远。

三、专利战略在企业技术创新中的运用

企业专利战略是企业结合自身优势和经济发展的实际情况，通过对专利情报及其有关信息的搜集和研究，预测相关技术、经济发展趋势与方向，开展技术创新，为获得自主知识产权形成专利技术优势、竞争优势乃至整个市场竞争主动权，而作出的总体和长远的谋划与对策。实施企业专利战略，有利于强化企业自主知识产权的创新活动，提高可持续发展的创新能力，培育核心技术竞争力。作为企业发展的生命线和护身符，企业专利战略有许多行之有效的形式，在企业技术创新过程可着重采用以下专利战略。

1. 开创型专利战略

开创型专利战略也可称之为控制型战略，它是指企业基于对未来发展方向的准确预测，积极主动地利用自身的技术和经济实力，抢先研制出技术含量高、具有技术竞争力和市场前景的发明专利产品，占领市场并获取超额利润的战略。实施这一战略的核心是技术领先，抢占技术制高点，形成自主知识产权的技术，占有技术的垄断权。其目的是尽可能垄断市场，尽可能"封杀"竞争对手进入市场的通道。开创型专利战略应由以下几部分构成：

（1）技术开发战略。企业的技术开发应以市场需求为导向，查新文献、广泛调研、充分论证，做到知己知彼。第一，充分进行专利文献检索。对本领域或相关技术领域专利技术发展动态跟踪，了解该技术领域最新发展方向，找出自己可以进入的切入点，分析开发的可行性，开发的技术含量，市场前景如何，以及该项技术后续开发和延伸的价值。据世

界知识产权组织的资料介绍，在科研工作中经常查阅专利文献，可以缩短科研时间 60%，节省研究试验经费 40%。因为专利文献可以提供以下 3 方面的素材：一是以技术为中心进行分析，提供某一技术领域何为重点、空白点何在；对其他领域有何影响；替代技术是什么。二是以申请人、发明人为中心进行分析，提供技术开发的形式和组织，甚至可以提供多个企业共同开发状况。三是以时间为中心进行分析，提供某项技术的来龙去脉。有了这些素材系统的统计分析，不仅可以大大开阔眼界，而且又能从中得到启发，可以站在巨人的肩膀上，提出新的发明创造。海尔集团就是一个利用专利文献，提高自己新技术生产能力和速度的典范。早在 1987 年海尔集团就成立了专利委员会，当时就收集了自 1974 年至 1986 年间世界上 25 个主要工业国家有关冰箱的 14 000 余条专利文献题录，随后又陆续建立和开发了中国家电专利文献数据库、中国家电专利信息库。只要是家电方面的专利，都能够查到，因此，使海尔的技术开发走在了中国企业的前列，现在海尔集团平均每天申请 1.8 个专利。第二，分析该项技术的市场前景有无竞争对手及对手的实力，推向市场后的投资回收速度以及投资回报率。第三，分析自己的技术实力、优势和弱点，有无引进人才和联合开发的必要，资金投入有无保障。只有在此基础上，才能正确选择技术开发方向及重点，作出正确决策。

（2）自主创新的高起点战略。面对新技术、新发明不断涌现的知识经济社会，企业要在竞争中求生存和发展，占领市场和技术优势，就必须按技术创新的思路去开发技术和产品。一是要走出仿制他人技术的思维方式，充分剖析，吃透现有技术的缺陷，避开现有技术的研究思路，提出全新的技术方案；二是要提高技术的起点，走上技术进步和技术创新之路，要利用已有的技术优势，针对重大技术，加速创新技术开发形成自主的知识产权，逐步形成具有市场竞争力的专利技术，并在国内国际市场中占有一定份额。三是技术创新要注重独创性。企业技术创新要十分注重强化独创性，既要从企业未来竞争的需要出发，在技术创新中注意独辟蹊径，以避免可能出现的同行业技术创新雷同，又要尽可能地提高技术创新层次，特别要积极开发居领先地位的高新技术产品，使别人很难模仿或匹敌。

（3）辅之以外围专利网战略。实施开创型专利战略应辅之以外围专利网战略，即企业围绕基本专利进行再创新以形成强大技术屏障的外围专利，层层围堵他人的对抗和竞争。外围专利网战略是指企业开发的新产品取得专利后，为防止别人开发外围产品或利用其他方法生产相同产品与自己竞争，企业必须迅速地开发外围产品并取得专利，形成严密的专利网，不给竞争对手留下任何可利用的空隙，从而最大限度地保护自身专利。

发展企业重要的支柱技术，除及时申请专利外，还要在此技术的基础上进一步开发出外围周边技术，如对基本专利的改进或应用方法等，也申请专利。而且，对重要的技术和产品，应采取“全立体式”保护，既申请发明专利保护技术的实质，又申请实用新型保护产品的结构，包装图案及装潢申请外观设计，形成一道“疏而不漏”的专利保护网，再狡黠的侵权者，也很难寻找到规避的突破口。专利网的威力是巨大的，它扩大了企业对产品和市场的保护范围，使竞争对手在这一领域丧失活动余地，从而避免了竞争对手在同一产品及类似产品中对自己的直接威胁。

国外许多著名企业大量申请专利，既为保护自己的未来市场权益不受侵害，也为堵住别人技术超越的“空隙”。很多企业在一项技术发明之后，就要在该基本专利周围同时申请一些外围专利，构筑一道道保护的专利网。据欧洲专利局调查，欧洲每年申请的发明专利中，最终只有50%能够获得专利权，获得专利权的专利中只有10%能最终付诸实施，其中很大一部分是出于战略考虑用来"圈地"的。

2. 追随型专利战略

企业实施追随型专利战略在技术创新中往往可以收到多种良好的效果：

（1）模仿创新战略。对于技术较为落后的企业往往是通过购买专利引进技术作为振兴企业的生长点；通过消化、吸收他人专利技术来提高企业的技术水平和创新能力。模仿创新并不完全照搬抄袭别人的技术，它同样要投入一定的研究开发力量，对已有的专利技术进行进一步的开发，只要改进产品的技术特征与原有专利的技术特征不同，提高了产品的档次，企业可就改进部分的技术特征申请专利。甚至可迫使对方与自己签订交叉许可合同，相互允许对方免费使用自己的专利。因此模仿创新并不是单纯的模仿，而是一种渐进性的创新行为。由于模仿创新使技术开发的针对性大大增强，这就回避了研究开发竞争所带来的风险，从这个意义上与自主创新战略相比，模仿创新战略是一种风险较低的战略。

（2）技术创新中的小而新战略。技术创新是企业经济持续增长的不竭源泉已成为共识，但对于如何创新，其着力点又在何处，是因每个企业的实际情况而定的，不能一说到技术创新就认为只能是高科技，甚至将技术创新与高新技术、尖端技术划等号，从而陷入创新只有求"高"、求"尖端"唯是的误区。重大发明创造、重大技术革新是创新，小发明、小创造、小改小革同样也是革新，创新存在于每一个细节之中，关键是企业如何去发现这种细节，如何去发现现实的和潜在的市场需求。企业可以围绕已经公开的基本专利主动进行应用性开发，在他人技术占主导地位的情况下，创造出许许多多的小专利，以己方的大量小专利与对方抗衡，"以小换大"，形成交叉许可的态势，突破他人的技术垄断，甚至使他人的基本专利技术在己方的外围专利网中丧失技术发展的动力。

企业实施追随型专利战略可以减缓技术创新风险，节省研发的经费和时间，实现跨越式的发展，后来居上。当然，作为一个企业，不能长期单纯地运用追随型专利战略，否则不利于企业独立研究能力的提高。再则，如果竞争对手对其基本专利辅之以密集的外围专利网进行保护时，追随者也就难以与其竞争。

3. 专利输出战略

包括专利权有偿转让战略和专利有偿许可使用战略两种类型。企业通过技术创新所获得的专利技术、产品除自己实施生产外，还可以通过有偿转让专利的所有权或使用权的方式，收回技术创新的投入，并获得更大的利益。专利转让往往是一些实力雄厚的大企业常采用的策略，正逐渐成为国际技术贸易的一种重要方式。

在一定的时机，一定的环境条件下，转让专利技术从战略上讲是合理的。比如没有利用专利技术的能力，或者是竞争者已牢固的占据了市场，在这种情况下不进行专利转让，将会促使竞争者围绕该专利技术开展发明创造活动，如果有一个或多个竞争者获得成功，这时专利产品的市场份额就会被划分，专利权人就只能得到很小的市场份额。但是通过专利转让，企业不仅可以防止别人模仿自己的技术，还可以通过转让专利技术，制定技术标准和收取转让费，而竞争者则可以获得一种比较廉价和风险小的技术投资方案。专利技术转让可以加速按照企业的技术将产业标准化的过程，如果有几家企业在推进该专利技术的发展，转让不仅可以使这种技术合法化，而且还有利于加速它的发展。有的专利转让，还实现了企业之间的技术互换。

当然，在选择转让对象时，企业应慎重，否则就会因不恰当的转让而创造了不必要的竞争者，最终因贪图短期利润而丢掉了自己的竞争优势和有利地位。如果转让给非竞争者，由于非竞争者很快将变成竞争者，专利转让者必须通过转让条款或确保非竞争者不会变成竞争者而使这种风险最小化。为了确保受让方是一个非竞争者，转让方不仅必须考虑它服务的现有市场或细分市场，而且还必须考虑它将来可能进入的市场。如果将专利技术转让给一个竞争者就应选择好的竞争者，因为好的竞争者可以在促进需求、阻止进入和分担开拓成本等方面发挥重要作用。

第四节　企业专利战略应用

专利战略是企业面对激烈变化、严峻挑战的环境，主动地利用专利制度提供的法律保护及其种方便条件有效地保护自己，并充分利用专利情报信息，研究分析竞争对手状况，推进专利技术开发，控制、独占市场，进而取得专利竞争优势，求得长期生存和不断发展而进行的总体性谋划。打开市场、占领市场、最终取得市场竞争的有利地位是专利战略的目标，其中占领市场是专利战略目标的核心内容。融技术、经济、法律、贸易为一体的专利战略已成为企业克"敌"致胜的法宝。企业应用最为频繁的几种基本战略有专利信息战略、专利开发战略、专利申请战略、专利贸易战略、专利诉讼战略等。

一、专利信息战略的应用

案例一。青岛海尔集团是我国大型家电生产企业，为了防止开发的产品侵权，同时了解中国专利动态，集团于1987年编制了产品专利简报，每月更新一次，使技术人员能够了解最新专利技术情况。随着产品开发速度的加快，技术人员借鉴、参考专利信息进行技术创新的需求越来越强烈，为避免专利纠纷，利用专利信息进行防侵权检索的需求也越来越迫切。1997年，海尔集团购买了中国专利光盘，每季度更新一次，充分满足了技术创新和国内侵权检索的需求。同时，为方便技术人员随时了解各竞争对手的技术情况和细分技术的发展状况，又对专利光盘进行了二次加工，建立了以主要竞争对手为对象的目标公司专题库和产品细分技术的专题库，以方便技术人员从纵向和横向方面了解专利技术情况，快速形成知识积累，提高开发速度。1999年，随着全球化战略的提出，海尔集团的产品出口越来越频繁，而且在美国建厂也使所需的专利信息扩展到国外．因此技术人员在设计时常常感觉缺乏国外技术的参考资料，并且为防止侵权产品出口也需要检索，于是又建立了国外专题光盘数据库。它包含了美国、欧洲、17本和韩国的部分产品的相关专利文摘，同时又同专利局文献部合作建立了美国、17本等国家的外观专利库。到目前为止，产品开发阶段的专利检索基本上都在集团内部进行。

专利信息是人类智慧的结晶，是所有发明创造的集合，它融技术、法律、经济信息于一体，是世界上反映科技发展最快、最全面、最系统的信息资源，据世界产权组织统计，全世界大约 90%～95% 的最新发明创造信息来源于专利信息。企业技术开发和引进、取得与利用专利等无不以专利信息工作为先导，"专利信息战"是"专利战"的前奏。企业专利信息战略注重的是与企业技术开发和生产经营有关的专利信息，具体讲是专利的技术信息、法律信息与经济信息。利用专利的技术信息可以提高研发工作的起点与效率、避免重复研究、避免侵犯其他企业的权利，同时可以找到技术的突破口；专利的法律信息在技术贸易过程中作用突出，无论是技术引进还是产品出口，都要对专利的法律状态有一个全面了解，以避免盲目引进或被控侵权；专利的经济信息与企业经营休戚相关，对专利技术产生的经济效益和未来市场预测是进行专利开发的前提，忽视专利的经济信息，便不可能制定出科学的经营策略。因此，专利信息战略是企业专利战略的基础与核心部分，贯穿于企业专利战略的始终。出色的专利信息战略可为企业的长期稳定和可持续发展打下坚实的基础。

二、专利开发战略的应用

案例二。2000 年 10 月 1817《中国知识产权报》报道了一种柠檬酸的制备专利技术，竟使一家濒临破产的小企业迅速"起死回生"，成为亚洲最大的柠檬酸生产和出口基地。柠檬酸是一种广泛应用于食品、化妆品、无磷洗涤剂和制药等行业的添加剂，全世界的年需求量约为 70 万吨，并以每年 5% 的速度递增。我国柠檬酸的产量约占世界总份额的 20%，但长期以来我国生产企业一直以山芋干为原料提取柠檬酸，产品质量差，成本高，致使我国柠檬酸市场一度产品过剩，价格急剧下跌。1995 年，安徽省丰原集团瞄准用玉米代替山芋干生产柠檬酸的这一重大课题，挤出 180 万元进行科技攻关。经过反复研究试验，攻克了菌种筛选、营养控制、低温液化等难关，终于研制成功了用玉米粉取代山芋粉直接发酵生产柠檬酸的新工艺，使柠檬酸的发酵周期比国外企业缩短一半，单位粮耗下降 13%，电耗下降 35%，水耗下降 65%，总收率由 62% 提高到 84%，设备生产能力提高 30%。总的算下来，丰原集团生产柠檬酸的成本低于国内同行 1 500 元，l 低于国外同行 400 美元。同时质量显著提高，产品达到美国、英国和 17 本药典的标准。这项技术引起海内外同行的广泛关注，获得了国家发明专利，并获得了安徽省科技进步一等奖。1995 年之前，丰原集团连续 6 年亏损，累计亏损额 1 737 万元。凭借这项创新技术，丰原集团发生了翻天覆地的变化。1995 年，就在我国大多数柠檬酸生产企业陷入困境的情况下，丰原集团的销售收入却达到了 5 000 万元。随后 3 年，企业的产量和利税都以翻番的速度增长。1999 年生产能力达到 6.5 万 t，实现利润 4 800 万元，产量跃居亚洲第一位。在市场竞争中，科学技术越来越发挥着主导作用，是否具有强大的技术实力，已成为决定一个企业成败的关键因素。企业之间的竞争，说到底是企业技术水平的竞争。谁的产品质量高、成本低、性能好、功能多，竞争能力就强。而产品质量好坏、成本高低、性能优劣、功能多少，在很大程度上取决于技术水平的先进程度，而先进的技术水平来源于研究开发。任何专利的产生无不是以新发明的产生为基础的，企业的专利竞争首先表现为专利的开发。企业专利开发战略基本可以归纳为两种。一是以美国为代表的开拓型开发战略。此战略一般选择新颖性、创造性、实用性都比较高的技术空白点进行开发，其成果往往是技术上的重大突破，成为技术发展的核心，多属基本专利。另一种是以 17 本为代表的追随型开发战略，其成果多属改进专利、应用专利等外围战略。此战略一般是在引进技术的基础上消化创新，实行二次开发，并取得一系列改进专利。

三、专利申请战略的应用

案例三。中国石油化工集团公司是我国最大的石化企业，发明专利申请量连年在国内企业中处于领先地位，专利申请量逐年增加，2000 年共申请专利 678 项，2001 年共申请了 906 项，其中发明专利在国家知识产权局公布的 2 000 年国内公司企业申请量排名中位居第二。目前中石化已申请中国专利 5 000 多件，其中发明专利占 50% 以上，并向国外 32 个国家申请专利近 500 件，拥有国内外授权专利 2 900 多件 其中集团公司的核心技术——催化裂化技术已申请了 310 项专利，拥有中外专利 153 项；加氢裂化和加氢精制技术也申请中外专利 279 项，拥有中外专利 100 项。中石化一批核心技术已经开始形成了专利和专有技术相结合，母专利和子专利相结合的初级网络型专利保护网。

案例四。国内外名声显赫的青岛海尔集团，从 20 世纪 80 年代就开始抓专利工作，成功地将专利战略与企业经营战略紧密结合在一起，至 1998 年年底．已拥有 1 599 件中国专利和 7 件外国专利，1999 年申请中国专利 582 件，外国专利 2 件．是全国企业中的专利大户。他们的专利工作已达到发达国家大企业的专利工作水平海尔集团于 1996 年开发出"小神童"微型洗衣机。

在确定开发思路，提出设计方案的阶段，就请来 6 位专利代理人，和公司设计人员一起进行封闭式工作，研究发明创造实现的方案。直到公司认为所撰写的 12 件专利申请足以对小神童所有的设计创新形成完整的保护网，并将专利申请文件递交中国专利局之后，才送代理人回去，并在新产品投放市场前，提前申请了专利。3 个月后，注神童年产 10 万台，而且很快达到 20 万台由于它申请了 12 件专利，几乎没有被仿制的麻烦。

技术开发之后，企业就应及时申请专利保护，这样才能实现技术垄断和市场垄断，并为技术贸易提供可靠保障。企业通过专利申请可享有专利权，这种法律赋予的垄断权可以转化成排除竞争对手和最大限度地占有市场份额的法宝。专利申请战略常见的有基本专利战略和外围专利网战略。所谓基本专利，是指一个新的技术领域的专利。一个企业如果拥有强劲的技术研究开发能力和雄厚资本，从研究入手，将某项技术或某件产品的核心技术进行专利申请并取得专利权，首先获得基本专利是十分必要的，拥有了基本专利．就可以在激烈的技术竞争中取得垄断地位和支配权。所谓外围专利，是指围绕基本专利技术所做出的改进发明创造专利。为了阻止在基本技术周围残留未开发的领域被他人获得专利，基本专利发明人应尽快开发外围专利，以在基本技术领域筑起牢固的专利保护网。拥有基本专利的专利权人，通常围绕该基本专利不断进行研究开发，并且申请众多的外围专利，进一步覆盖该技术领域。

四、专利贸易战略的应用

案例五。日本索尼公司的前身东京通讯工业公司，是 1946 年由几位退伍军人合伙建立的一家只有资金 19 万日元、职工 20 来名的小企业，产品就是两波段电子管收音机。

1952 年，该公司老板井深大获悉美国贝尔实验室发明晶体管并取得专利权的信息，尽管当时的晶体管还不能用于制造产品．一些权威专家甚至预言，即使能够用于制造产品，也只能作助听器之类的元件，不能用于收音机的高频电路。但井深大独具慧眼，认为其应用前景无限，商业价值很高。1953 年，他花 3 000 美元便将该项技术引进，其目的是要制造可以进入千家万户的收音机。引进之后，他集中全公司的精锐技术力量研究改进，经过多次失败，终于在 1957 年制成当时世界上最小的可以放在衬衣口袋里的晶体管收音机，并使用"SONY"作为商标。产品一投放市场，便大受用户欢迎。公司也于 1958 年改用"SO-NY"作为名称索尼产品由此起步，走向世界。索尼公司也以此为契机，不断推出世界市场上从未见过的新产品，如晶体管电视机、袖珍录音机等等，使其由一个默默无闻的小公司，一跃而成为名闻全球，在美国、欧洲、澳洲等地设有多家分公司和近 20 家工厂的跨国公司，"SONY"商标也成为世界十大名牌商标之一。

案例六。日本日立公司每年申请专利 4 000 件左右，拥有有效专利 10 000 件以上。对于这些专利，不可能都由自己实施，日立公司在符合企业经营宗旨的前提下，以专利技术的转让或出售专利技术使用许可证的形式收回技术研究开发成本，从中获取利润，仅出售专利许可证一项，日立公司每年收取的使用费就多达 70 亿日元专利贸易战略包括专利引进战略和专利转让战略专利引进战略是指企业不通过自己申请专利而获得专利权，而是花费较大的价钱从发明人或其他企业那里购买专利权，达到独占市场的目的。引进型战略是一种主动采取"拿来主义"的做法。即企业通过专利有偿转让、专有技术转让等形式直接利用他人的专利技术和其他技术成果的一种战略。企业进行专利收买主要有以下目的：一是便于迅速组织大规模生产，独占整个市场，特别是被收买的专利在引进国具有巨大潜在市场。二是凭借专利的垄断控制，保证自己在没有比专利更好的技术运用于生产之前也不会受到经营上的损失。专利转让战略主要有出售专利、交叉许可、专利投资和专利产品输出。企业研究开出的专利技术、产品除了自己实施、生产外，还可以通过有偿转让专利所有权或使用权的方式，获取更大的利益。实际上，随着当代技术贸易在国际贸易中的地位越来越高，许多国家企业都把专利技术贸易当作是一种重要的收入来源。有资料统计，在技术贸易中许可证贸易占 80% 以上。

五、专利诉讼战略的应用

案例七。1973 年，美国阿赖德公司开始研究开发一种非金属材料，当年在美、日、欧洲申请了专利，与此同时，日本的日立、新日铁等公司也看好非金属材料市场，投入大量人力物力进行研究开发。然而，他们申请专利的时间却比阿赖德公司晚了几个月。这一差距使他们之间的地位具有天壤之别。1983 年 3 月，阿赖德公司以专利侵权为由，向美国国际贸易委员会（ITC）提起诉讼，指控日本新日铁、日立金属国际有限公司、前联邦德国的西门子公司、巴克姻斯梅尔公司等 10 余家公司侵犯其专利权。1980 年 10 月，美国国际贸易委员会（ITC）判决被告侵犯了阿赖德公司有关非结晶金属制造方法的专利权，禁止进口这些公司的非结晶合金，一举把这些公司挤出美国市场。不仅如此，阿赖德公司以专利为武器，将自己的专利技术打人日本市场，迫使新日铁等公司每年支付 2 300 万美元的专利使用费换取在日本国内的销售市场。案例八。美国哈那威尔公司拥有自动对焦技术的

144

专利权。1985 年 2 月，日本美能达公司销售一种带有自动聚焦功能的 a - 7000 型单镜头反射照相机。1987 年 4 月，哈那威尔公司即向美国明尼苏达州地方法院起诉美能达公司，指控被告侵犯了其专利权。这一诉讼是应原告的请求以陪审团形式进行的。1992 年 3 月双方达成和解协议，美能达公司一次性付给哈那威尔公司 1 亿多美元的和解金。不久，哈那威尔公司又如法炮制，相继对尼康、佳能等几家日本照相机企业展开专利诉讼攻势，迫使这些企业支付了巨额的和解金，哈那威尔公司还声称要对日本摄像机制造商采取同样的行动。据估计，哈那威尔公司最终可以从其自动对焦技术专利获得 10 多亿美元的专利使用费。法律保护是专利制度的支柱之一，专利诉讼战略就是充分运用专利制度保护功能的体现。作为一种进攻型的专利战略，一方面，企业可充分地利用法律赋予的专利保护权限，主动跟踪和收集竞争对手专利侵权的可靠证据，向竞争对手提出侵权警告或向司法机关提起诉讼，迫使对方停止侵权，支付侵权赔偿费，以达到维护自身合法权益，有力打击竞争对手的目的。另一方面，企业可按照法定程序，及时向专利复审委员会就可能威胁其生产的专利技术申请宣告无效，以确保自己的市场地位。企业积极运用专利诉讼战略，不仅可以有效地制约竞争对手，维护自身形象，而且还可以从专利侵权赔偿中获得可观的经济补偿，具有一箭双雕的功效。国内外大量案例表明，在激烈的市场竞争中，谁能巧妙地运用专利这一重要的"隐形武器"，谁就能在激烈的市场竞争中克"敌"致胜，立于不败之地。反之，就有可能"败走麦城"。因此，企业家对企业专利战略，不可不加以重视，不可不加以研究，不可不认真应用。

第五节　企业的商标战略

商标是知识产权家族中的重要一员，就其本义来说，它只是区别不同生产经营者或服务提供者的商品与服务的一种标志。然而，商标与企业联系起来后，作为企业开拓产品市场的先锋，其含义已远超出作为产品或服务的识别标记本身，而成为产品或服务质量、信誉、知名度的载体，凝聚了企业投人的大量智慧、心血和投资，构成企业的一笔价值可观的无形财富。商标因而有着企业的"黄金名片"、企业走向国外市场的"金护照"的美称。

在当代社会，商标作为知识产权的重要组成部分，正以越来越多的频率出现在经济生活中，其作用也愈来愈引起企业的重视。越来越多的企业意识到商标是市场竞争中重要的竞争手段，也是企业参与市场竞争、获取竞争优势的重要武器。从宏观方面讲，商标工作的开展状况已成为一个国家或地区经济发展的重要指标，如目前美国有商标 200 万件，日本有商标 100 万件，"日立"、"柯达"、"可口可乐"、"奔驰"等商标已成为经济实力的象征。

由于企业商标是企业开拓市场的先锋、是参与市场竞争的重要手段，也是企业获得竞争优势的重要法码，商标在企业工作中不仅起到识别商品来源的作用，而且是关系到企业生存与发展的战略问题。汽多企业家已意识到商标确实是关系到企业兴衰成败的战略问题，通过商标权树立企业形象，促进企业的长足发展。商标的设计、注册、管理和保护已日益成为企业生存发展的战略决策，商标战略意识是一个现代企业家必须具备的经营思想。在我国企业商标工作起步较晚，且商标意识比较淡薄的情况下，企业加强对商标战略的研究与运用显得尤为重要，本章将从企业商标战略的概念与特点入手，分析企业商标战略的构成要素、企业商标战略的制定与实施等问题。

一、企业商标战略的概念与特点

商标战略是现代企业的一种基本战略，它主要是通过对商标的精心选择和培育来提高其知名度，使其有效地传达企业形象和产品质量，藉以实现企业产品占有市场的目标。商标战略的实施需要转化为一系列具体的战术行为，即商标策略包括设计、注册、宣传、商标使用和维护以及商标管理等内容。企业商标战略作为企业知识产权战略的一部分，自然具有企业知识产权战略的共性，即法律性、保密性、非独占性、地域性和时间性。除此之外，企业商标战略还具有如下特点。

1. 与名牌战略、产品质量战略有着内在的联系

"名牌"本身是一个法律术语，但它通常指的就是驰名的商标．当然也包括驰名的商号。创名牌战略与创驰名商标战略在根本上是一致的，因为商标具有的识别、传播、保护和促销四大功能决定了商标在企业创名牌中具有十分重要的作用。创驰名商标战略的成功最后也必然是创名牌战略的成功。

"质量战略"主要是指通过提高产品质量赢得消费者信任．继而开拓和占领营销市场的一种企业战略。我国多数企在这方面意识比较强，"质量是企业的生命"是一个很容易弄懂的问题。相比之下，将商标战略看成是企业另一个全面性、根本性的大问题，许多企业还没有意识到，其实它们之间是具有十分密切的内在联系的。一方面，商标战略的成功实施离不开产品质量战略的运用，因为产品质量是维护商标声誉的基石；另一方面，产品质量战略没有商标战略的"协同作战"，企业产品终究难以获得竞争力。

2. 商标战略与CI（企业形象）战略亦具有内在联系

CI战略体系是美国20世纪60年代开始在经营中使用的一种战略，称为企业形象体系，现已被国内外很多著名企业所利用。CI战略旨在创造企业个性化的企业形象．使之深刻地印在人们的心目中。从广义的CI战略理解，商标战略可视为CI战略的组成部分，而且是不可缺少的组成部分。因为商标其实也就是企业形象信誉要素的价值表现，商标形象可视为企业形象的一个重要组成部分。商标的信誉反映了企业的信誉，商标形象一旦建立起来，就会为企业形象增色。

3. 商标战略具有极强的市场性

商标作为开拓市场的武器，是企业参与市场竞争的有力手段。商标被消费者接受的程度，也是通过市场媒介实现的。商标信誉的高低，则主要是由商品在市场上的占有率决定的。可以说，商标与市场具有密不可分的关系，商标是企业将商品推向市场的纽带，离开了市场．企业商标将不具任何价值。商标的这一特点也决定了商标战略具有权强的市场性。

二、企业商标战略的构成要素

企业商标战略与企业专利战略一样，也是企业经营发展战略的一个重要组成部分。其构成要素包括企业商标战略思想、战略目标、战略方案、商标政策法律及商标动态调节机制等内容。

1. 企业商标战略思想

企业商标战略思想是企业在一定时期内对商标具有的全局的、长期的看法和打算而形成的观念体系。企业商标战略思想形成的基础是企业商标意识，应当说，企业商标意识的深度和广度决定了企业商标战略思想的内容。比如说，一个企业如果没有创驰名商标意识，它就不会有争创驰名商标这种战略思想。企业商标意识越强，企业商标战略思想也会越丰富，企业商标意识本身的内涵也比较多。如商标注册意识、商标个性意识、商标宣传意识、商标评估意识、创驰名商标意识、商标文化意识都属于商标意识的范畴。四方面的商标意识缺乏，四方面的商标战略思想也就不存在，也就相应地无所谓相关的商标战略了。由此可见，树立企业商标意识是构筑企业商标战略的一个十分重要的方面。

当然，企业商标战略思想的形成仅靠具有商标意识是不够的。商标意识是形成企业商标战略思想不可缺少的，但企业商标战略思想还得依赖于企业对商标的运作具有战略眼光，即从战略的高度充分认识商标是企业的生命，关系着企业兴衰成败。

2. 企业商标战略目标

企业商标战略目标是指企业在一定时期内关于商标战略的奋斗目标，即企业商标战略预期达到的总要求。企业商标战略从我国商标战略层次上讲属于微观层次，它受到属于宏观层次的国家商标战略的制约和指导。因此，了解一个国家商标战略的战略目标，对于正确构建企业商标战略目标是很有必要的。

企业商标战略目标，可以分为近期目标与长远目标两类。就近期目标而言，商标战略目标是运用商标保护手段，树立商标形象和企业形象．使商标赢得消费者的认可和青睐，扩大产品的销售市场。就长远目标而言，企业商标战略目标则是创立驰名商标，进而实现开拓市场、控制市场并最终取得市场竞争有利地位的目的。

3. 企业商标战略方案

企业商标战略方案是实现企业商标战略目标的可行途径。企业商标战略方案包括商标确权以及运用商标保护手段开拓商品市场、赢得消费者信任并最终使自己的商标驰名以获得市场竞争优势的策略等内容。其中前者涉及商标注册与否的决策、商标设计、商标收买与转让、商标在国外的确权，对其他企业商标确权的防御等，后者涉及到商标使用的不同策略，创立驰名商标策略、防止驰名商标淡化与防止商标被抢先注册，对其他企业采取商标防御对策等策略。从广义上讲，商标评估、投资也应纳入商标战略方案之列。

4. 企业商标动态调节机制

与企业专利战略一样，企业商标战略也具有可调节的动态性。企业的内部和外部环境，对企业商标战略都会发生影响，有时某一环境变化后，甚至会发生重大影响。例如，企业在进行资产重组、合资、入股时，对既有商标的处理就有不同的方式，商标战略要适应变化后的企业形势。但也应指出，商标战略具有相对稳定性，企业商标战略的实施计划可以表现出较大的灵活性，但企业总的商标战略不容轻易更改。

5. 商标政策法律

商标政策法律也是企业商标战略结构要素中的一员。企业商标战略的制定与实施都是以符合商标政策法律为前提的。否则再好的商标设计也是无用的。无论是制定还是实施企业商标战略，都离不开现行商标政策法律的指导、规范。当然企业商标战略实施也是把商标政策法律落到实处的重要体现。实际上，商标政策法律也是上述企业商标动态调节机制中的一个因子。例如，商标政策法律的变化将对企业实施某一方面甚至全局性的商标战略产生影响，企业商标战略当然要及时作出调整。

三、企业商标战略的制定与实施

企业商标战略的制定是实施企业商标战略的前提：企业商标战略的实施则是企业商标战略目标实现的途径。

一、制定企业商标战略的原则

企业商标战略的制定过程也是企业商标战略的决策化过程，制定企业商标战略应遵循以下几个原则：

1. 企业商标战略要与经济实力、经营性质、发展状况相适应

企业商标战略虽然有很多共同适用于不同企业的内容，但在具体适用时因企业自身条件不同而存在差异。例如商标广告宣传战略对于财力雄厚的大企业与资金不足的小企业就有着迥然本同的方式。

2. 将企业商标战略纳入企业营销战略和企业经营发展总战略中

商标是企业参与市场竞争的手段，被公认为商战利器。商标与市场营销有着密不可分的内在联系。其信誉的高低，直接决定了产品市场占有的深浅；其知名度的高低，决定了产品市场占有面的范围，其内涵的厚薄则决定了产品市场竞争力的强弱。对商标的战略的运用必须与企业市场营销活动紧密联系。因此，企业商标战略的制定应纳入企业营销战略之中。商标战略的非独立性也决定厂企业应将其与其他战略特别是营销战略紧密地结合起来。

3. 企业商标战略的制定要与建立现代企业制度的改革措施相配套

商标与企业制度、市场营销、市场环境息息相关。商标经过企业的经营和培植，逐渐会由单纯的区别商品来源的一种标志，转化为企业的一项经营资产，成为企业的一笔重要的无形资产而具有重要的价值。现代企业制度要求产权关系明晰，商标这一重要的无形资产就应纳入企业经营管理范畴。企业制定商标战略时应符合建立现代企业制度的目标，与企业建立现代企业制度的改革措施相配套。

二、企业商标战略的制定

1. 企业商标战略的立项

立项即确定企业商标战略的课题，它可以是企业商标总战略，也可以是企业某一方面

的商标战略，如企业新产品开发和利用中的商标战略、商标注册战略等。

2. 企业商标战略的事前准备工作

确定组成人员：因为商标与市场营销具有十分密切的联系，因此，制定企业商标战略的人员，除主管企业生产经营的领导外，还主要包括企业经营管理人员、产品推销人员、法律事务部人员等。

筹措必要资金：为商标战略的制定实施提供物质基础。

进行商标调查与市场情况调查：商标调查与市场调查可以为企业制定商标战略提供重要的决策依据。商标调查的主要内容如下：

（1）本企业不同时期及现在不同产品上商标注册或未注册、使用情况；

（2）企业商标的信誉度有多大；

（3）同类商品国内注册情况；

（4）同类商品竞争对手商标状况知名度高低；

（5）同类商品有无驰名或者知名商标；

（6）商标在本企业中受重视的情况等。

市场调查主要应弄清楚以下事项：

（1）本企业产品在市场上竞争力如何、市场占有率有多大；

（2）其他竞争对手同类产品市场销售情况、经营战略意图；

（3）本企业产品在市场亡所处的地位；

（4）消费者对本企业产品的市场评价等。

（三）企业商标战略目标

为确定企业商标战略目标，企业应做好以下两项—I朴：

1. 企业现状综合分析

涉及到确定企业商标战略日标方面的企业现状综合分析应内容：

（1）企业性质、生产经营方方向规模；

（2）企业经济实力；

（3）企业产品销售市场及产品商场竞争力；

（4）企业资源配置状况；

（5）企业在同行中所处的地位；

（6）企业研究、开发新产品的能力和现状；

（7）企业商标工作和商标管理状况；

（8）企业市场发展前景等；

2. 市场情况和商标文献分析

企业前朗准备工作中的市场调查、商标调查是为这——步工作服务的，通过这步分析，扰能使商标战略的制定符合本企业的实际。

（四）企业商标战略方案的选择

企业确定商标战略日标以后，在市场调查、商标调查以及综合分析论证的基础上，就可以根据商标战略目标所确定的方向．拟定商标战略方案，然后从中选出最佳的方案。这一价段包括的内容主要有，商标战略方案的拟定、商标品牌化决策、商标的利用与管理，以及对其他企业商标采取的对策等。

三、企业商标战略的实施

企业商标战略制定后，下一步工作就是如何有效地予以实施了。关于实施的具体要求，前面论述的专利战略的实施也基本上适用于此。需要强调的是，企业在实施中应特重视市场情况的变化，企业应根据市场情况不时地对其商标战略实施计划进行调整，但不应轻易更改商标战略格局。

第十一章　知识产权的综合保护策略

知识产权主要包括专利权、著作权、商标权、商业秘密权、反不正当竞争权等。上述权利所保护的主体与客体是不同的，但在特定的情况下又存在一定的交叉关系。知识产权的保护在许多情况下，表现为一种系统工程，仅会应用某种知识产权的保护手段，往往不能起到很好的预期效果，而根据不同的情况，综合应用多种法律途径保护知识产权，却是势在必行，而且是行之有效的方法。要应用各种方法综合保护知识产权，首先必须区分上述各种知识产权之间的联系与区别，或者说各种知识产权依法得到保护的方法与途径及其所保护的客体是什么，有何异同。

第一节　各种知识产权的法律异同及其相互联系

一、专利权与著作权的关系

（1）专利权与著作权的保护

专利权主要保护的是发明创造的技术特征，或者说保护的是发明创造中具有创造性的内容或发明点。而著作权主要保护的是文章、作品的表达方式，一般不保护文章和作品中的所内含的技体内容，著作权只能禁止和追究他人非法复制、抄袭文章中技术的行为，却不能依据自己所发表的作品，追究他人依作品中所公开的技术内容实施和使用该技术的法律责任。相反一旦该技术内容在作品中公开，而同时未获得专利的保护，该技术内容就成为公知公用的技术，他人可任意使用而不承担任何法律责任。专利权的产生需提出申请，并获得批准，但著作权的产生随着作品的完成而自然产生权利。除计算机软件等特殊的作品之外，无需提交申请与登记手续。

专利权的保护期限为实用新型与外观设计专利 10 年，发明专利 20 年，而著作权为作者死后 50 年，明显长于专利权的保护期限。

（2）外观设计专利与版权

外观设计专利与版权二者之间有着密切的联系，但同日才又存在着区别。

外观设计专利与版权在保护的形式上都保护作品的表达方式。但外观专利只保护图案、色彩和具有固定形状的作品；而版权除保护图案、色彩组合的作品外，还保护文字的表达方式。外观专利只对文字的非印刷体美术字体给予保护，对文字组合的表达方式一般不予保护。版权保护的客体，除工业版权或实用美术作品外，一般不要求有固定的形状。例如文字作品，不论该文字依附在何种形状的载体上，如纸、板、石块等，都依法得到保护。而外观设计专利则要求受保护的客体一定要有一相对固定形状——立体形状或平面形状。外观专利的图案、色彩、形状只在特定的同一分类的产品上得到保护，而版权的图案、色彩，不管他人将其用在哪一种产品上都依法得到保护。例如一幅美术作品印在一暖水瓶上电请并获得外观专利保护，他人将该美术作品的图案印在台灯上不构成侵权，而且还可以申请一项新的外观专利。但如果能够证明这一行为是抄袭他人的，则构成侵犯版权。

外观专利保护的作品必须能用工业化的生产方法成批地加工组成产品才能成为外观专利保护的客体，仅依某些人的特殊手艺与技巧才能复制或精雕细凿的工艺美术品，或仅是由书法家、画家手书的一两幅原作是不能作为外观专利的保护客体。国外也有人把产品的形状作为工业版权加以保护的，这通常是通过保护产品的设计图纸而间接得以保护产品。因为现代化的生产，其产品首先表现为产品的设计图纸，并依图纸加工模具与产品，如果所生产出来的产品与他人的相同或极为近似，而又不能证明是自己独立设计的，则有可能构成侵权他人的工业版权。而外观专利则不过问产品图纸的设计，只要产品的外形及其图案、色彩与外观专利相同或近似就构成侵权。

外观设计专利一旦获得，除他人能依法撤销或无效掉该专利，或者能证明自己依法享有在先使用权或法定的其他例外外，不管他人是否知道某人拥有该项专利，也不管他人是否仿制还是自行独立研制或制作出来，只要相同或近似都可能会构成侵权。而版权则不同，即使雷同或近似，也不一定构成侵权。例如两个画家先后或同时在画一个人物或一座大桥，尽管画出来的人物或大桥都极为近似或雷同，但不能据此认为谁侵谁的权，他们各自的作品都依法享有版权。作品只要不是抄袭、剽窃、复制他人的，而是自己独立构思创作的，即使与他人的雷同或近似，也不构成侵权。

（3）专利说明书与著作权

已公开的专利说明书的版权或著作权，通常归专利代理人或申请人，一般归专利代理人或申请人共同享有著作权。因为，首先由申请人按专利申请的基本要求撰写了或口述了一技术交底书，专利代理人在技术交底书的基础上再创作并经申请人认可，一般应认为是代理人与申请人的合作作品。当然，如果是由申请人自己撰写并提出的申请，版权归申请人单位或个人所有，或者申请人仅提供产品或样品，几乎所有文字描述、附图都是代理人代为完成，该专利说明书的版权也可以考虑归专利代理人享有。此外也可以通过合同来约定版权享有者。如果申请人在专利申请文件中没有提供技术交底书，完全委托专利代理人代为申请，可视为委托创作，合同没有约定，版权归专利代理人。一旦发现他人的专利申请文件与自己在先的专利申请文件的内容与表达方式相同或类同，亦可考虑在后申请是否构成侵犯版权。

外观设计专利的设计者或创作者与申请人可能是同一人，也可能是不同的人或不同的单位，例如一饮料瓶的图案，某个工厂委托了某工艺美术学院设计，如果不在委托合同上注明版权的归属，版权则为创作设计单位美术学院所有，工厂享有该作品的使用权。一般情况下工厂将产品连同产品上的图案申请外观专利以垄断市场也是可以的，不会与设计单位产生纠纷。但最好应在合同中注明申请专利的权利归谁，否则创作单位美术学院者主张权利，工厂则不享有专利权，而是依法享有使用权。美术学院若申请了专利，只能禁止委

152

托人以外的人使用该外观设计，而不能禁止委托人使用。如果一项外观设计专利侵犯了他人的版权，而他人的版权属于同类产品的公开出版物或国内公开使用物，则可以撤销或无效该外观专利；但若不属于同类产品的公开出版物或国内已公开使用的，则不能撤销或无效该外观专利。但可以侵犯版权为由要求申请人自行撤回专利申请或放弃专利，或诉其产品使用了其作品而要求赔偿并禁止其在产品上继续使用。反过来，某一作品若与某外观设计专利相同或近似，只要不是形成产品化生产，而是一件或两件作品与专利相同，并不构成专利侵权，但有可能会构成侵犯他人版权。例如他人外观专利产品上的某幅画，该画既与产品一块获得专利保护，同时又享有版权，若抄袭临摹他人作品作为自己的署名作品则会构成侵犯版权。

二、专利权与商标权的关系

（1）专利与商标保护的内容

专利权是直接保护产品或生产产品的方法的，而商标仅是通过所注册的商标来保护产品的，如果他人只仿另一人的非专利产品而不使用其注册商标是不会构成侵权的。一件产品如果是专利产品，则无论他人在产品上使用什么商标，只要未经专利权人许可，除法律规定的例外情况外，都构成专利侵权。专利保护产品及产品生产方法上的发明创造，包括外观设计产品的外形与图案色彩等方面的发明创造，而商标权保护的是某种图案、文字或图案、文字组合而成的商标标识在特定商品上的专用权。

（2）保护期限与价值的体现

专利的保护期限是明确的，最长二十年。而商标的保护期限际上可以是无限的，只要商标注册人不断地依法续展，该商标就可以无限地延续下去。

专利的垄断使用价值随着专利期限的届满而失去，而且随着技术的不断更新，替代技术的不断出现而渐渐降低其实际价值。商标则随着使用该商标的产品质量与数量的上升，市场的不断扩展而不断地升值，甚至到后来商标本身的无形价值还可以大于企业有形资产本身的价值。如可口可乐。在正常情况下，专利的价值是越来越小，商标的价值则越来越大。

（3）外观设计专利与商标

产品的装潢、标签可以申请外观设计专利，而某些产品的装潢、标签本身又同时就是商标的基本图案。这里就有一个交叉双重保护的问题。如果商标与有外观设计专利的装潢、标签等都属于同一个人或同一个企业，应无矛盾，而且可起到双重保护或交叉保护的作用。但如果分属不同的主体，则其中一个可能会构成侵犯他人的在先权利，而应当依法被撤销或否定。申请外观专利应注意不要把别人的注册商标作为外观专利的基本图案，反过来最好也不要把别人申请了外观设计的产品图案作为商标注册应用在同类产品上。把别人的注册商标作为外观设计申请专利是不行的，但将与他人外观专利产品相同或近似的图案注册并应用在不同类的产品上一般是可以的，通常不会构成侵犯外观专利权，但有可能构成侵犯他人的版权。

（4）专利申请的名称与注册商标

一些厂家申请专利的发明创造名称与注册商标是一致的，如果是同一厂家用同一名称分别申请专利与商标，当然是允许的，但不同的企业分别以同样的名称注册商标与申请专利是否会构成侵权，对此，笔者认为不会构成专利侵权，因为专利是以权利要求作为专利保护的范围，而不是以发明名称作为保护范围，与商标本身不会冲突。只有当专利技术实施时，所使用的产品名称才有可能与商标发生冲突，此时，可能构成侵权的通常只有生产专利产品的一方，只要这一方生产该产品时不使用与他人商标相同或近似的产品名称，就不会构成侵权。只有使用该商标的产品本身与专利技术相同，才可能构成侵权。

三、专利与技术秘密的关系

专利与技术秘密既是一对亲兄弟又是相互矛盾的两个方面。一方面在知识产权的保护中，专利与技术秘密经常同时存在，约60％的专利申请保存了部分技术秘密；另一方面这两种保护方法又有相互对立的一面。专利保护必须以公开为前提，技术秘密则以保密为前提。而且，专利保护的技术必须充分公开以达到能实施为基准。专利所保护的发明创造包括方法、产品及产品的外形；但技术秘密的保护着重于产品制造方法以及一些技术信息。专利的获得有特定的审查标准，如新颖性、创造性、实用性；而技术秘密只要在一定范围内仍处于保密状态并具有经济价值即可，无需办理特定的申请手续，但需采取一系列保密措施。

四、商标权与著作权的关系

一般来说，任何一个商标首先都有一个版权问题。委托他人设计商标，最好签订一个委托设计合同，合同中应注明版权的归属问题，以免今后产生矛盾。申请注册的商标如果是取自他人的作品，就有可能存在一个侵犯他人在先权利（著作权）的问题，最好主要先与著作权所有人签订著作权许可协议，否则有可能被他人以不当注册为由而请求撤销该商标。他人的作品如果使用了别人的商标，只要不是同类商品上使用，一般不会构成侵犯商标权，但如果是在与产品有关的销售资料，如广告宣传、产品说明书上印制使用了别人的商标，就会构成商标侵权。不构成商标侵权并不等于不侵犯著作权，一个作品上擅自使用了别人的商标图案或文字，如果该商标的图案或文字的版权属于别人的，仍然有一个是否构成侵犯他人著作权的问题。

五、商标权与标记名称权的关系

注册商标经常与厂商名称、服务标记、货源标记、原产地名称等标记名称权在商品上同时出现，同一注册商标可以许可若干个厂商使用，但厂商名称则不能随意转让、许可或更改，更不容许假冒厂商名称。厂商名称有可能在不同地区有同名现象存在，厂商名称如果想获得更大范围的保护，最好到有关部门办理企业名称登记。服务标记也称之为服务商标，主要在各种服务行业使用。我国自1993年7月1日起对服务商标予以保护。企业、事业单位和个体工商业者，对其提供的服务项目，需要取得商标专用权的，应当向商标局申请服务商标注册。《商标法》的有关规定也适用于服务商标。货源标记，通常指一个产品产自哪个国家、地区或城市，原产地名称则主要指与某地的环境、气候有特定关系的商品产地。这两种标记名称权无需办理申请登记手续，符合法律的规定即依法产生，受到法律的保护。有时原产地的名称与货源的地名与商标名称亦可能相同。如"石湾米酒"，"石湾"二字即是产地，又是注册商标。

六、专利权、商标权、版权与反不正当竞争权

在反不正当竞争权的权利中，有一条规定与专利权、商标权、版权密切相关。我国《反不正当竞争法》第五条第2款规定："擅自使用知名商品特有的名称、包装、装潢，或者使用与知名商品近似的名称、包装、装潢，造成和他人的知名商品相混淆，使购买者误认为是该知名商品的"属于不正当竞争行为。商品的知名度通常与商标的知名度有着密切的关系，凡是使用著名商标的商品，一般都可视为知名商品，其装潢依法受到法律的保护。商品的装潢首先又表现为版权，他人擅自印刷和为营利目的使用享有版权的装潢亦有可能构成侵犯版权。商品的装潢又可以申请外观设计专利保护，保护期内既受专利法的保护，又受《反不正当竞争法》的保护，而且受著作权法的保护。专利保护易受他人反诉专利无效的影响，而反不正当竞争法的保护则弥补了这一不足。商品装潢的基本图案可以作为商标注册，反过来注册商标也可以作为自己商品的装潢图案使用，从而形成双重或交叉保护商品装潢的保护、外观设计专利的保护、商标保护等都与版权有一定的联系，其前提都表现为版权的保护，继而转化为专利或知名商品装潢或商标的保护。如果属于委托他人设计的商品装潢，应在合同中注明版权的归属，以免产生版权与装潢权、专利权、商标权之间权利的归属与分享纠纷。

以上，只是从各种知识产权的权利的异同、特点、相互联系作了阐述，以便于进一步探讨知识产权的综合保护。

第二节　知识产权的综合保护策略及实际应用

一、企业申报筹建与知识产权保护方案同步进行

不少企业家往往忽视了在申请筹建一个企业的同时就着手制订企业的知识产权综合保护方案。一些企业虽然意识到诸如专利、商标某个方面的知识产权需要采取相应的保护措施，但却又缺乏全面综合或者系统的知识产权保护意识，其结果往往是保护体系不完善，总有漏洞被钻，达不到较好的保护效果。

一般来说，在着手申办企业时，就应根据企业的性质请知识产权方面的律师或者专业人才，与筹建企业的负责人及有关人员共同探讨企业成立后的知识产权保护问题。

首先，要起一个不与同类企业重名，而且又能反映本企业特点，易于宣传的企业名称，企业的名称本身就是一种无形资产，亦属知识产权的范畴。其价值往往随着企业的知名度与企业的产品质量或服务质量，以及产品的市场占有率和服务面的扩大而不断增值。一个企业最忌讳的是不断更改企业名称，消费者或客户刚对某个特定名称的企业有所了解，接着就改名，每改一次名，都是一次损失与浪费。如果是工厂改为公司，或一般公司

改为集团公司，最好基本商号或基本名称不变，如"三环专利品厂"改为"三环科技专利公司"或"三环专利事务所"。代表企业营业性质的名称，可以随营业范围而改动，但基本名称"三环"不要轻易改动，这样不致于使无形资产在企业名称改动中受到无形的损失和浪费。为了避免不断改名，一是一开始就要起一个易记好听的企业名称；二是最好到有关部门检索一下，既不要与同类企业同名，同时也不要与相关的或旁类的企业同名，不仅不要与本省本地的企业同名，而且最好也不要与外省、外地、甚至外国的企业同名。否则企业的一部分无形资产，会在不知不觉中被其他同名的企业合法受益，其他同名企业会"借光"而很快提高自己企业的知名度与无形资产。为了避免其他新办的企业与已有相当知名度的企业同名，应尽快到国家规定的工商管理部门办理企业名称的注册登记手续，以获得企业的名称专用权。应当注意的是企业名称的登记在不同级别的工商管理部门登记，其专用权范围也不同，例如在国家工商局登记则在全国范围内获得专用权，在省工商管理部门登记，则在全省范围内获得企业名称专用权，并以此类推。冠以"中华"、"中国"，或者"国际"的全国性公司、国务院或其授权的机关批准的大型进出口企业、国务院或其授权的机关批准的大型企业集团、国家工商行政管理局规定的其他企业，或者不冠以企业所在地行政区划名称的企业名称，需经国家工商行政管理局核准或核定，在全国范围内，同行业企业名称不得相同或近似。冠省（包括自治区、直辖市）、市（包括外｜）、县行政区划名称的企业名称，由同级登记主管机关核准或核定，在本行政区范围内，同行业企业名称不得相同或近似。现代企业中，有不少企业的名称起得好，而且对企业的产销售起到很好的作用。例如"松本电工照明实业公司"，"松本"二字简洁明了易读，朗朗上口，给人一种松树长久耐用、以质量为本的感觉，同时又让人感觉到是一家带有"日本"昧道的企业名称。由于企业经营有方，加之起了个好名称并广泛宣传，"松本电工"这一企业名称已深入到千家万户，创造了很好的效益，在不到五年的时间内，就成了生产名优电器开关的"大哥大"之一，甚至把外国名牌挤出了中国市场，并走向国际市场与外国名牌争夺天下。又如以生产排气扇为主的新办企业"正野电器实业公司"，"正野"二字既含有广东粤语方言的"坚"字的意思，又让人感觉到好像是一家日本企业，但实际上不是，不会构成侵犯他人的任何权利。如今"正野电器"已开始走俏市场，不久将会成为又一个类似"松本电工"的企业。

其次，要注册一个好的商标，商标的名称最好与企业名称致或基本一致，这样能起到相辅相成的效果。因为宣传企业即是宣传商标，宣传商标，反过来也是宣传企业。例如上面提到的"松本电工"、"正野电器"，其"商标"与企业的"商号"都是"松本"或"正野"，这种商标与企业名称同一的广告宣传与无形资产的保护效果较之商标与企业名称因不同而分离的保护效果要好得多。新成立不久的广东卓越空调器厂，本想注册"卓越"商标，但申请检索时发现"卓越"二字已被东莞某企业注册为商标，而且转让开价 2 000 万元，因而不得不另外申请注册"索华"商标。现在，"索华空调"已被广大消费者熟知，但"卓越空调器厂"却鲜为人知。

尽管"卓越"的"索华"仍能联系在一起，但毕竟不如使用同一名称的商标与厂名所起到的宣传效果好。

广东顺德华润涂料厂，以"华润"二字作为厂名本来很不错，即与"涂料"相配，

156

叫起来也很顺口，但遗憾的是该厂没有及时地最终走完法定程序将"华润"二字同时注册为自己企业的商标，反而被他人抢先注册了商标。这就有可能出现华润厂生产的涂料越出名，"华润"二字越值钱，但却有相当一部分无形资产增值到别人的商标上去。尽管他人的"华润"注册商标存在注册不当因素，有可能被撤销，但这种教训却是非常深刻的。

又如中山医科大学创办的《家庭医生》杂志，月发行量近 200 万份，全国科普杂志第一，深受广大读者欢迎，但《家庭医生》四个字却被他人抢先注册了商标，商标的无形资产并不属于中山医科大学，而且随时存在当被告的可能性。

再次，要设计一个好的产品包装、装潢及名称，并根据产品的特点拟定一个较稳定的广告词。产品的商品名称，如果有可能最好也与企业名称及商标一致，如太阳神口服液，企业名称、商标、商品名称都为"太阳神"。商品名称最好形成特有名称，与其他同类商品名称比较，有显著的区别。特有名称依法享有版权，受版权法及反不正当竞争法的保护，亦属知识产权的范围。企业形象的设计，应该将知识产权的设计与保护纳为一体。商品的包装或者装潢在公开或推向市场之前应当及时申请外观设计专利。首次在报刊杂志、电台、电视台推出的广告词，应注意保存，作为依法享有版权的证据。

一个企业在一开始时就起了一个好的名称，申请注册了一个好的商标，并设计了好的商品特有名称及独特的包装、装潢及广告宣传用语，对于企业的无形资产增值及知识产权的保护往往是至关重要的，而且常能收到事半功倍的效果。

二、新产品开发与知识产权的综合保护

新产品的知识产权保护不是在产品开发出来后才着手进行，而应在制订产品开发计划时，甚至产品开发计划制订之前就应研究知识产权的保护。当今的市场竞争，除了不断改进推销方法，扩大销售市场外，市场的占有及开拓与知识产权的保护密切相关否则一项新产品开发出来后并推向市场，一旦市场走俏，必然会有不少的仿制者，或者是在仿制基础上的改进者。如果知识产权的保护体系设计得不严密，未能有效地制止和追究侵权者的法律责任，市场就会被他人占领或分割。新产品开发中的知识产权综合保护策略应采取如下措施：

（1）项目未定，文献查先

立项开发一个新产品，首先应检索专利文献，以避免开发出来的新产品投放市场后侵犯他人的专利权，包括产品的制造方法、结构及外形，甚至产品的包装、装潢、名称是否会构成侵犯他人的专利权及包装、装潢、名称的合法使用权；先应立足于不侵犯他人的知识产权，然后才谈得上依法保护自己产品的知识产权。

（2）青出于蓝而胜于蓝

在检索专利文献的同时，如果原定开发的新产品与他人专利相同或者近似，则应借鉴他人的发明创造，并设法改进或绕开他人专利的保护范围，开发出有别于他人专利的新产品，并在此基础上及时设计自己产品的知识产权保护体系。在检索专利文献的同时，还应注意通过专利检索获得的信息，分析竞争对手的研究发展动态，制订自身的研究发展策略与方向，同时制订市场的营销策略与知识产权保护方案。以求达到青出于蓝而胜于蓝的结果。

（3）跑马圈地，扩大保护范围

许多企业往往是开发一个新产品就申请相应的一项或两项专利，而不注意采取跑马圈地的方式，扩大保护范围。扩大保护范围实际上是在原发明创造基础上的一种再创造，这种再创造除了与技术有关，还与专利的保护有关。一方面是多设计出几个发明实施方案，另一方面是多增加几项专利，从一个发明引申出多个发明，从用于某一特定领域的发明，移用于其他多个领域。知识产权保护方案的制订应该有一个超前性，在产品的构思阶段就实施圈地策略，"地"圈得越多，市场的垄断性越强，产品上市后知识产权保护得越好。把保护范围局限在开发出的一种产品上，而不善于"跑马圈地"，扩大保护范围，极易被他人绕开或越出，起不到整体及应有的保护效果。

（4）立体设防，交叉防御

一项新产品在开发时，不仅要注意研究新方法、新结构，而且还应注意设计一个新的包装、新的装潢，并申请相应的专利。如方法可申请发明专利，结构申请实用新型或发明专利，产品外形亦可同时申请外观设计专利，产品的包装或装潢也可申请外观设计专利。此外，整体产品申请一个整体专利，某些相对独立的零配件亦可单独申请专利，必要时应通过保留部分技术秘密以增加保护的实际效果。这样方能形成一个立体防卫系统，并起到交叉防护的作用。当发现有侵权产品时，总有一个或多个专利能将侵权者告倒，单一专利的设防，其防卫功能往往不及这种立体交叉防卫的综合保护方法。

三、企业知识产权的综合防卫系统

（1）必须有知识产权的明白人

没有知识产权意识就谈不上知识产权的保护。一个企业至少应有人懂得知识产权的基本知识，有可能的话，相关的技术人员或管理与经销人员也应懂得知识产权，只有懂得知识产权保护的基本作用与重要性，才有可能主动寻求依法保护。在我国，企业聘请律师做法律顾问的单位比例并不很高，即使请了法律顾问往往也未充分发挥律师的作用。聘请一个好律师作为企业的法律顾问，并充分发挥其顾问作用，对企业的知识产权保护是非常重要的。例如广东顺德华润涂料厂一开始就申请了"华润"商标，被商标局驳回，本应继续请求复审，但因不懂得复审的重要性，以为被驳回的商标申请，就说明该申请不可能有他人能获得注册。结果被另一家企业申请并初审通过。其实被商标局驳回的申请，有相当一部分经请求复审又能获得注册，只有走完整个申请程序，由商标评审委员会做出终局的决定才能最后确定一项申请是否可以获得注册商标。华润厂由于缺乏明白人指点，误认为商标局驳回申请，就不可能获得注册商标，失去了一次机会，反而被后申请者抢先注得商标。又如生产"安乐"名牌优质卫生巾的福建恒安集团公司，其本身已申请注册了"安乐"牌商标，但发现市面上出现了极为近似的"安尔乐"牌卫生巾，为防止他人将"安尔乐"注册为商标，恒安集团有限公司又向商标局递交了"安尔乐"的商标申请，以求注册一个带有防御性的附加商标，但该申请被商标局驳回，也是由于不懂得复审的重要性，结果没有继续提出复审，从而未能达到预期目的。因为，如果"安尔乐"的商标申请能获得批准，则成为"安乐"商标的附加商标，扩大了保护范围，但如果商标评审委员会作出终局决定不能作为注册商标，且理由是与已注册的"安乐"商标近似并构成侵权，这实际上也等于注册了"安尔乐"商标。因为，注册上是商标，注册不上，原来的"安乐"就等于"安尔乐"，同样可以获得相应的保护。但恒安集团公司也因缺乏一个明白人指点，错失了这一良机。再如，生产"索华"牌名优空调器的广东卓越空调厂，在国内已申请注册 SOVA 索华商标，并打算申请西班牙等国的商标，由于弄不懂如何申请国外商标，拖至请了笔者作为法律顾问后，才真正实施，但却被西班牙一与该厂有业务关系的商人抢先一个多月在西班牙申请注册商标。如果早一点请法律顾问并咨询法律顾问的意见，也许就能避免这一不该发生的被他人抢先在外国注册其商标的事情发生。

（2）必须根据企业特点制订较完整的综合保护策略

不同的企业所需要保护的知识产权往往有所不同。知识产权的保护应根据企业的特点来制订相应的保护方案。例如，生产产品的企业，其知识产权的保护应以商标、专利为主，商业秘密或技术秘密、商品装璜的专利及知名商品装璜的保护为辅；科技开发公司知识产权的保护则应以专利、技术秘密为主，服务标记、商标、单位名称为辅；服务类企业知识产权的保护以服务标记及商业秘密为主，以专利、商标为辅；印刷行业的企业应以版权保护为主，而以其他知识产权保护为辅。

（3）知识产权的综合保护与市场销售

知识产权的综合保护最终目的是为了占领市场，如买商标就是买市场。广告宣传中应注意宣传本企业的知识产权，宣传中应注意综合的宣传效果。如宣传专利的同时一并宣传商标及厂商名称等，使得各个知识产权都相应增值。在产品的销售中宣传企业的知识产权，如专利，商标等；一方面有助于知识产权的保护，另一方面又有助于提高企业的知名度，更重要的是企业的有形资产与无形资产同时增值，无形资产增值后带来的商誉对企业产品销售、业务发展、开拓新产品市场都是一个无价之宝。当企业的知识产增值后并树立起良好的商誉时，应及时进行无形资产的评估，评估无形资产的本身也是一种广告广告宣传。如可口可乐公司几乎每年都对可口可乐商标的无形资产价值作一次评估，并作为广告宣传题材。

知识产权的多少是企业实力的一种象征，是一笔宝贵的无形资产。知识产权的无形资产价值占企业总资产比例的高低是衡量一个企业总体实力的重要指标，是企业形象的重要组成部分。宣传企业的知识产权，既能树立良好的企业形象，又能在一定程度上抑制侵权行为。

在知识产权侵权纠纷的诉讼中，企业应善于捕捉新闻热点，打官司有时是打广告，只要官司最终定性上能取得胜利，赔偿多少是次要的，广告效应的收益远大于官司本身的索赔额。能制止侵权行为，同时又起到广告宣传效应，就应视为达到了基本目的，占领了市场，就是胜利。过于计较赔偿多少的企业家，并不是一个有知识产权市场意识的现代企业家。

四、知识产权综合保护策略在侵权诉讼中的应用

（1）专利与商标同时出击

不少侵权者既侵犯了专利，又侵犯了商标，可以采取同时出击的诉讼方法。例如某企业在一产品上既使用了他人的专利，又擅自使用了他人的注册商标。起诉时可以专利为

主，商标为辅一块到有专利管辖权的法院起诉，因为专利加商标侵权索赔的标的是同一产品的非法营利，分别起诉有可能构成双重赔偿，而且由一个法院作为一个同时侵犯两个知识产权的案子一并审理，有利于原告方，因为专利案的管辖权是在省城或直辖市的中级人民法院，较有利于克服地方保护主义。双管齐下，胜诉的把握较大。

（2）专利与技术秘密同时出击

一项综合的发明创造，部分可独立应用的技术申请了专利部分采取技术秘密保护，可分别依据专利法及反不正当竞争法起诉侵权者，其效果也较好。专利发明，尤其是实用新型专利、外观设计专利未经实质审查，专利诉讼中常因被告提出撤销与无效专利请求而被法院裁定中止诉讼，而技术秘密的诉讼却不存在中止诉讼问题，能起到弥补专利诉讼不足的作用。

（3）两种或三种专利同时出击

如果一项产品申请了方法发明专利、实用新型专利、外观设计专利时，可根据实际情况采取两种专利或三种专利同时出击，起诉他人侵权，或者用已先授权的外观设计专利或实用新型专利先起诉，起抑制对方侵权势头的作用，待发明专利获得批准时，再增加发明专利的起诉。

（4）外观设计专利与知名商品装潢侵权诉讼同时出击

以《专利法》为依据，起诉他人的产品侵犯本企业的外观设计专利，时常因被告请求宣告专利权无效而导致中止诉讼，但依《反不正当竞争法》起诉他人侵犯知名商品装潢合法使用权却不受此限制。产品的外观设计专利与商品的装潢往往是同一客体或有所交叉，但基本上是相同的，只要其中有一个能制止侵权，都能达到基本目的。

（5）以外观设计专利、知名商品装潢合法使用权、版权等同时起诉

外观设计专利、知名商品装潢都有一个版权的归属问题，必要时可以侵犯版权配合起诉，可告非法印制的印刷厂家，亦可告擅自使用的厂家，有时也能起到一定的效果。如果在向一产品上同时体现了专利、商标、版权、企业名称'原产地名称、技术秘密或商业秘密多种知识产权，而他人的侵权行为同时也侵犯了上述知识产权，亦可以就各种侵权行为同时起诉，或分别提起诉讼。

（6）知识产权的民事保护与刑事保护相结合

民事侵权的同时，可能存在构成刑事法律责任，对假冒他人专利、商标、企业名称、侵犯技术秘密等严重行为，法律规定可除以追究刑事责任的，可以依法向有关部门举报要求追究主要责任人的刑事责任。从1997年起，还可以自诉追究侵权者的刑事责任。民事保护与刑事保护相结合对于加大知识产权的保护力度是十分有利的。

（7）行政处罚与法院起诉双管齐下

通过工商、专利、版权、海关等行政主管部门对侵犯知识产权的不法行为进行查处并处罚款，同时通过到法院起诉，索取经济赔偿，使侵权者不但不能获利，而且还要额外受罚，这对于抑制侵权行为有较好的效果。

（8）技术监督与工商打假同时进行

不少侵权者，往往不懂得技术上的规范要求，在产品的包装、生产工艺等方面往往存在着这样或那样的问题，可通过技术监督部门查处，如果其产品有假冒他人的厂名或牌子

或产地，同时可通过工商管理部门的打假办进行打假，这往往也是一种较为有效的保护方法。

知识产权综合保护的形式是多种多样的，不同的企业应结合各自的实际制订和采取相应的综合保护措施。知识产权的综合保护是一个比较复杂的课题，在企业里最好请知识产权方面的专家参与知识产权综合保护方案的研究与制订。

深圳华为技术有限公司，是广东省知识产权保护的试点单位，该公司就十分重视知识产权的综合保护问题，除培养自己的明白人外，还聘请了一批知识产权及法律专家，专门研究与制订本企业的知识产权综合保护体系，并取得了初步成效。

第十二章 知识产权信息在
实施创新驱动战略中的运用

第一节 创新驱动战略与专利信息的关系

一、我国实施的创新驱动战略的意义

改革开放 30 多年来，我国的科技经济发展已取得了巨大的成就，党的十八大确立了我国"实施创新驱动发展战略"的宏伟目标。并且明确提出"科技创新是提高社会生产力和综合国力的战略支撑，必须摆在国家发展全局的核心位置。"强调要坚持走中国特色自主创新道路、实施创新驱动发展战略。

创新驱动的本质是指依靠自主创新，充分发挥科技对经济社会的支撑和引领作用，大幅提高科技进步对经济的贡献率，实现经济社会全面协调可持续发展和综合国力不断提升。从国家层面来讲，实施创新驱动发展战略意义深远。

首先，实施创新驱动发展战略是提升国际竞争力的有效路径。

现今国际竞争呈现出越来越激烈的态势，中国必须建设成为创新型国家，才能从容应对国际社会的变化和挑战，这也是党中央、国务院做出的事关社会主义现代化建设全局的重大战略决策。而实施创新驱动发展战略是建设创新型国家的必然要求。

目前世界上公认的创新型国家有 20 个左右，它们有如下共同特征：研发投入占 GDP 的比例一般在 2% 以上；科技对经济增长贡献率在 70% 以上；对外技术依存度指标一般在 30% 以下。而我国科技对经济增长贡献率为 39%，对外技术依存度 >40%，与创新型国家存在明显差距。虽然近年来我国科技工作取得了长足进步，但距世界最主要创新型国家还有很大的差距。

除此之外，世界各国纷纷强化创新战略部署——美国出台《创新战略》，从国家发展战略上重视创新，从国家发展路径上强化创新；欧盟通过《欧洲 2020 战略》，致力于成为最具国际竞争力的国家联合体；日本 2009 年就出台《数字日本创新计划》，逐步进入科学技术立国与战略调整阶段；韩国在 2000 年制定科技发展长远规划《2025 年构想》，提出 2015 年成为亚太地区主要研究中心的目标。面对世界发达国家的超前部署，中国只有进一步增强危机意识，坚定不移地实施创新驱动发展战略，才能在综合国力的竞争中抢占先机。

第二，实施创新驱动发展战略是转变经济发展方式的根本途径

中国长期依靠物质要素投入推动经济增长，经济发展方式以粗放型为主，属于由投资

带动的要素驱动阶段，科技创新对经济社会发展的贡献率偏低，生态环境的瓶颈制约非常严重。这种增长方式不可避免而且正在遇到资源和环境不可持续供给的极限，造成产业大多仍然处于全球价值链低端，经济发展缺乏可持续性。

从数据看足以说明问题：我国天然气、石油人均占有量为世界平均水平的4%和8%，水资源、土地、耕地分别为世界平均水平的25%、33%、40%。2009年我国GDP总量约占世界的8.6%，能源消耗量约占20.3%，人均能耗达世界平均水平，但人均GDP仅为世界平均水平的一半。单位GDP能耗是世界平均水平的2.0倍，是美国、德国、英国的2.4倍、4.2倍、4.4倍。高投入、高能耗带来了严重的生态环境问题。我国7大水系1/5水质为劣质类，每年因经济发展所带来的环境污染代价已接近1万亿元。长时间大范围雾霾天气影响了国土面积的1/4，受影响人口达6亿。2007年至2011年全国污染物排放量呈逐年上升趋势，2011年度水排放量达659.2亿吨，城镇生活污水排放量达427.9亿吨，工业固体废物产生量32.2亿吨。2011年全国环境污染治理投资总额为6026.2亿元，占当年GDP的1.27%。

总体来看，应对气候变化、粮食安全、能源安全等全球重大挑战，高投入、高消耗、高排放、低效率的发展模式难以为继，我国必须增强国家创新能力，加快经济发展方式转变，积极参与国际经济科技新秩序的重构。

第三，实施创新驱动发展战略是提升科技实力的战略选择。

纵观世界各国创新发展趋势，科技是推进创新的引擎，然而我国各项科技实力指标明显落后于其他发达国家。我国基础研究投入占R&D经费的4.8%，为瑞士的17%、美国的25%，日本的37%。各国三方专利（美日欧授权专利）占世界比例中，中国的三方专利仅为2.4%，为美国的7.84%，日本的7.58%。2005至2009年有效PCT专利（多国专利）中，美国、日本、德国分别占32.2%、20.4%和11.3%，我国仅占2.5%。我国2008－2012年专利实施许可合同数约占专利申请受理数的1.48%，"垃圾专利"居多。我国高技术产品出口总量世界第一，但自主品牌出口不足10%，80%以上是外资企业的产品，其中72%是加工贸易产品，自主创新能力难以支撑经济高速发展。

中共中央国务院日前出台文件，指导深化体制机制改革加快实施创新驱动发展战略。

这份《中共中央国务院关于深化体制机制改革加快实施创新驱动发展战略的若干意见》，共分9个部分30条，包括总体思路和主要目标，营造激励创新的公平竞争环境，建立技术创新市场导向机制，强化金融创新的功能，完善成果转化激励政策，构建更加高效的科研体系，创新培养、用好和吸引人才机制，推动形成深度融合的开放创新局面，加强创新政策统筹协调。

《意见》指出，到2020年，基本形成适应创新驱动发展要求的制度环境和政策法律体系，为进入创新型国家行列提供有力保障。

《意见》要求，营造激励创新的公平竞争环境。发挥市场竞争激励创新的根本性作用，营造公平、开放、透明的市场环境，强化竞争政策和产业政策对创新的引导，促进优胜劣汰，增强市场主体创新动力。实行严格的知识产权保护制度，打破制约创新的行业垄断和市场分割，改进新技术新产品新商业模式的准入管理，健全产业技术政策和管理制度，形成要素价格倒逼创新机制。

《意见》强调，发挥市场对技术研发方向、路线选择和各类创新资源配置的导向作用，调整创新决策和组织模式，强化普惠性政策支持，促进企业真正成为技术创新决策、研发投入、科研组织和成果转化的主体。

二、专利信息对实施创新驱动发展战略的推动作用

专利信息是专利制度的产物，它是指以公报等形式向公众通报的某项发明创造在获取专利权过程中的各种信息。一般包括专利公报、专利申请文件、专利说明书、专利索引、专利分类表、专利文摘等。专利文献具有数量大、内容广、新颖、可靠、详尽、规范等特点。世界知识产权组织（WIPO）研究资料表明：世界上90%至95%的发明成果在专利文献中都有记载。目前，世界约有90个国家和地区每年用大约30种以上的语言文字出版约100万件专利文献。据统计，全世界70%至90%的发明成果只出现在专利文献中，而不是期刊、论文、会议报告和其他文献中。参考咨询和信息咨询是专利信息最重要的两项功能，为企业技术创新资源的合理配置提供了基础。它不仅可以满足科研人员和企业技术人员对信息本身的参考需求，而且还能够通过对专利信息的集中、浓缩、重组、综合等，将浩如烟海的各类专利信息加工整理成对用户有用的、完整的技术方案或信息产品。因此，充分发挥和利用专利信息的这些功能，不仅可以避免低水平重复研究，而且还可以缩短研发周期，节约大量的人力、物力和财力。

专利信息对建设创新型国家的作用主要体现在以下几个方面：

1. 专利信息是国家制定政策的重要依据

最新的专利信息体现出新兴技术引领者技术创新的动向。对国内外专利进行统计分析，可以明确技术竞争态势，为国家确定优势技术领域、科研资金投向、技术进出口方针提供依据。

2. 专利信息是科技创新的重要源泉

充分利用专利信息资源，可以降低技术创新的成本，加速技术创新的进程，提高研究的起点，确定正确的研究方向，对中国这样一个科技资源紧缺的发展中国家来说尤为重要。

一般来讲，自主创新包括3个方面：原始创新、集成创新、在技术引进的基础上消化吸收再创新。专利信息的有效利用在哪一种创新的过程中都是非常重要的。专利信息是发明创造的内容与其载体的统一体，发明创造从内容上涉及科学技术的各个领域。伴随着现代信息产业发展出现的网络和大型数据库，使得专利信息的获取极其方便。科研人员可以先查阅专利信息，并以此为起点通过各种认识工具认识研究对象，从而研发出新的方法、新的技术特征，最终使发明创造的效率大幅度提高。企业要生存就需要发展，要发展就必须创新。由于专利文献信息具有广泛性、专业性、及时性、公开性等特点，灵活运用专利文献信息并对其进行分析，可以迅速、及时、有效地了解现有技术的现状和本领域的研发热点，进一步掌握竞争对手的意图和策略，从而在激烈的市场竞争中获得主动。

此外，专利信息还可以在收购或兼并、调整市场和产品战略、调整研发战略、进行专利贸易和投资等方面发挥较大的作用。如，北京大学的王选教授发明的激光照排技术，就

是通过走检索国外专利信息这条"捷径"高起点研究，并及时在国内外申请专利，实现领先发展的。海尔集团更是"利用不断变化的专利文献信息，创造出万变的产品"，最终赢得了较快的发展。

3. 充分利用专利信息是创新企业健康发展的重要保证

市场竞争实际上是知识产权的竞争。企业可以通过专利信息了解竞争对手专利布局，跟踪行业技术发展趋势，确保引进技术的质量和己方的利益，在技术输出到国际市场时避免专利纠纷，从而制定出企业发展战略，在扩大市场份额的同时使自身获得良性发展。

专利信息是一笔数量巨大、内容广博的信息财富。作为科技信息系统的重要组成部分，专利信息在经过一系列的传递、加工、储存和转换后，可以创造出更多物质财富。在市场经济条件下，专利信息已成为企业生存发展的极其重要的资源。

首先，专利信息满足了企业对生产要素的各种需求，能够使生产过程中的价值增值。企业生产是各要素合理有效配置与组合的过程，专利信息的利用使各要素的运用更趋科学化、合理化，节约了成本，提高了企业的生产效率和竞争力。其次，通过分析，可以实现原始专利信息内容的量变到质变，由普通的信息上升为企业经营活动中有价值的情报，从而实现价值的增值。以电子表的发明为例。上世纪70年代，瑞士一位工程师发明了电子表技术，但并没有意识到它会引起手表工业的革命。日本人却看到了其潜在的巨大市场价值，买下该专利并投入巨资开发，从而一举登上了电子表王国的宝座。前些年，我国部分手表厂商从瑞士引进电子表技术大批量生产，却不知还有很多核心技术属于日本。产品出口到香港后遭到了日本某公司的抗议。经有关部门检索，发现引进的技术中果然有日本专利。最后，我国厂商不得不向日本公司交付专利使用费。

据了解，20世纪末全球信息业总产值达700亿美元。在全球500强企业中，90%以上企业都拥有十分完善和专业的情报系统，包括专利（专题）数据库分析系统。据统计，2002年信息情报（包括专利信息）对部分跨国企业的贡献率为：微软19%，摩托罗拉16%，IBM14%，P&G13%，通用电气12%，惠普12%，可口可乐10%，英特尔10%。越来越多的事实证明，充分发挥和利用专利信息在激励科技创新、优化资源配置等方面的作用，已成为企业在国际市场上获取竞争优势的关键所在。

4. 制定知识产权战略的重要依据

20世纪80年代以后美国、欧盟等国家和地区逐渐认识到知识产权在经济和社会发展中的重要性开始将知识产权工作提高到国家层面制定了国家层面的知识产权战略从而推动了本国科学技术的迅猛发展。日本也早在几年前就提出了知识产权立国的战略，并采取了相关举措。有资料表明：目前全世界86%的研发投入、90%以上的发明创造，都掌握在发达国家手中。

正是基于国家长远发展的考虑，党和国家领导人审时度势准确把握世界发展趋势明确指出要加强知识产权保护。今年，我国的国家知识产权战略即将出台。实施知识产权战略，加强知识产权保护，需要推进一系列工作，而其中一个重要环节，就是要鼓励企业在研发过程中学会利用以专利为主要内容的知识产权信息。

第二节　专利信息在企业竞争中的作用

随着科学技术的迅速发展，国内外企业间的竞争日趋激烈。企业要在竞争中立于不败之地，就一定要具备创新能力，尤其是在技术上进行创新。企业技术创新竞争的实质就是企业抢先开发技术、抢先获取和利用新技术的竞争。而专利制度的实行和企业专利工作的深入开展，是促进企业技术竞争领先的有效措施和得力手段，因此，研究分析和利用专利信息，已成为企业竞争情报工作的重要内容。

虽然一件专利文献只反映了某一发明的具体细节，但将个别的、零散的专利信息进行系统的分析研究，就能从中发现企业经营活动的规律及其发展方向，特别是在发现竞争对手和判断竞争对手的市场策略方面，专利信息是一种极为重要的情报源。

一、发现与确定竞争对手

查阅专利信息可及时发现竞争对手的情况，具体如下：

1. 确认竞争者。专利文献上列有申请人、设计人、发明人的姓名，而同类技术产品的专利申请人、发明人、设计人则必然是竞争对手，故只要将这些申请人、发明人或设计人的姓名定期收集，并按各个申请人申请专利数量的多少进行排序、归纳和统计，就能得出本企业竞争对手名称的一览表。对于一个企业而言，有的对手只是技术上的对手，比如著名的科研机构或高等院校，为了促进企业的技术更上一层楼，可采取与之合作的对策。有的对手是产品上的对手，如具有一定生产规模的企业，则应密切监视其技术产品开发动向，并采取相应的对策。

在植物新品种研究领域，查《中国专利索引》U98 年下半年的分类索引，来自国外的申请较多，国内申请量和授权且排名依次是四川农科院作物研究所、安徽农科院作物研究所、江苏农科院等。农业大学只有福建农业大学和南京农业大学。1999 年 10 月出版的《发明专利公报》显示该类申请人是南京农业大学等 3 个，而外国申请人只有四家。这说明国内实力较强的研究新植物及其方法的机构主要有四川农科院和南京农业大学，可列为竞争对手。

我国有关机构曾研究了世界各国微波炉的专利申请情况，发现世界各国微波炉的专利技术主要集中在日本，其中松下、东芝、日立、夏普和三洋的实力较为雄厚，而松下和东芝拥有一半的专利申请，是强劲的对手。此外，韩国的金星和三星也是不容忽视的竞争者。

2. 判断竞争对手的技术特点，各企业技术水平的高低和经济实力的强弱，在很大程度上取决于企业发明活动的活跃程度，具体表现为专利申请量以及拥有有效专利量的多少，因此，各企业提出的专利申请量和目前拥有的有效专利就成了衡量其技术水平的标准。通过对竞争对手所有的全部专利进行定期统计分析，分类排序，并考察其分析情况，可以从中获得竞争对手企业的技术开发及经营策略等方面的数据，由此可逐步判断出竞争对手研究开发的重点、技术政策及发展方向。通过分析竞争对手发展专利的情况，可推断其重要的技术；通过分析竞争对手专利申请与专利批准数的比例，可考察其技术的先进程度；通过分析竞争对手拥有的发展专利数量与实用新型专利数，可以判断企业技术产品开发的成熟程度；按时间顺序分析竞争对手技术的专利申请量，可推断竞争对手的技术开发方向。

二、监测竞争对手并制定市场发展战略

通过监测竞争对手的专利信息可以推断竞争对手的市场趋势，从而制定自己的发展战略。专利信息不仅揭示了某一专利技术的内容及法律状态，同时也反映了企业在争夺产品或技术的专利权及占领市场、战胜对手方面的意图和策略。由于目前世界上大多数国家都采用先申请原则，同样的发明谁先申请，谁就有可能获得专利权，进而占领市场。因此，专利信息虽然不是直接的市场情报，然而通过对专利情报的分析，可以发现有关产品及材料进入市场的时间、规模等经济信息，探测出竞争对手的市场范围和市场策略。德国克房伯公司的人造菌方面的专利比英国人在英国申请专利早了一天，从而在英国取得了专利权，占领了英国市场。

对于一个企业来说，开发一项新产品和技术，并在一定的地城内和特定的时间里申请专利保护，都直接渗透着企业明确的经济目的和市场意图，因此，通过专利信息，了解竞争对手在某一段时间里申请了多少专利，申请的是什么类型和什么内容的专利，在哪些国家申请的，可以间接地收集竞争对手的新产品开发策略，未来的市场开拓策略等方面的信息。70年代初受到石油危机的影响，太阳能热水器的专利申请数急剧上升，在大部分的专利中都提出一种镀黑的铝合金作为吸热板的材料。从这种情况不难看出，市场上将会出现各式各样的太阳能热水器，镀黑铝合金的销售量将会增加。

随着专利工作的深入开发和国际竞争的加剧，我国的许多企业和科研机构开始注重运用专利信息进行竞争，开拓和保护国内外市场。信息产业部、中科院、中国石化集团特别注重专利战略的研究和运用，在产业政策的制定和产业发展中发挥了积极作用。中国海尔集团特别重视专利战略的研究和运用工作，每天都有专利申请，并向多个国家和地区申请专利。北大、清华大学的发明也分别向美、日、俄、德、澳等国提出申请。海尔集团由于重视专利情报工作，在1999年全国洗衣机出口下降的形势下，依然保持了出口上升的势头。江苏好孩子集团平均不到一天就申请一项专利，运用专利保护占据了国内和国际市场的优势。

通过某国或某一企业在某一技术领域专利申请量的变化，可以发现其市场策略。在70年代初，日本通产省经过充分研究，认定国家的未来取决于电子计算机工业及其基础半导体工业。于是70年代后期，日本通产省出资1.3亿美元，加上私人投资共3.2亿美元，建立客商合作的半导体研究中心，研究出1 000多项发明，使其半导体公司在某些技术方面赶上并超过美国。

通过对专利情报的检索，可以发现某一企业在某一技术领域里向哪些国家申请了专利，从而推断其进军国际市场的战略。从外国在中国申请专利的情况来看，一些工业发达国家的企业已把专利战略的触角伸向我国，纷纷来中国申请专利，将主攻方向对准了我国这个广大的市场，旨在争夺市场，控制市场，一些技术领域已基本被外国专利覆盖，高技术领域的发明专利申请量国外约占50%以上，如在我国宣布长征三号火箭进入国际航天市

场，可为各国提供卫星发射服务之际，美国休斯航空公司立即向中国专利局提交了4份关于卫星发射的专利申请，这显然是准备进入中国航天市场的战略行动。我国稀土矿的工业储量占世界已探明储量的80%，既是资源大国，又是生产大国和消费大国，是我国的优势工业，但近几年来，强烈受到国外专利的攻击。美国、日本、德国、荷兰等国公司在我国申请了大量的专利，使我国稀土产品的生产，出口过程中，受到外国企业的许多次侵权控告，处境十分不利。

选择在哪些国家申请专利，从根本上说取决于占领市场的需要，一旦一项发明创造在国外有广泛的市场，就应向国外申请专利，如我国专家陈世杰发明的全塑船，向一些拥有较多岛屿的国家，如有"千岛之国"之称的印度尼西亚等国申请了专利，就是基于市场的考虑。随着企业专利意识的增强和开发国际市场的需要，我国企业在国外的专利申请量呈上升趋势，通过在国外取得专利权，为向这些国家出口有关产品，或在这些国家投资办厂或许为他人在这些国家使用自己的发明创造有利的条件。

三、专利信息的综合利用

利用专利信息研究竞争对手的市场策略，应透过现象抓住本质，结合各方面的信息，进行全面地综合分析研究与利用，才能得出正确的结果。

1. 应深入研究竞争对手在国外申请专利的意图。有时候向一国申请专利，并不是直接为了占领该国市场，而是为了在技术上控制在该国的竞争对手，使其无法生产出与自己竞争的产品，从而使自己在国际市场竞争中处于有利地位。日本为了同我国争夺国际稀土产品市场，并不是在所有的稀土产品进口国申请专利，而是向我国申请了大量的有关专利，企图从技术方面控制我国，使之不能生产出与之相抗衡的产品，达到占领国际市场的最终目的。

2. 竞争对手在国外申请专利的数量并不是越多，其市场策略就越成功，还应考虑其内在价值性和必要性。对于比较高难的发明，只要向那些有生产能力制造的国家申请即可，而向一般的应用国家申请则是多余。对于难度低，易仿造，应用广的技术产品，除了向生产国申请外，还应向使用国申请。

3. 监测竞争对手的市场策略，应仔细研究其专利的数量和内容、专利的实施率、专利许可证贸易状况及专利产品的市场占有率等因素。如果竞争对手的专利申请数量多，但自己实施的不多，则表示其采取了出售专利技术或转让专利或技术贮备的市场战略；当竞争对手围绕某一主要技术有较多的外国专利申请时，则说明其可能采取了专利网络战略；若竞争对手向国外申请专利时，说明其将进军国际市场；当竞争对手申请的发明专利多并自己实施，则采取的是新技术产品的市场开拓策略，当企业发明申请专利极少，而实用新型专利较多，则说明其采取的是市场追随型战略。

4. 可以发现竞争对手的新产品市场。当竞争对手有与原来产品不相关的专利申请时，则预示着其有全新产品出现；当竞争对手有先进专利申请时，则表明其将会开发出较先进的产品。当竞争对手购买某一技术领域专利时，预示其将在这一领域投资生产。企业该通过各种途径，搜集相关情报，设法获取竞争对手的新技术产品的有关参数，预测其可能的应用范围，为本企业采取对策做好参谋。

5. 发现竞争对手潜在的市场。竞争对手由于某种特殊需要研制的发明专利，刚刚出现时，常会局限在非常狭窄的应用领域内，随着技术的完善和时间的推移，就可能扩大应用领域。应仔细研究竞争对手这种专利的实施利用情况，观察围绕这种专利是否有关联的实用新型和外观设计专利出现，结合其与其他行业、部门的联系，寻求应用的途径，从而发现这种专利的潜在市场。

6. 发现竞争对手的市场合作策略。现代市场竞争的加剧和社会因素的复杂多变，有时企业凭借自身的力量难以在市场上立足，需要和其他企业合作开发市场，常见的形式有二种：一是各企业将相互拥有的专利权拿上来合作，以生产合作的形式出现；二是和其他企业共同开发专利技术。谋求市场的拓展。这时，不但要观察了解竞争对手，更重要的是深入研究合作方的情况及合作的条件，做出正确的判断，制定相对应的竞争策略。

四、发挥专利信息的预警作用

加入 WTO 之后，在对外贸易之中我国企业碰到的技术壁垒也日渐增多，如何有效预警贸易技术壁垒、如何利用专利信息进行预警呢？众所周知，技术性贸易壁垒比关税壁垒的隐蔽性更强、透明度更低、更不易监督和预测。但它对贸易的影响却往往是关键性的，而且可以通过技术改进来规避。

常用的预警贸易技术壁垒的方法和途径一般是经常了解和收集国外尤其是发达的WTO 成员方制定的技术法规情况及相关资料等。各国相关技术法规预警的针对性很强，但因时效性差，所以法规出台时，与之相应的一套专利网也已建立，此时我们再选择预警的应对措施已受到极大制约，形成被动。据有关报道，在欧盟相关法案出台前两三年，很多欧美企业就已经申请了很多专利，但我国的出口企业直到法案准备启动的前两三个月，才知道这一标准。目前我们对专利的重视程度是否还很欠缺，专利不等同于普通技术情报，专利同时还含法律和商业信息。技术法规往往表面上是技术限定，背后是专利支撑。如果没有专利，技术可以任意无偿使用，也就不存在技术性贸易壁垒了。我们应从国际技术贸易的宏观角度，来把握专利的影响与作用，我国各行业要善于跟踪出口产品的专利信息，进行对外贸易技术壁垒的预警研究，以便尽早规避可能产生的技术性壁垒。制药业在保持信息获取能力和创新能力的基础上，如果有政策支持，则胜算幅度将增大。我们一定要善于利用专利，要善于利用从属专利作筹码，这样就相当于站在他人的肩膀上。例如对于制药行业，我们应该跟踪国外的医药专利信息，分析哪些新化合物可能是具有市场前景的新药，抢先一步研发其新工艺、新复方、新剂型、新医疗用途，以获得该新化合物的从属专利。力争用从属专利作为筹码进行交叉许可，突破外国专利阵，换取新药的生产、销售权利。实施这一战略的关键有三点：选题准、跟进早、有创新。这三步都离不开专利的全面检索和系统分析。

第三节　充分开发利用专利信息增强企业竞争能力

专利信息在企业市场竞争中占有的重要地位是毋容置疑的，然而，就企业的专利信息现状来看是不容乐观的。企业的专利意识还很薄弱，缺乏专业管理人员，专利信息基础建设设施还不完善，这对企业的发展极为不利。为求得企业的生存和发展，企业应该采取措施，切实做好这项工作。制定开发利用专利信息的措施有以下方面：

一、增强企业的专利信息意识

能否利用好专利信息资源，充分发挥专利制度的作用，在很大程度上取决于企业管理人员尤其是科研人员的专利信息意识水平。因此，要通过专利法的宣传和专利知识的培训，强化企业管理人员和科研人员的专利信息意识。只有提高企业对专利信息重要性的认识，增强使用专利信息的紧迫感，才能把专利信息的开发利用变成企业的自觉行动，把企业专利工作提高到一个新水平。

二、加强专利信息利用的基础建设和网络建设

为适应专利信息载体电子化和信息传输网络化的发展趋势，要求企业配备相应的专利信息检索设备。有条件的单位可购置必要的专利信息检索数据库，或者加入专利信息网络。中小企业专利工作起步晚，要主动与地方专利信息服务部门建立联系，以便满足企业的信息需求。

三、建设一支高素质的专利工作队伍

专利信息处理系统技术性、法律性较强，其人员素质的高低直接影响到企业的竞争力。专利信息工作人员的素质要求表现在几个方面：熟悉专利法和专利知识，具有创新能力，懂得计算机，具备信息处理和开发利用的技能，知识结构合理，具有一定的外语水平等。专利工作人员的职责是：检索、研究专利信息，处理专利纠纷，密切关注竞争对手的专利动态，严格保护企业拥有的技术秘密和商业秘密。

四、建立专利信息激励机制

现代企业竞争，是产品、技术的竞争，但归根结底是人才的竞争。只有把人的积极性调动起来，企业才具有强大的生命力。企业应建立专利信息激励机制，积极鼓励员工利用专利信息开展技术创新活动。对在企业开发新产品、新工艺、新设备，利用新技术，以及营销活动中，通过利用专利信息取得显著成效的要进行奖励。通过这一举措，形成良好的专利信息利用环境。

五、建立专利信息咨询服务平台

建立面对企事业单位和公众开放的专利信息咨询服务和专利信息检索平台，该平台可设由查询系统、工作系统和服务系统三部分组成，查询系统是该平台的最大特点，包括"七国两组织"（七国包括中国、日本、美国、英国、法国、德国、瑞士等，两组织是世界知识产权组织和欧洲专利局）及多个个行业（计算机、通讯、航天航空、教育、生物工程及基因等行业等）的专利检索；在工作系统中可以汇集与知识产权相关的政府部门、企

业和中介服务机构，知识产权教育培训机构等；服务系统包括专利、商标、版权和技术合同申请流程申报文本及注意事项，还包括知识产权政策法规优惠政策及专利预警等内容，也包括案例解析、侵权举报、百家争鸣和知识产权论坛等栏目。

还可在服务平台设有相应专利方面的专家顾问解答疑难问题，提供深层次的专利情报分析，以及专利法律、专利技术转让等方面的咨询服务等。

参考文献

[1]　倪蕙文. 企业专利战略应用研究. 科学管理研究,2013,(5):68－70.

[2]　于志红. 谈我国企业专利战略的实施. 知识产权,2013,(2):35－37.

[3]　甘利人. 企业专利战略的开发研究. 情报科学,2003,(2):222－224.

[4]　陈湘玲. 论企业专利战略研究. 情报科学,2010,(1):35－38.

[5]　华鹰. 论企业技术创新中的专利战略. 重庆工学院学报,2005,(4):76－78.

[6]　逯长明,孔祥斌. 企业的知识产权战略策划. 稀土信息,2004,(12):32－33.

[7]　梁缘. 企业主动专利策略. 云南科技管理,2001,(2):47－49.

[8]　魏衍亮. 企业专利情报战略初探. 中国科技产业,2004,(7).

[9]　冯晓青. 企业知识产权战略. 北京:知识产权出版社,2002:72－74,95－108.

[10]　李谊民. 企业技术创新与研究开发探讨. 中国质量,2003,(3):27－29.

[11]　刘春田. 知识产权法教程. 中国人民大学出版社,1995.

[12]　胡佐起. 专利管理. 北京:知识产权出版社,2002.

[13]　宋伟,扬汉平. 高新技术产业法律保护. 西苑出版社,2001.

[14]　李国平. 企业实施专利战略的重要性. 现代情报,2003,(3).

[15]　陈洁,赵倩 WTO 与知识产权法律实务. 长春:吉林人民出版社,2001.

[16]　张平,马骁. 技术标准与知识产权. 电子知识产权,2001,(3).

[17]　杨瑞龙,胡琴. 资源基础分析方法及其现代企业理论的拓展. 中国经济问题,2001,(1).

[18]　曼瑟尔,奥尔森. 集体行动的逻辑. 上海:三联书店,2003.

[19]　齐欣,跨国公司专利战略分析与应对策略构建. 国际经贸探索,2004(9).

[20]　陈昌柏. 知识产权战略. 科学出版社,1999:284.

[21]　王景川. 学习贯彻十六大精神,全面开创知识产权事业新局面. 知识产权,2003,(1).

[22]　世界银行. 1998/1999 世界发展报告:知识与发展. 北京:中国财政经济出版社,1999.16.

[23]　OECD. 以知识为基础的经济. 北京:机械工业出版社,1997.4.

[24]　(美)迈克尔·波特. 国家竞争优势. 北京:华夏出版社,2002.47.

[25]　邹薇. 知识产权保护的经济学分析. 世界经济,2002.

[26]　百度网站

[27]　国家知识产权局网站